白银日内短线看盘与实战技巧

王 征 李晓波◎著

中国铁道出版社

CHINA RAILWAY PUBLISHING HOUSE

内 容 简 介

如何才能像专业的短线操盘手一样娴熟操作白银，并实现快速赢利？本书围绕此主题来讲解，首先讲解短线交易的基础知识；再介绍白银日内短线交易的消息面实战技巧；接着分析白银日内短线交易中的分时图战法；然后讲解白银日内短线交易中的各种实战技巧；最后介绍白银日内短线交易的资金管理艺术、止损和止盈艺术。

本书结构清晰、功能详尽、实例经典、内容全面、技术实用，并且在讲解过程中既考虑读者的学习习惯，又通过具体实例剖析讲解白银日内短线实战交易中的热点问题、关键问题及种种难题。

本书适用于新老白银投资者、中小散户、职业操盘手和专业白银分析师，更适用于那些有志于在这个充满风险、充满寂寞的征程上默默前行的征战者和屡败屡战、愈挫愈勇并最终战胜失败、战胜自我的勇者。

图书在版编目（CIP）数据

白银日内短线看盘与实战技巧/王征，李晓波著.—北京：中国铁道出版社，2018.1
ISBN 978-7-113-23277-1

Ⅰ.①白… Ⅱ.①王… ②李… Ⅲ.①银-投资-基本知识
Ⅳ.①F830.9

中国版本图书馆CIP数据核字（2017）第144720号

书　　名：白银日内短线看盘与实战技巧
作　　者：王　征　李晓波　著

责任编辑：张亚慧　　　　　　读者热线电话：010-63560056
责任印制：赵星辰　　　　　　封面设计：MXK DESIGN STUDIO

出版发行：中国铁道出版社（100054，北京市西城区右安门西街8号）
印　　刷：三河市兴达印务有限公司
版　　次：2018年1月第1版　　2018年1月第1次印刷
开　　本：700mm×1 000mm　1/16　印张：20.25　字数：309千
书　　号：ISBN 978-7-113-23277-1
定　　价：55.00元

PREFACE
前 言 ◦────────────────────────────────────

　　成功的日内短线交易者在一周内赢得的利润，是一个普通投资者一年的回报。然而，日内短线交易者必须具备瞬间做出抉择的能力，学会一针见血的本领，方能"一交易便获利"。但如果你连短线交易的门槛都没找到，获利那是别人的事情。本书就帮你迈出这第一步，为你解读短线交易的动力、真谛以及操作方法。

　　本书作者在投资生涯前期，也曾走过很长时间的弯路，也曾几度陷入经济危机和心理危机，也曾怀疑市场上有无走出痛苦、走向成功的方法。事实上成功并不遥远，财富就在身边。这就是本书写作的主题。

▍内容结构

　　本书共 14 章，具体章节安排如下：

　　⋙　第 1 章：讲解白银日内短线交易的基础知识，即短线交易的目的、周期、原则、技术要求、风险、目标要求、素质要求及如何才能成为短线交易高手。

　　⋙　第 2 章到第 5 章：讲解白银日内短线交易的消息面实战技巧，即白银消息面有哪些、如何利用金十数据网站查看白银日内消息面信息、美联储会议与政策实战技巧、欧洲和亚洲央行会议与政策实战技巧、数据统计实战技巧。

　　⋙　第 6 章到第 9 章：讲解白银日内短线交易中的分时图战法，即分时图应用技巧、分时图实战技巧、分时图做多技巧、分时图做空技巧。

　　⋙　第 10 章到第 12 章：讲解白银日内短线交易中的各种实战技巧，如 K 线实战技巧、EXPMA 实战技巧、MACD 实战技巧。

　　⋙　第 13 章到第 14 章：讲解白银日内短线交易的资金管理艺术、止损和止盈艺术。

▍学习体系

　　全书共分 5 篇，分别讲解白银日内短线交易基础篇（第 1 章）、白银日

白银日内短线看盘与实战技巧

内短线交易消息面战法篇（第 2 章到第 5 章）、白银日内短线交易分时图战法篇（第 6 章到第 9 章）、白银日内短线交易各种实战技巧篇（第 10 章到第 13 章）、白银日内短线交易策略篇（第 13 章到第 14 章），分为 14 章，具体如下图所示。

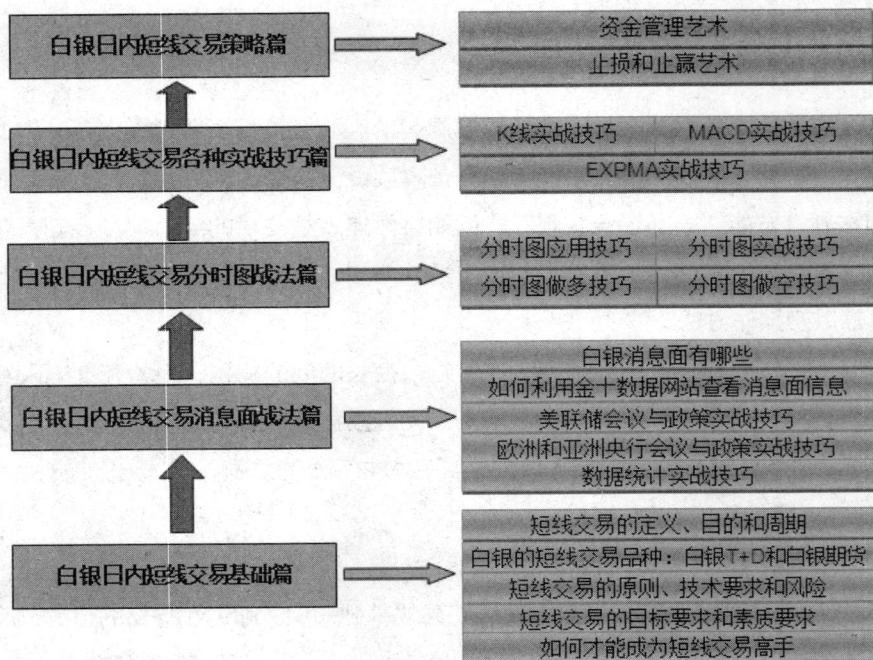

┃内容特色

本书的特色归纳如下：

1. 实用性：本书首先着眼于白银日内短线交易实战应用，然后再探讨深层次的技巧问题。

2. 详尽的例子：本书都附有大量的例子，通过这些例子介绍知识点。每个例子都是作者精心选择的，投资反复练习，举一反三，就可以真正掌握交易技巧，从而学以致用。

3. 全面性：本书包含了白银日内短线交易的所有知识，先讲解短线交易的基础知识；再讲解白银日内短线交易的消息面实战技巧；接着讲解白银日内短线交易中的分时图战法；然后又讲解白银日内短线交易中的各种实战技巧；最后讲解白银日内短线交易的资金管理艺术、止损和止盈艺术。

| 适合读者

本书适用于新老白银投资者、中小散户、职业操盘手和专业白银分析师，更适用于那些有志于在这个充满风险、充满寂寞的征程上默默前行的征战者和屡败屡战、愈挫愈奋并最终战胜失败、战胜自我的勇者。

| 创作团队

本书由王征、李晓波编写，以下人员对本书的编写提出过宝贵意见并参与了部分编写工作，他们是陆佳、张振东、王真、周贤超、杨延勇、解翠、王荣芳、李岩、周科峰、陈勇、孟庆国、赵秀园、吕雷、孙更新、于超、栾洪东、尹吉泰、纪欣欣、王萍萍、高云、李永杰、盛艳秀。

由于时间仓促，加之水平有限，书中的不足之处在所难免，敬请读者批评指正。

编者

2017 年 5 月

| 目 录 |
CONTENTS

第 12 章　白银日内短线交易的 MACD 实战技巧　/　249

第1章

初识白银日内
短线交易

○─────────────────────────────────○

　　短线交易是非常重要的获利方式它是所有临盘实战交易的基础。
无论是长线交易、中线波段交易，均是建立在动态的即时短线技术操
作之上。

本章主要内容包括：

➤　短线交易的定义、目的和周期

➤　白银的短线交易品种：白银T+D和白银期货

➤　短线交易的5项原则和技术要求

➤　短线交易的4大风险

➤　短线交易的目标要求和素质要求

➤　如何才能成为短线交易高手

1.1　短线交易概述

很多投资者都喜欢短线交易，那么到底什么是短线交易呢？只有了解一下专业意义上的短线交易概念，才会从业余晋升到专业，才能有资本进场与主力一较高低。

1.1.1　什么是短线交易

凡是利用短线周期技术系统所进行的临盘实战分析和临盘实战操作，都称为短线交易。短线周期技术系统具体指的是日线及日线级别以下的交易周期，包括日线、4 小时、2 小时、60 分钟、30 分钟、15 分钟、5 分钟、1 分钟等。

白银交易，无论是白银 T+D，还是白银期货，都是 T+0 交易，即日内可以交易无数次，只要你短线技术水平高，盈利是分分秒秒的事。注意，很多时候，如果你持有多单，这时行情继续看涨，短线交易可能继续持有几个交易日，直到一波强势涨幅完结为止。同样，如果你持有空单，这时行情继续下跌，短线交易也可能继续持有几个交易日，直到一波强势跌幅完结为止。

总之，短线交易的根本目的，是为了不参与价格运动中的调整，以便在最短的时间里达到成功避险，或获取最大的安全利润。

1.1.2　短线交易的目的

在市场中，获利的方式有多种，短线交易只是其中的一种。如果你的性格不适合进行短线交易，硬是随意进行短线交易，那么就会增加交易成本和交易压力，使自己处于深度疲惫的状态，最终失去市场感觉，从而让自己的交易处在巨大的风险之中。

短线交易的目的，应是在震荡行情中或重大消息要出现时，以短线持筹的策略来规避趋势无法继续上涨的风险和诸多不确定性因素，同时以高抛低吸的方式随机获取收益。它的作用在于即时保证资金的安全，避免深度套牢状况的发生。

1.1.3　短线交易的周期

短线交易的周期因人而异。有的交易者喜欢在日内进行高抛低吸，反复做日内短线交易；而有的交易者则喜欢根据自己的止损位提前设立出局条件，如果价格继续上涨，就会上浮止损位，直至止损位被跌破为止；还有的交易者则喜欢进场后，就一直盯着某一重要均线（如 5 日均线），只要价格不跌破该均线，就一直持有。

1.2　白银的短线交易品种

在国内，白银的短线交易品种主要有两个，分别是白银 T+D 和白银期货，如图 1.1 所示。

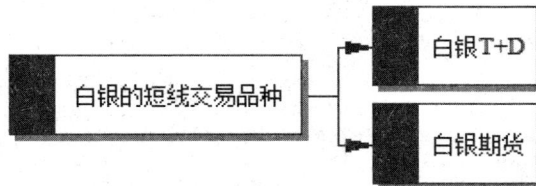

•图 1.1　白银的短线交易品种

1.2.1　白银 T+D

白银 T+D，又称白银 TD，T 是 Trade 的简写，D 是 Delay 的简写，也称白银延期，即延期交易，是上海黄金交易所 2004 年推出的一种白银投资业务，2008 年正式对个人开放，产品代码是：AG（T+D）。

所谓 T+D，就是指由上海黄金交易所统一制定的、规定在将来某一特定的时间和地点交割一定数量标的物的标准化合约。这个标的物，又叫基础资产，是 T+D 合约所对应的现货。其特点是：以分期付款方式进行买卖，交易者可以选择当日交割，也可以无限期的延期交割。图 1.2 是 2016 年 1 月 13 日至 8 月 21 日的白银 T+D 日 K 线图。

● 图 1.2　2016 年 1 月 13 日至 8 月 21 日的白银 T+D 日 K 线图

1. 白银 T+D 的交易规则

白银 T+D 的交易规则如下：

（1）交易品种：白银延期 Ag（T+D）；

（2）交易报价：白银人民币／千克，精确到人民币元；

（3）交易单位：1000 克／手（交易起点为 1 手）；

（4）交易保证金率：合约价值的 15%（金交所会根据市场波动情况进行上调保证金率或者下调，做一手白银需要保证金约 580 元，做一手黄金需要保证金约 4.3 万元）；

（5）交易手续费：白银交易的手续费率为万分之八；

（6）每日涨跌停幅度：上一交易日结算价的 ±10%（视情况调整）；

（7）交易时间：上海黄金交易所开市时间（北京时间）早市：9：00—11：30（周一早市时间 08：50—11：30），午市：13：30—15：30，夜市：19：50—02：30。

2. 白银 T+D 的优势

相对于白银其他的投资方式，白银 T+D 拥有更大的优势吸引投资者，如图 1.3 所示。

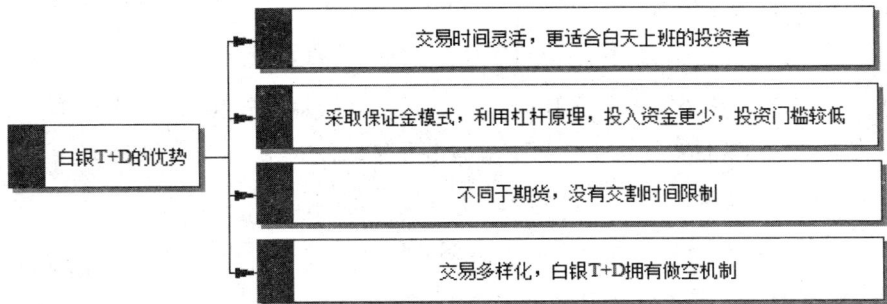

• 图 1.3　白银 T+D 的优势

其一是交易时间灵活，更适合白天上班的投资者。与其他投资方式相比，金银 T+D 拥有周一到周四 21：00 ～ 02：30 的晚间交易时间，由于时差，欧美影响国际银价走势的重要经济事件，往往发生在这一时段，由于 T+D 模式是实时交易，夜间的交易时间里，可以第一时间回避夜间外盘急剧变化，造成对国内盘不利影响的风险，投资者的交易较黄金、白银期货而言更加灵活。

其二是白银 T+D 采取保证金模式，利用杠杆原理，投入资金更少，投资门槛较低。与实物银、纸白银相比，白银 T+D 只需要以 15% 的资金作为保证金就可以进行交易。在实物银或纸白银交易中，投资者拿 20 万元进行投资的话，20 万元全额买入等价的银条或纸白银。而如果按 15% 的保证金比例，T+D 模式投资者只需要拿出 3 万元，即可买入 20 万元金银资产。而保证金比例越低，杠杆放大效应越明显，其相应的收益和风险也越高。

其三是不同于期货，没有交割时间限制。白银 T+D 业务中，持仓多久均可由投资者自己决定，不必像期货那样到期后无论价格多少必须交割，减少投资者的操作成本的同时，自由的交割时间也可以每个交易日均申请交割。当投资不利时就抛出，有利时又可以无限制地持仓。

其四是交易多样化，白银 T+D 拥有做空机制。白银 T+D 的做空机制是一旦多单入场后行情发生反转，那么，就可以平掉多单、反手做空，这样不但会把亏损的钱补回来，还可以有所盈余，相比于股票的被动等待，投资者会比较主动。

3. 白银 T+D 交易实例

下面先来看一个做多实例。

王女士在 2016 年 4 月 7 日以 3320 元 / 千克的价格买入了 100 手白银，并于 4 月 22 日以 3800 元 / 千克的价格抛出。保证金 15%，手续费万分之八，则其收益如下：

投资金额 =3320 × 100 × 15% = 49800 元

名义投资收益 =（3800−3320）× 100=48000 元

手续费 =（3800 × 100 × 0.0008）+（3320 × 100 × 0.0008）=304+265.6=569.6 元

实际投资收益 = 名义投资收益 − 手续费 =48000−569.6=47430.4 元

平均每手交易手续费 = 总手续费 / 手数 =569.6 元 /100=5.696 元 / 千克

下面再来看一个做空实例。

李女士在 2016 年 5 月 3 日在 3800 元 / 千克的价格做空 100 手，并于 6 月 1 日以 3480 元 / 千克的价格平仓卖出抛出，则其收益如下：

投资金额 =3800 × 100 × 15%=57000 元

名义投资收益 =（3800−3480）× 100=32000 元

手续费 =（3800 × 100 × 0.0008）+（3480 × 100 × 0.0008）=304+278.4=582.4 元

实际投资收益 = 名义投资收益 − 手续费 =32000−582.4=31417.6 元。

平均每手交易手续费 = 总手续费 / 手数 =582.4 元 /100=5.824 元 / 千克

1.2.2 白银期货

白银期货是指以未来某一时点的白银价格为标的物的期货合约。白银期货合约是一种标准化的期货合约，由上海期货交易所制定，上面明确规定的有详细的白银规格、白银的质量、交割日期等，如表 1.1 所示。

表 1.1 白银期货合约

交易品种	白银
交易单位	15 千克 / 手
报价单位	元（人民币）/ 千克
最小变动价位	1 元 / 千克
每日价格最大波动限制	不超过上一交易日结算价 ±5%

续上表

交易品种	白银
合约交割月份	1 ~ 12 月
交易时间	上午 9:00 ~ 11:30 下午 1:30 ~ 3:00 晚上 21:00 到凌晨 2:30
最后交易日	合约交割月份的 15 日（遇法定假日顺延）
交割日期	最后交易日后连续五个工作日
交割品级	标准品：符合国标 GB/T 4135-2002 IC-Ag99.99 规定，其中银含量不低于 99.99%。
交割地点	交易所指定交割仓库
最低交易保证金	合约价值的 7%
交割方式	实物交割
交割单位	30 千克
交易代码	AG
上市交易所	上海期货交易所

白银期货是保证金交易，具有一定的放大作用，即以小博大，所以白银期货的风险相对较大，因此需要很强的专业知识和对市场走势的准确判断。下面来看一下白银期货交易的优点：

（1）流动性大：合约可以在任何交易日变现。

（2）市场公平：期货买卖价格在世界主要金融市场的价格是基本一致的。

（3）灵活性高：投资者可以在任何时间以满意的价格入市。

（4）安全方便：投资者不必为储存实物银而花费精力和费用。

（5）委托指令多样性：合约的委托指令有即时买卖、限价买卖等。

（6）杠杆交易：以少量资金实现大盈利。

（7）套期保值作用：利用买卖等量但不同期的合约来赚取白银波动差价或降低投资风险，又称"对冲"。

白银期货的推出，对我国白银产业，尤其是对副产白银的铜、铅冶炼企业意义重大。铜、铅冶炼企业是我国白银生产的中坚力量，其白银产量占全国白银总产量的85%以上。开展白银期货交易，有利于白银产业平稳健康发展，具体如下：

一是可以利用期货市场发现价格的功能，充实和增强价格信息，形成现货、期货价格相互影响、制衡的良性机制，为政府调控和企业经营提供决策依据；

二是可以通过价格传导机制，将中国因素反映到国际市场，增强与国际市场的关联度，提高中国在国际白银市场的影响力；

三是期货市场严格的品牌注册等相关制度，体现了国家产业政策要求，有利于铜、铅冶炼等白银生产企业提升产品质量，引导产业加快淘汰落后产能，促进产业结构优化升级。

2015 年 11 月 17 日至 2016 年 6 月 20 日的白银 1612 的走势如图 1.4 所示。

> 提醒：白银 1612 是指 2016 年 12 月到期的白银期货合约。

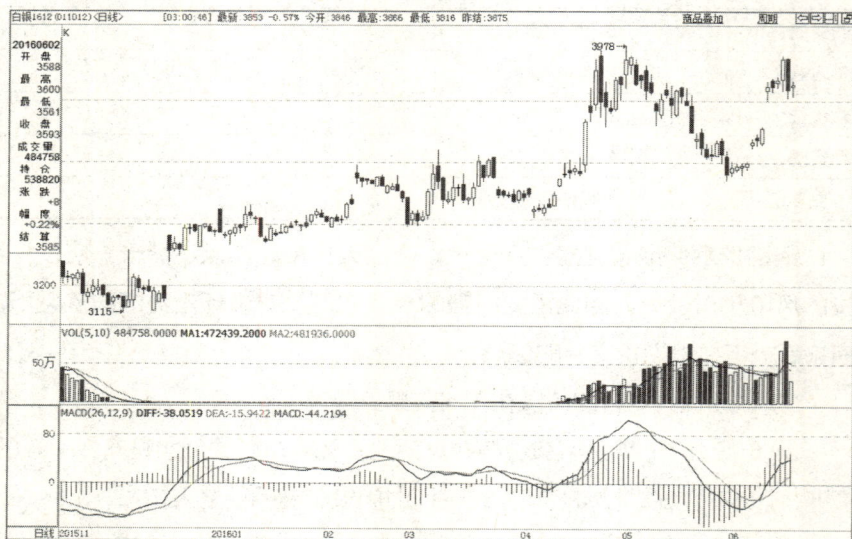

● 图 1.4　2015 年 11 月 17 日至 2014 年 6 月 20 日的白银 1612 的走势

> 提醒：由于国内白银交易品种，即白银 T+D 和白银期货，几乎是跟随国际现货白银或美白银连走的，所以本书很多实例都是以现货白银或美白银连为例来讲解的。

1.3　短线交易的原则

短线交易所累积的收益是令人羡慕的，但是其风险也是巨大的。交易者要想成为一名稳定的短线盈利高手，就要遵循 5 项原则，如图 1.5 所示。

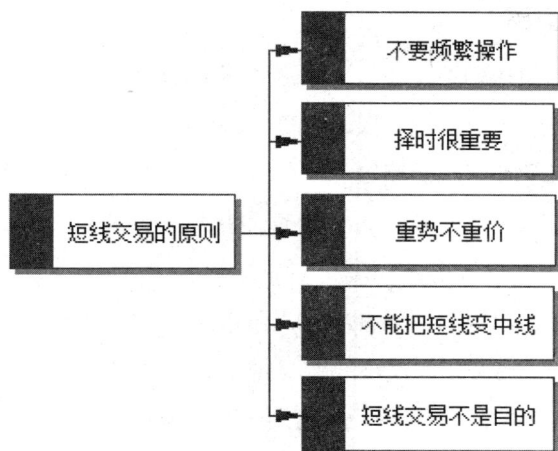

● 图 1.5   短线交易的原则

1.3.1   不要频繁操作

做任何事情，如果想成功就必须讲究天时、地利、人和，顺势而为，短线交易也如此。即使是在震荡市，也不是天天都有交易机会。

只有当我们所预期的交易环境出现时，只有当市场所提供的机会远大于风险时，才值得我们进场交易。

短线交易的目的，是寻求最佳的市场机会，而不是捕捉所有的市场机会，对于这一点，我们一定要注意。

1.3.2   择时很重要

做交易，耐心最重要。做短线交易也是，不要想当然的以为，我进场，赚点就跑，就可以随意进场交易。其实短线交易，也要耐心等短线节点出现，只有这样才能成为市场盈家。

总之，做投机的大忌，是心浮气躁，瞎猜乱撞，这会使交易者失去理智，决策失误。所以，交易者做短线交易一定要有耐心，要能心定神闲地等待介入时刻的到来。但在等待的时间里，一定要随时注意行情的变化，时时进行分析思考。

1.3.3　重势不重价

短线交易必须密切关注趋势，包括黄金的走势、白银的走势、甚至美元的走势，但不要过多地关注白银的价格。即使白银的价格已经涨得较高了，如果综合分析显示其还有继续上涨的能力，那么作为短线交易，白银仍然可以买进；反之，即便白银的价格很低了，如果没有出现上涨的趋势，也不能轻易介入多单。

自然界和市场都遵循"强者恒强，弱者恒弱"的规律，一些商品之所以能维持上涨趋势，是由于"上涨"本身把它的特性激活了，因此只需少许推动力量即可使其继续走强；而另一些商品之所以长期不涨，则是因为特性呆滞，缺乏市场追捧的人气。

1.3.4　不能把短线变中线

有不少交易者，一旦被套就会把短线交易变成中线交易，为的只是不将账面亏损转化为实际亏损，但这种做法很不明智，原因有三点：

第一：这是明显违反短线交易原则的做法，交易者一旦有了第一次违反，就会有第二次违反，将会形成破坏交易规则的恶性循环；

第二：短线交易看重的是商品的"势"，既然市场人气和资金优势都不存在了，那么继续持有多单往往就会导致巨大的亏损；

第三：短线交易一般都是追高建仓，这和做中长线交易的逢低吸纳是两回事，这样的追高建仓行为一旦被套，就会导致解套的时间更加漫长，使交易者本该流动的资金困死一方。

1.3.5　短线交易不是目的

在市场中，有"长线是金、短线是银"的说法。其实长线既不是金，短线也不是银，它们都只是一种获利的方法。用得好，则都是金，用不好，则都是泥。

我们不能为了"做短线"而做短线，要知道，短线交易仅仅是一种获利的方法，而不是我们交易的目的。也就是说，我们一定要视大势来展开短线操作，当情况更有利于中线交易时，我们应该采取中线交易；如果大势变成震荡盘整，那么短线交易最好；如果大势变成窄幅震荡，这时最好空仓观望。

1.4　短线交易的技术要求

短线交易对技术要求最高，并且要求交易者要经过系统、专业、严格的训练，否则短线交易是很难成功的。

第一，要对价格运行规律和各种经典拉升、出货图形相当熟悉，特别是要对盘中价格的即时攻击态势和价格短期的组合攻击态势非常熟悉，做到看图像看连环画一样简单。

第二，对于市场主力的操盘手法要相当熟悉，包括其在建仓、拉升、洗盘、出货各阶段所采用的各类方法，也包括其使用的常规技术和反常规技术，常规心态和反常规心态等。

第三，对白银的基本面要比较熟悉，同时，要有很好的综合分析能力，包括 K 线分析、均线分析、盘口分析、量价分析、分时图分析等，都能快速应用。

第四，对白银的大势和当日趋势的判断，要能达到80%的准确率，即能大致估算出白银当日会收阳线，还是阴线，或是十字星。

第五，对于白银出现的当日消息，要有比较丰富的识别经验，能感知它们出现后，对白银的影响方向和影响力度。

第六，对于突然发生的消息和事件，要有敏感的触觉和丰富的应对经验，能快速分析盘中的突发性行情，及时处理突发性交易。

1.5　短线交易的风险

每个交易者面对每天的大涨大跌都会心动，对于连续的大涨大跌更是羡慕不已。但是，自己一旦涉足，则常常亏损累累，不堪重负。一般来讲，短线交易往往会面临四个方面的风险，如图 1.6 所示。

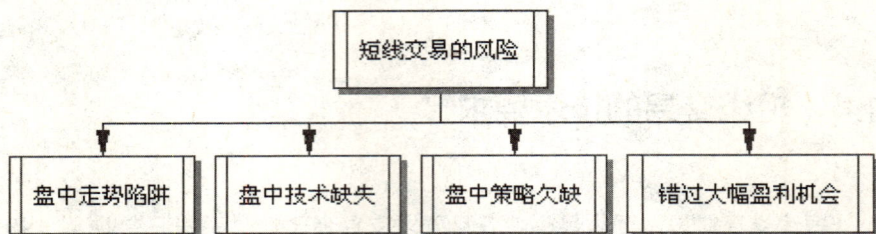

● 图 1.6　短线交易的风险

1.5.1　盘中走势陷阱

贪婪和恐惧是绝大多数人的弱点，盘中主力常常利用人们的贪婪心态，将初始小惠而又自信满满的交易者送进"云端"；又往往利用人们的恐惧心理，将胆颤心惊而又懵懂无知的交易者踢出"电梯"。

只要我们能够看到的指标，都有虚假的成份，包括 K 线、成交量、内外盘、分时走势图等，都会在主力的资金、信息、技术等优势下，变得扑朔迷离和诡秘难辨。

1.5.2　盘中技术缺失

在一个随时可能被主力操控的短暂趋势中，常用的分析技术会受到很大的考验。对于中、长交易者来讲，无论主力在短暂趋势中怎么反复，最终价格还会向既有的方向前进，市场主力骗得了一时，但骗不了一世。

对于短线交易者来讲，在临盘时需要具备四个方面的能力，具体如下：

第一：要有极为敏感的信息处理能力；

第二：要有整体性和连贯性的思考方式；

第三：要有较为高明的技术分析水准；

第四：要有极为丰富的辨析识伪能力。

显然，这样的技术要求，只有少数勤奋钻研的交易者才可以具备，而大多数投资者则由于种种原因导致了盘中分析技术的缺失。

1.5.3　盘中策略欠缺

在中长线交易方式中，如果错过了进、出场时机，以后往往还有机会。可是短线交易中，往往容不得交易者有丝毫的犹豫，一步错，可能步步错，一招失，可能招招失。

有的短线交易者，只会买，不会卖；有的只会持仓，不会止损；这些都是其交易技术体系不完善的表现，也是其盘中交易策略欠缺的体现。

盘中短线交易是一个完整而严密的技术体系，交易者必须要有明确的进场位、出场位、加仓位和止损位，以及良好的交易心态和交易素质。没有这种严密的短线交易体系作为保障，短线交易的失败率就会大幅提高。

1.5.4　错过大幅盈利机会

由于短线交易者是冲着白银可以突飞猛涨而去的，一旦价格出现了预期中的调整，交易者就会抛弃白银而另择机会；但是，往往交易者还没有来得及在其他商品上获益，被抛弃的白银却反而快速度过整理期后一路狂涨，从而导致交易者错过更大的盈利机会。

另外，在交易者不断进行短线操作时，会遇到盈利、持平、亏损三种局面，再扣除频繁交易所应付出的交易佣金后，真正能够获取的利润往往不会太多。但如果是在牛市，白银至少会有年度盈利在 50% 以上，于是当牛市来临时，短线操作的策略就会变得不合时宜。

1.6　短线交易的目标要求

短线交易的目标要求具体如下：

（1）以月来计算，短线交易的盈利率要高于同期的波段交易者。

（2）要求交易者买入白银后，60% 处于当日盈利的状态，30% 处于当日持平的状态，否则，就说明交易者的进场时机有问题。

（3）达到买进就涨，卖出就跌的状态为理想状况。即交易日当日买、卖点始终处于当日最佳买、卖时机。同时，买进时始终处于白银近期的低点，而卖出时又始终处于白银近期的高点。

1.7 短线交易的素质要求

导致短线交易者一再犯下低级错误的原因，往往是由于交易者的心理严重失衡，使其交易决策和实施过程均处于一种非理性的状态，从而导致交易行为的扭曲变形。可见，理性的交易心理和良好的交易素质，是短线交易成功的重要前提和保证。

短线交易者如何清理一些思想上的障碍呢？下面来具体讲四点。

第一，交易者要明白，高手之间的较量已不再是一些细小的技巧，而是心态和素质的拼比。这意味着交易者在进行短线交易时，要有四心：

（1）机会来临前的耐心；

（2）机会出现时的细心；

（3）进场时的决心；

（4）出局时的狠心。

第二，在市场中，看对了行情，做不对的人比比皆是，而看错了却总能化险为夷、反败为胜的交易者则寥寥无几。因为，对于交易者来说，能否看对行情并不重要，能否做对和应对才是生死攸关的大事。

第三，真正的短线高手只安心赚取自己操作中能够到手的钱，而不会贪婪一切商品涨幅，也不会妄图把每一件事都做到最好。凭技术和原则赚钱、不依靠小道消息、杜绝侥幸心理、反思幸运获利、看淡常规赢利、审视每次失败等，是短线交易高手的基本原则。

第四，一个人的自信来自于内心而非外界，更深层次的是来自于内心的原则和遵守原则的感觉。同样，短线高手衡量自己是否成功的标准往往不是赢利目标是否实现，而是看自己是否经常在按市场规则交易，并坚定不移地遵守了自己的交易准则。后者，才是成功交易者最为依赖的法宝。

1.8　如何才能成为短线交易高手

真正的短线高手是万里挑一的，并且必须是经过真枪实弹的操盘一步一步成长起来的。到底该如何训练自己，从而使自己成为真正的短线交易高手呢？

首先建议交易者拿小额资金在市场中进行训练，例如拿 10000 元进行交易训练，3000 元中能买到 5 手左右的白银 T+D 或 1 手白银期货，该金额应该可以满足训练的要求。

在训练阶段，多数交易者是亏损的，即使有盈利也往往不知所以然。所以交易者一开始不要贪大，

> 提醒：如果你怕风险大，可以拿 3000 元训练白银T+D，做白银 T+D 需要资金比较小。

等技术稳定了，经验丰富了，再加大资金也不迟。

具体训练方法如下：

第一，训练自己对盘面的分析和感悟能力，看看每日盘面实际走势和自己在盘前、盘中预测的有什么不同。如果交易者对盘面没有 80% 的正确判断率，进场操作风险都会比较高。

第二，训练自己对消息概念的反应能力和反应速度。

第三，训练自己的进场速度和进场质量，将自己实际进场的点位和事后价格的走势进行比较，找出自己成功或失败的原因，进行全面而深刻的剖析，并做好每场交易的分析记录。

第四，训练自己的出场速度和出场质量，将自己实际出场的点位和事后价格的走势相比较，找出自己成功和失败的原因，进行全面而深刻的剖析，并做好每场交易的分析记录。

第五，观察主力的翻云覆雨的动作和手法，设想如果自己是主力，会不会这样操作，或者自己是主力，将如何操作下一步。长此以往，交易者就会

与主力思维产生共鸣了。

第六，交易者必须意识到，自己和主力始终是一种对立关系，他要"行骗"，而你要"识骗"。如果你始终只能"识骗"而无法"行骗"，那么你最多也只能是散户高手，而无法成为真正的操盘手。

第七，每日进行收盘后的复盘分析工作，深入了解主力的操作手法及消息面对价格走势的影响。

第八，每日进行操作日记的总结，一方面跟踪自己的交易质量，一方面反馈自己的行为缺陷和思维盲点，以快速提高自己的操作水平和研判能力。

第九，刻苦训练、深刻领悟是成为短线高手的唯一途径，而反复看盘、悟盘、记盘是形成条件反射般交易的根本。交易者必须在快、狠、准上下功夫，同时坚守自己的操作理念。

任何短线交易的高成功率都来自于严格的系统化训练，交易者只有胜过9999人，才能成为万里挑一的高手。对各种市场规律及操作理念反复思考，对各种经典价格走势反复记忆并不断总结，对主力各类操盘模式做到了如指掌等，是短线高手必然要经历的过程，这个过程至少要半年以上。

第2章

白银日内短线交易的
消息面应用技巧

消息面，对白银日内短线交易者来说，是相当重要的。要想做好日内交易，首先要提前了解当天的主要消息面信息有哪些，如重要的经济数据（特别是美国的经济数据）、重要政府官员讲话、重大会议，等。

本章主要内容包括：

➤ 白银消息面有哪些

➤ 如何利用金十数据网站查看白银日内消息面信息

➤ 白银日内消息面与技术面

2.1 白银消息面有哪些

影响白银价格走势的消息面因素有很多，如白银的供求关系、美元汇率、原油价格、金融危机、重大事件、通货膨胀、经济状况，下面来具体讲解一下。

2.1.1 白银的供求关系

白银和黄金一样，是一种应用历史十分悠久的贵金属，人类开始开采白银要上溯到 4000 多年前。由于当时银的开采量很小，使得它的价值比金还贵。公元前 16 至 14 世纪埃及王朝的法典规定的银价为金的 2 倍，甚至到了公元 17 世纪的日本，政府规定金、银的价值还是相等的。

普通老百姓针对白银的概念大多集中在银元、银首饰、银餐具等方面。其实除此之外由于白银特有的物理化学特性，它还是重要的工业原料，广泛应用于电子电气、感光材料、医药化工、消毒抗菌、环保、白银饰品及制品等领域。随着电子工业，航空工业，电力工业的大发展，近年来，白银的工业需求正稳步快速增长。

2.1.2 美元汇率

美元汇率是影响银价波动的重要因素之一。在国际市场上，白银和美元是直接对价的商品，所用的单位为美元 / 盎司，因此美元走势的每一个微弱的动作都会直接影响白银价格的走势。美元与白银一般呈负关联，即美元涨，则白银跌；美元跌，则白银涨，如图 2.1 所示。

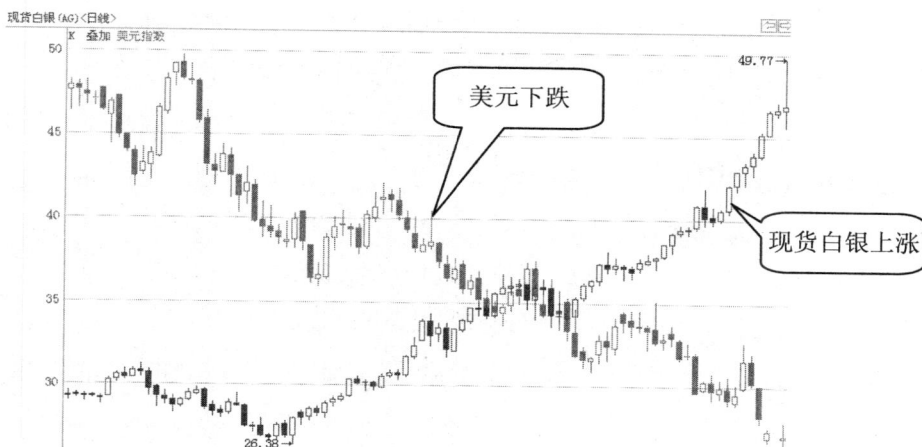

●图 2.1　现货白银和美元的日 K 线叠加图

通过图 2.1 可以看出，美元在一路下跌过程中，白银却是一路上涨。

但在某些特殊时段尤其是白银走势非常强或非常弱的时期，银价也会摆脱美元走势的影响。2005 年第四季度，由于国际对冲基金普遍看好石油、贵金属等商品类投资品种，大资金纷纷介入，导致白银价格与美元的互动关系一度失效，银价出现了独立的走势，投资者今后在分析黄金与美元走势时必须充分考虑这一因素，如图 2.2 所示。

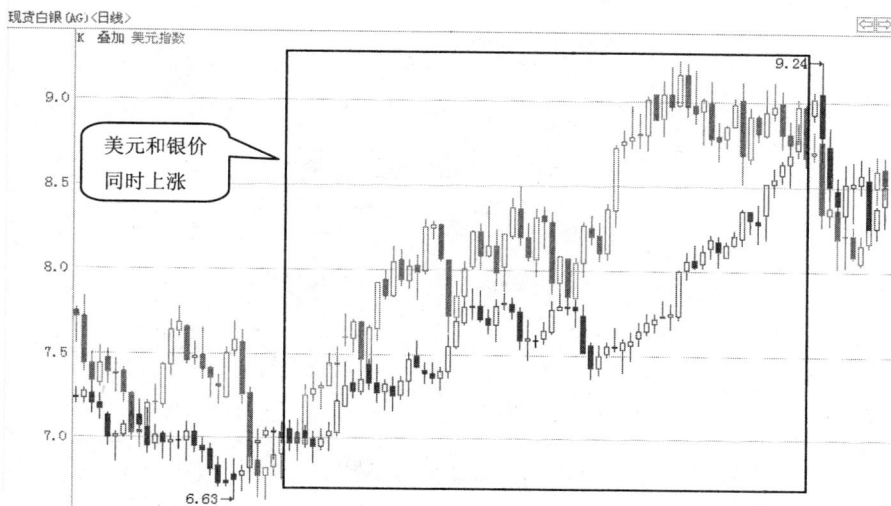

●图 2.2　2005 年四季度银价摆脱美元走势的影响

但总起来说，在基本面、资金面和供求关系等因素均正常的情况下，白银与美元的逆向互动关系仍是投资者判断银价走势的重要依据。

2.1.3 原油价格

在进行白银交易时，还要关注被称为"工业的血液"的黑金——原油。在国际大宗商品市场上，原油是最为重要的大宗商品之一。自西方工业革命后，原油一直充当着现代工业社会运行的重要战略物资，它在国际政治、经济、金融领域占有举足轻重的地位，"石油美元"的出现足以说明原油在当今世界经济中的重要性。

油价波动将直接影响世界经济的发展，这是不争的事实。美国的经济发展与原油市场的关联度尤其紧密，因为美国的经济总量和原油消费量均列世界第一位。美国经济强弱走势直接影响美国资产质量的变化，从而引起美元涨跌，进一步影响白银价格的变化。

当油价连续狂涨时，国际货币基金组织随即调低未来经济增长的预期。油价已经成为衡量全球经济是否健康成长的"晴雨表"中不可或缺的重要组成部分。高油价也就意味着经济增长不确定性的增加以及通货膨胀预期的逐步升温。

白银与原油之间存在着正相关的关系，也就是说，白银价格和原油价格总体上是同向变动的，如图 2.3 所示。

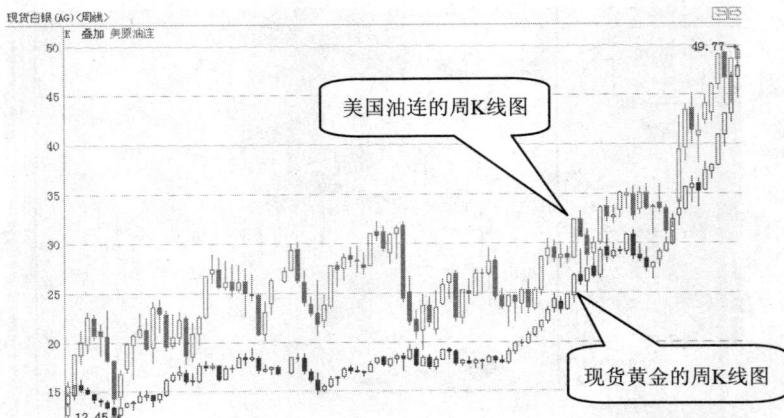

• 图 2.3　现货白银与美国油连的叠加对比图

2.1.4 金融危机

当美国等西方大国的金融体系出现了不稳定的现象时，从而引起世界金融危机，世界资金便会投向黄金白银，黄金白银需求增加，金银价即会上涨。黄金白银在这时就发挥了资金避难所的功能。唯有在金融体系稳定的情况下，投资人士对黄金白银的信心就会大打折扣，将黄金白银卖出造成价格下跌。

例如，自 2009 年年底以来，欧洲主权债务危机成为金融市场的"重头戏"。从 2010 年上半年的希腊到年末的爱尔兰，这一轮危机经历了跌宕起伏的几个重要阶段，债务危机不断地蔓延，危机的反复无常令市场对欧元区信心渐失，这为黄金白银价格提供坚实的支撑，很大程度上推动了黄金和白银在 2010 年的大牛市行情，如图 2.4 所示。

• 图 2.4 现货白银（AG）的周 K 线图

2.1.5 重大事件

为战争或为维持国内经济平稳而支付费用、大量投资者转向黄金白银保值投资，这些都会扩大对白银的需求，刺激银价上扬。因此，投资者要预测银价，国际政事也得关心一下。

2.1.6 通货膨胀

我们知道，一个国家货币的购买能力，是基于物价指数而决定的。当一国的物价稳定时，其货币的购买能力就越稳定。相反，通货率越高，货币的购买力就越弱，这种货币就愈缺乏吸引力。如果美国和世界主要地区的物价指数保持平稳，持有现金也不会贬值，又有利息收入，必然成为投资者的首选。

相反，如果通胀剧烈，持有现金根本没有保障，收取利息也赶不上物价的上升。人们就会采购黄金白银，因为此时黄金白银的理论价格会随通胀而上升。西方主要国家的通胀越高，以黄金白银作保值的要求也就越大，世界金银价亦会越高。其中，美国的通胀率最容易左右黄金白银的变动。而一些较小国家，如智利、乌拉圭等，每年的通胀最高能达到 400 倍，却对金银价毫无影响。

2.1.7　经济状况

经济欣欣向荣，人们生活无忧，自然会增强人们投资的欲望，民间购买白银进行保值或装饰的能力会大为增加，银价也会得到一定的支持。相反之下，民不聊生，经济萧条时期，人们连吃饭穿衣的基本保障都不能满足，又哪里会有对白银投资的兴致呢？所以说经济状况也是构成白银价格波动的一个因素。

2.2　白银日内消息面的查看

如果要想做好白银日内短线交易，白银日内消息面是非常重要的。如何查看白银日内消息面呢？下面来具体讲解一下。

投资者可以登录金十数据网站、中金在线网站、汇通网站、华尔街见闻网站等，可查看白银日内消息面。

下面以金十数据网站为例，来讲解一下如何查看白银日内消息面信息。

在浏览器的地址栏中输入"http://jin10.com"，然后回车，就进入金十数据网站的首页，如图 2.5 所示。

• 图 2.5　金十数据网站的首页

通过金十数据网站的首页，就可以看到当前日期的最新国际国内重大消息面信息。当前看到的是 2016 年 8 月 23 日下午 16:01 的消息面信息。

另外，在一些重大消息公布时，会显示该消息面，是对白银是利多，还是利空的，这样更有利于投资者利用消息面炒白银。

通过滚动条向下拉，就可以看到 8 月 23 日 16:01 之前的消息面信息，如图 2.6 所示。

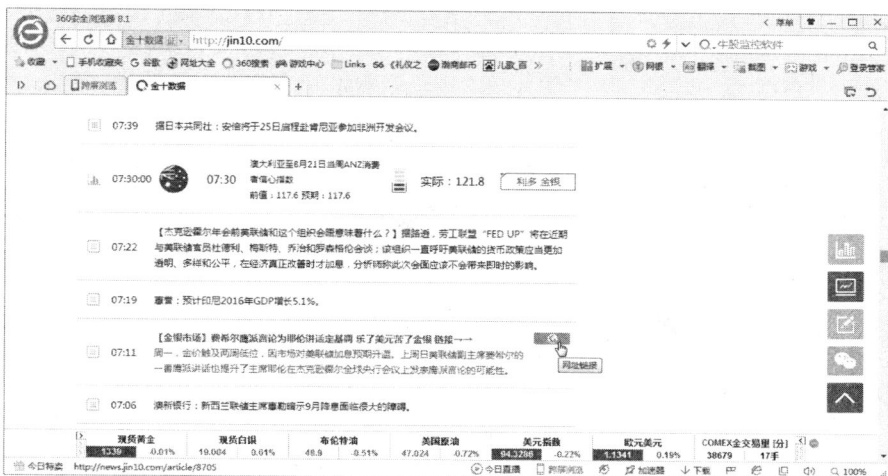

• 图 2.6　查看 8 月 23 日 16:01 之前的消息面信息

另外，在消息面中可以看到一些重大消息评论，但这些评论都比较简短，如果想查看评论的具体详细内容，可以单击其后面的 ◯ 按钮，如图2.7所示。

● 图 2.7　查看评论的具体详细内容

每一天，都会有一些重大的财经事件，投资者在进行白银日内交易之前，最好提前了解一下。这样做白银日内交易，更加得心应手。

在金十数据网站的首页页面中，单击顶部导航栏中的"财经日历"，就可以查看当前日期的消息面的重大财经信息，如图2.8所示。

● 图 2.8　当前日期的消息面的重大财经信息

由于当前日期是 8 月 23 日，星期二，所以这里显示的就是 8 月 23 日这一天的重大财经信息。

这些财经信息，即包括美洲（美国、加拿大）和欧洲（欧元区、德国）的财经信息，也包括亚洲和澳洲（中国、日本、澳大利亚）的财经信息。

亚洲和澳洲的财经信息，一般是在中午之前公布，而欧洲的财经信息，往往在 15：00~18：00，而美洲往往在 18：00 以后。向下拖动滚动条，就可以看到不同地区的财经信息公布时间及对白银价格的影响，如图 2.9 所示。

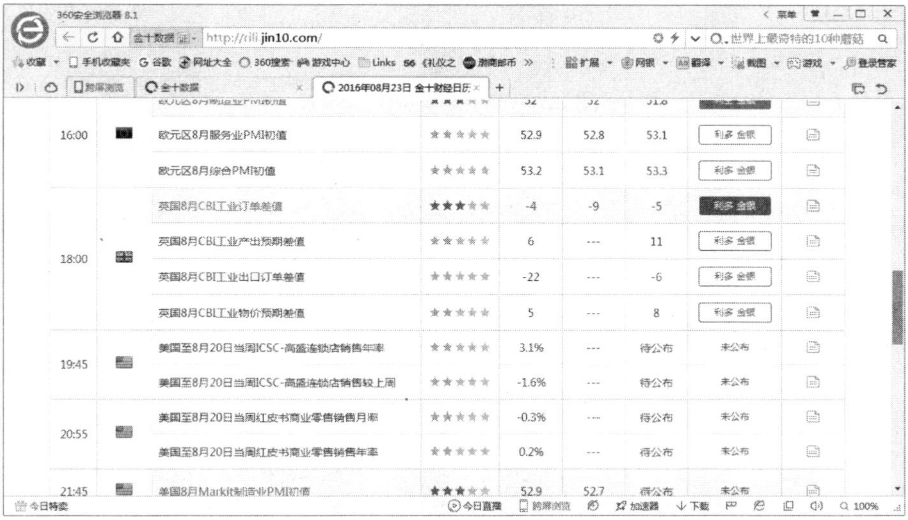

• 图 2.9　不同地区的财经信息公布时间及对白银价格的影响

由图 2.9 可以查看不同财经信息的重要性，重要性与否是用"五角星"的多少来表示的。最重要的财经信息是 5 颗星，其次是 4 颗星，3 颗星，2 颗星和 1 颗星。

> 提醒：每天在查看财经信息时，重点关注 3 颗星及以上的财经信息公布时对白银价格的影响。

还可以查看财经信息的解读。假如查看"英国 8 月 CBI 工业订单差值"财经数据的解读，只须单击其对应的📄按钮，就可以打开财经数据解读页面，如图 2.10 所示。

● 图 2.10　财经数据解读页面

由图 2.10 可以看到该财经数据下次公布时间、数据公布机构、发布频率、统计方法、数据影响、数据释义、关注原因等信息。

向下拖动滚动条，还可查看近期"英国 CBI 工业订单差值"变化的柱状图表，如图 2.11 所示。

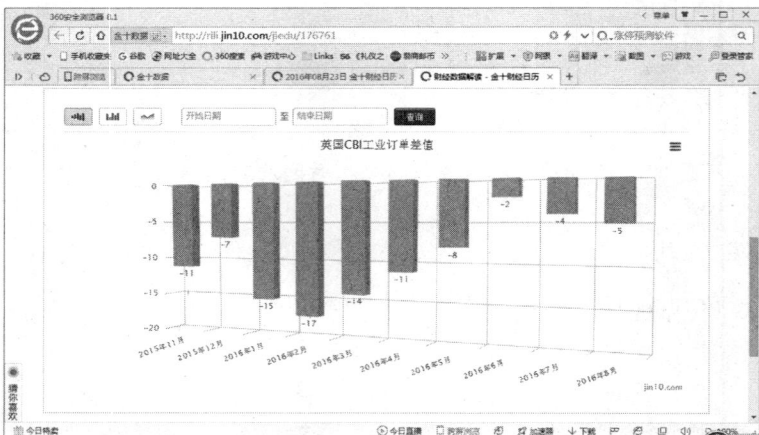

● 图 2.11　近期"英国 CBI 工业订单差值"变化的柱状图表

除了财经数据之外，还可以查看每日的财经大事。财经大事对白银价格的影响也是很大的，所以做日短线交易的朋友，也要重点关注。

在财经日历页面中，向下拖动滚动条，在财经数据下方，就可以看到当天的财经大事，如图 2.12 所示。

• 图 2.12　财经大事

另外，在这里还可以查看每日的假期休市情况。由于 8 月 23 日，不是特殊节日，所以全球没有休市情况。假如，如果是中秋节或春节，中国的股市、期市、黄金市场都会休市的。

在金十数据网站的首页页面中，单击顶部导航栏中的"新闻资讯"，就可以查看当前日期的新闻信息，如图 2.13 所示。

• 图 2.13　新闻资讯

如果要查看某具体新闻，只须单击该标题即可。在这里单击"黄金'清算日'已近在眼前短期内有望突破 1400 美元"，就可以看到该新闻信息内容，如图2.14 所示。

•图 2.14　新闻信息内容

2.3　白银日内消息面与技术面

前面讲解了白银的消息面影响因素及如何查看日内消息面信息。在做白银日内短线时，就有了一个重要参考。但在实际做单过程中，具体的做单点位，是需要技术面来确定的，下面来讲解一下白银日内消息面与技术面的应用技巧和注意事项。

消息面和技术面，对白银投资者来说，都是很重要的，不能说谁比谁更好、更强。技术面分析并不能说百分百的准确，特别是一些重大数据公布时，技术面是很难预测到的，这时消息面往往就能给出解释。

技术面在平稳的环境下，成功预测的概率很大，即成功率很高。而消息面针对突发性的行情预测。在重大影响力的消息面面前，技术面往往是失灵和不准的。

例如非农数据行情，非农数据依靠技术面根本无法预测，只能靠前期每一次的数据统计才能更好地获得相关的值。非农数据的统计值包括失业金、失业率、就业率。失业率是通过计算每一周的失业率，把上个月共 4 周的统计结果进行平均得到最后的值，然后用最后的值与预算值及前期进行对比，得出结论，即失业率是向好，还是变坏。

另外，大涨和大跌，大多数源于消息面，如果单单从技术面来分析，很难解释清楚。

所以，我们在做白银日内短线单时，一定要同时重视技术面和消息面，把两个方面的分析结合起来，从而提高自己做单的成功率。

第 3 章

白银日内短线交易的美联储会议与政策实战技巧

众所周知，美元的价格变动直接影响着白银的价格变化。美联储会议与政策，不仅攸关全球宏观经济走向，而且直接影响着美元价格的走势，进而影响白银价格变动。

本章主要内容包括：

➤ 美联储的定义、职能、目的和历史发展进程

➤ 美联储联邦公开市场委员会及组成

➤ 鹰派与鸽派

➤ 美联储议息会议的时间和议程

➤ 美联储议息会议实战应用

➤ 加息与加息预期对白银价格的影响

➤ 降息对白银价格的影响

➤ 量化宽松 (QE) 和扭转操作 (QT) 对白银价格的影响

3.1 初识美联储

在讲解美联储会议与政策实战之前，先来了解一下，什么是美联储、美联储的职能、美联储的目的和美联储的历史发展进程。

3.1.1 什么是美联储

美联储（Federal Reserve），是美国联邦储备系统（The Federal Reserve System）的简称，负责履行美国的中央银行的职责。美联储是根据《联邦储备法》（Federal Reserve Act）于 1913 年 12 月 23 日成立的。美联储的核心管理机构是美国联邦储备委员会。

美联储由位于华盛顿特区的联邦储备委员会和 12 家分布全国主要城市的地区性的联邦储备银行组成。

珍妮特·耶伦为现任美联储最高长官（美国联邦储备委员会主席）。作为美国的中央银行，美联储从美国国会获得权力，行使制定货币政策和对美国金融机构进行监管等职责。

3.1.2 美联储的职能

美联储作为美国最高货币政策主管机关，负责保管商业银行准备金、对商业银行贷款及发行联邦储备券。美联储也是制定美国货币政策的首脑机关，1993 年 10 月起，美国经济景气快速攀升，有引发通货膨胀之虞，多亏时任联邦储备理事会主席格林斯潘（Green Span）在不顾民意及政治压力下，连续七次调高重贴现率，使美国经济软着陆成功，免于通货膨胀的威胁。

美联储的基本职能具体如下：

（1）通过三种主要的手段（公开市场操作，规定银行准备金比率，批准各联邦储备银行要求的贴现率）来实现相关货币政策；

（2）监督、指导各个联邦储备银行的活动；

（3）监管美国本土的银行，以及成员银行在海外的活动和外国银行在美国的活动；

（4）批准各联邦储备银行的预算及开支；

（5）任命每个联邦储备银行的九名董事中的三名；

（6）批准各个联邦储备银行董事会提名的储备银行行长人选；

（7）行使作为国家支付系统的权利；负责保护消费信贷的相关法律的实施；

（8）依照《汉弗莱·霍金斯法案》（Humphrey Hawkins Act）的规定，每年 2 月 20 日及 7 月 20 日，应当向国会提交经济与货币政策执行情况的报告（类似于半年报）；

（9）通过各种出版物向公众公布联邦储备系统及国家经济运行状况的详细的统计资料，如通过每月一期的联邦储备系统公告（Federal Reserve Bulletin）；

（10）每年年初向国会提交上一年的年度报告（需接受公众性质的会计师事务所审计）及预算报告（需接受美国审计总局的审计）；

另外，委员会主席还需定时与美国总统及财政部长召开相关的会议并及时汇报有关情况，并在国际事务中履行好自己的职责。

3.1.3　美联储的目的

美联储创建的主要目的是解决银行业恐慌，当然，《联邦储备法》中也规定了其他目的，如"提供一个有弹性的货币，在美国建立一种有效监管银行，以及其他用途。

美国经历了数次的金融危机，而由于 1907 年特别严重，1913 年国会通过了《联邦储备法》，建立了联邦储备银行。今天，美联储的金融体系更广泛，而不仅仅是在确保其金融稳定上。

为了解决银行挤兑问题，为了美国担任中央银行，在私人利益之间和政府集中责任之间取得平衡的银行，为了监督和规范银行业金融机构，为了保护消费者的信贷权利要管理国家的货币供给。

货币政策的目标是充分就业、稳定的价格，包括预防通货膨胀或通货紧缩，温和长期利率，维持金融体系的稳定，遏制系统性风险，为美国政府和外国官方机构提供金融服务。

3.1.4 美联储的历史发展进程

以下是美联储的历史发展进程：

1791 年至 1811 年，美国第一银行成立，是美国最早具有中央银行职能的机构。

1811 年至 1816 年，美国中央银行。

1816 年至 1836 年，美国第二银行。

1837 年至 1862 年是美国的自由银行时代，美国没有正式的中央银行。

1862 年至 1913 年，一个（私营的）国家银行系统起到了这个作用。

1913 年 12 月 23 日，美联储由美国国会在通过欧文－格拉斯法案（Owen-Glass Act，又称联邦储备法案）的基础上建立，由伍德罗·威尔逊总统签字。

1846 年至 1921 年，出台独立的财政制度。

1863 年至 1913 年，更名为国家银行。

1913 年至今，更名为美国联邦储备局。

2012 年 4 月 25 日，美联储确认，为刺激更强劲的经济复苏，把联邦基金利率维持在零至 0.25% 的超低区间至少到 2014 年下半年。同时延续 2011 年 9 月份推出的"扭转操作"，即计划到 2012 年 6 月底，出售剩余期限为 3 年及以下的 4000 亿美元中短期国债，同时购买相同数量剩余期限为 6 年至 30 年的中长期国债，以压低长期利率。美联储继续把到期的机构债券和机构抵押贷款证券的本金进行再投资，以购买更多房利美、房地美等机构发行的机构抵押贷款证券。

2012 年 9 月 13 日，美国联邦储备委员会宣布，为刺激经济复苏和就业市场改善，将进行新一轮资产购买计划，决定每月购买 400 亿美元抵押贷款支持证券，但未说明总购买规模和执行期限。同时，美联储将继续执行卖出短期国债、买入长期国债的"扭转操作"，并继续把到期的机构债券和机构抵押贷款支持证券的本金进行再投资，将零至 0.25% 的超低联邦基金利率指引延长至 2015 年年中。

2012 年 11 月 20 日，美联储时任主席本·伯南克（Ben Bernanke）称，美国经济复苏进程正处于"令人失望的缓慢"进展中，但他并未表示将采取进一步措施来刺激经济增长。美国经济复苏进程缓慢，经济增长变化有待进一步观察。

2012 年 12 月 7 日，美联储时任主席伯南克，在纽约经济俱乐部（Economic Club）发表讲话时并未表示美联储将采取更多的宽松措施，而是再次指责国会令美国陷入了悲惨的财务状况中，这有可能会导致美国经济再次进入衰退周期。

2013 年，伯南克一直都在对将于自动生效的支出削减和税收提高措施进行抨击，他在讲话中对这一所谓的"财政悬崖"问题再次发出了警告。

2013 年 1 月 29 ～ 30 日的美联储政策会议纪要于周三发布，纪要显示一些官员担忧联邦每月需购买 850 亿美元的国债以及抵押债券。他们对持续的购买表示极为担忧，原因正是最终恐将导致通货膨胀加剧、扰乱金融市场或者一旦美联储开始出售其投资份额，将导致财政损失。

2013 年 11 月 14 日，伯南克在一教师会议上讲话时表示，美联储能继续支撑就业，防止通货膨胀率降至过低至关重要；一旦美国经济实现复苏，美联储将能够使货币政策回归常态。

2013 年 10 月，美联储会议纪要显示，预计更好的经济数据会允许美联储在未来的几个月内缩减购债规模。

2013 年 12 月，美联储会议纪要显示，将缩减购债规模，同时暗示其指标利率保持在低位的时间甚至可能长于其先前的承诺。

2014 年 3 月 20 日，美国联邦公开市场委员会（FOMC）公布利率决议，宣布维持 0 ～ 0.25% 基准利率不变，将按照先前速度将量化宽松（QE）政策缩减 100 亿美元，至每月 550 亿美元规模。

从 2014 年 4 月份开始，每月将购买 250 亿美元抵押贷款支持证券（MBS）和 300 亿美元国债。美联储（FED）表示，在决定未来加息路径上放弃 6.5%

失业率门槛，当决定如何保持美联储 0 ～ 0.25% 低利率时，会评估 2% 通货膨胀率和诸多就业指标。

2014 年 10 月 29 日，美国联邦储备委员会宣布结束资产购买计划，这标志着美国长达 6 年之久的量化宽松政策（QE）将画上句号。量化宽松通过压低长期利率刺激信贷，推高了房价和股价，由此产生的财富效应提振了居民消费。从这个意义上说，它对美国经济复苏功不可没。然而，量化宽松让美联储的资产负债表从金融危机前的 8000 多亿美元膨胀到破纪录的 4 万多亿美元，而且 QE 还埋下了资产泡沫的隐忧，同时也不可避免地加大了全球金融市场的不确定性和波动性。随着量化宽松结束，加息将成为美联储货币政策正常化的下一个重要步骤。

美联储联邦公开市场委员会（FOMC）于华盛顿时间 2015 年 12 月 16 日周三下午 2 点宣布，将从周四（12 月 17 日）起上调利率 0.25 个百分点，至 0.25% ～ 0.5%，并将视经济的表现来调整策略。由于加息后的利率仍然较低，货币政策依然保持宽松。这标志着世界第一大经济体始于 2006 年的宽松货币政策迈向终点。

3.2　联邦公开市场委员会（FOMC）

下面来讲解一下联邦公开市场委员会。

3.2.1　什么是美联储联邦公开市场委员会

联邦公开市场委员会（The Federal Open Market Committee，简称 FOMC）。

联邦公开市场委员会是美联储中一个重要的机构。它由十二名成员组成，包括联邦储备委员会全部成员七名，纽约联邦储备银行行长，其他四个名额由另外 11 个联邦储备银行行长轮流担任。该委员会设一名主席（通常由联邦储备委员会主席担任），一名副主席（通常由纽约联邦储备银行行长担任）。

另外，其他所有的联邦储备银行行长都可以参加联邦公开市场委员会的讨论会议，但是没有投票权。

3.2.2　美联储 FOMC 投票委员会组成

FOMC 成员包括联邦储备局的 7 位执行委员，外加 5 位联邦储备银行主席。也就是说，12 个联邦储备银行主席中，只有 5 名有投票权。其中，纽约联储主席具有终身投票权，剩下的 4 票由另外 11 名联邦储备银行主席轮流行使，轮流期为一年。

这 4 票投票权，一票由波士顿、费城、里士满联储主席轮流，一票由克利夫兰和芝加哥联储主席轮流，一票由亚特兰大、圣路易斯、达拉斯联储主席轮流，还有一票由明尼阿波利斯、堪萨斯城、旧金山联储主席轮流。

2015 年联邦公开市场委员会（FOMC）的票委分别有：美联储主席耶伦、美联储副主席费希尔、纽约联储主席杜德利、理事布莱纳德、理事鲍威尔、理事塔鲁洛、旧金山联储主席威廉姆斯、芝加哥联储主席埃文斯、里奇蒙德联储主席莱克以及亚特兰大联储主席洛克哈特。其中前六位拥有永久性投票权，而后四位则拥有轮值投票权。

2016 年美联储 FOMC 投票委员表将出现一些变动，原先拥有投票权的 4 位委员将被另外 4 位替换掉。变动如下：

2016 年不再拥有投票权的委员是：芝加哥联储主席埃文斯（Charles Evans），里士满联储主席杰弗里·莱克（Jeffrey Lacker），亚特兰大联储主席洛克哈特（Dennis Lockhart），旧金山联储主席威廉姆斯（John Williams）。

2016 年获得投票权的委员是：圣路易斯联储主席詹姆斯·布拉德（James Bullard），堪萨斯城联储主席埃斯特·乔治（Esther George），克利夫兰联储主席梅斯特（Loretta Mester），波士顿联储主席罗森格伦（Eric Rosengren）。

2016 年美联储 FOMC 投票委员会名单，如图 3.1 所示。

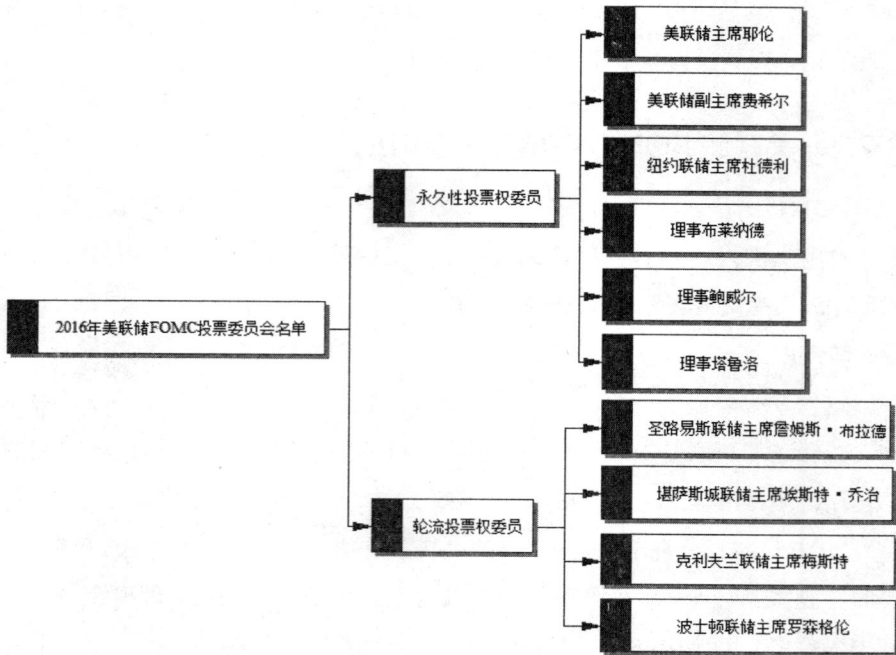

● 图 3.1　2016 年美联储 FOMC 投票委员会名单

3.2.3　鹰派与鸽派

所谓鹰派和鸽派，指的是美联储联邦公开市场委员会委员们在控制通货膨胀和刺激就业这对矛盾体上的倾向。

控制通货膨胀和刺激就业，是美联储的核心两大任务。要控制通货膨胀，高利率下偏紧的货币政策是必需的，但是要刺激就业，最好的就是低利率下偏松的货币政策。在刺激就业的同时又想控制通货膨胀，很大程度上属于既要马儿不吃草又要马儿跑得快。

所以美联储这些决策加息减息的委员们，一般都会对控制通货膨胀或者刺激就业中的一项更偏重，如果更看重控制通货膨胀，倾向于加息的，就会被称为鹰派；若更看重刺激就业的，就被视为鸽派。

那么，鸽派和鹰派的政策会对经济政策或白银市场产生什么样的影响呢？

在对经济的影响上，由于鸽派采取的是相对宽松的政策，力主刺激就业，则在一定程度上会使美元的价格有一定的打压，有助于金银上涨。反之，由于鹰派采取的相对激进的政策，短期内会在一定程度上助多美元，因此鹰派有助于金银下跌。

但是值得注意的是，鸽派和鹰派在一定程度上不是永久固定的，而是随着经济形式的变化，进行相应的调整。

3.3 美联储议息会议

美联储议息会议对白银价格的短期波动影响是很大的，所以下面我们重点讲解一下美联储议息会议。

3.3.1 什么是美联储议息会议

美联储议息会议是由 FOMC 决定，可以影响今后的货币政策走向，同时还能影响利息水平。不仅如此，美联储议息会议还能影响其他政策的决定。

美联储议息会议一般会召开 1 ～ 2 天，主要的议题是关于美国经济发展的情况，金融市场风险，以及货币政策的走向。每一次议息会议都会有美联储的经济学家展示其研究结果。

3.3.2 2016 年美联储议息会议的时间

美联储议息会议每年都会召开八次。通常情况下在每年的 3 月以及 7 月份上，会议将会重点分析货币信贷总量的表现，以此来预估实际 GDP、通胀、就业率等经济指标的发展趋势。在另外 6 次会议中将会对长期货币信贷目标进行回顾总结。

2016 年美联储议息会议的日期与时间，如表 3.1 所示。

表 3.1 2016 年美联储议息会议的日期与时间

日期	时间	是否有新闻发布会
1 月 26~27 日	周二、周三	否

日期	时间	是否有新闻发布会
3 月 15~16 日	周二、周三	是
4 月 26~27 日	周二、周三	否
6 月 14~15 日	周二、周三	是
7 月 26~27 日	周二、周三	否
9 月 20~21 日	周二、周三	是
11 月 1~2 日	周二、周三	否
12 月 13~14 日	周二、周三	是

3.3.3　美联储议息会议的议程

美联储议息会议的议程，具体如下：

（1）通过上一次议息会议的会议纪要；

（2）对其他货币的操作进行评价：其中包含对上次议息会议之后的操作情况进行汇报总结，通过上次会议谢幕后对其他货币的操作的交易情况；

（3）对国内公开市场的操作进行评价：其中对上次会议之后对国内公开市场的操作情况进行回报总结、并通过上次会议谢幕后的对国内公开市场的交易情况；

（4）对美国自身的经济形势进行预估评价：其中有工作人员对当前本国的经济形势进行回报总结，之后再由委员进行相关讨论；

（5）对长期货币政策进行预估：其中有工作人员对长期货币政策进行相关评论，之后由委员对长期经济目标以及接下来的行动方案进行相关讨论；

（6）对目前货币政策以及国内其他政策进行相关的指令：其中有工作人员对上述的评述，再由委员会进行讨论并退出下一步指令；

（7）最后确定下一次会议的召开日期。

3.3.4　美联储议息会议实战应用

2016 年 7 月 28 日（凌晨 2:00），美联储公布 7 月最新的利率决议，美联储维持联邦基金基准利率 0.25% ～ 0.5% 不变，符合市场预期。

美联储在决议中称美国经济前景短期风险减小，中期通货膨胀率上升至 2%，未来仍会谨慎加息。另外，美联储决议通篇未提英国"脱欧"影响，与 6 月构成鲜明反差。

虽然本次决议美联储对经济前景表达了乐观的观点，但其未明确暗示 9 月升息，这缓解了市场对美联储很快将会升息的压力。

决议公布后第一时间，美元指数短线大幅攀升，市场充分反应之后，美元指数完全收回决议公布后的升幅转跌，如图 3.2 所示。

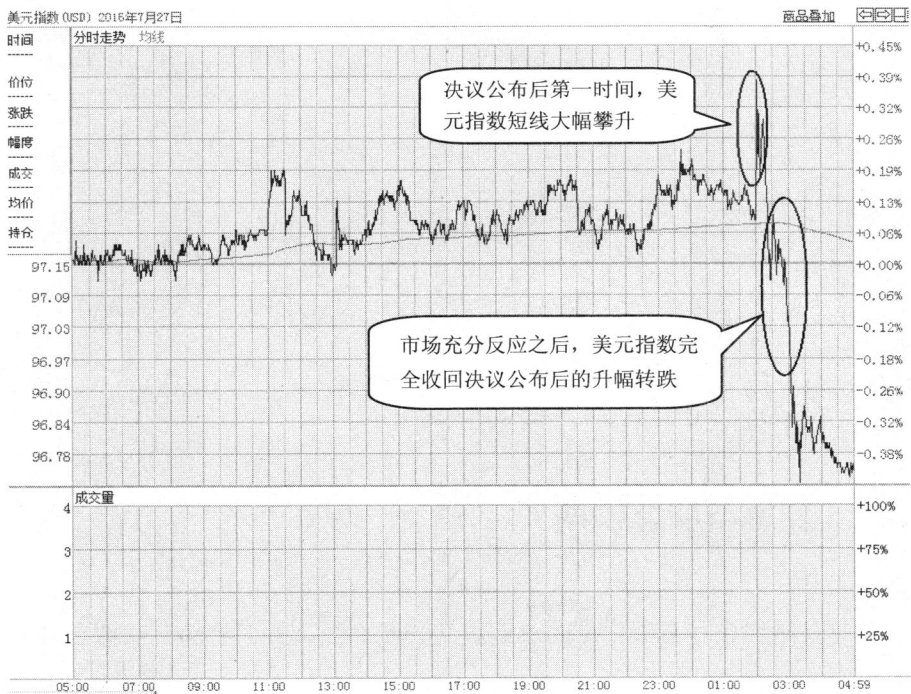

• 图 3.2 美元指数（USD）2016 年 7 月 27 日 5：00 至 7 月 28 日 5：00 的分时
走势图

现货白银短线重挫 0.2 美元，市场充分反应之后，大幅飙升 0.5 美元，如
图 3.3 所示。

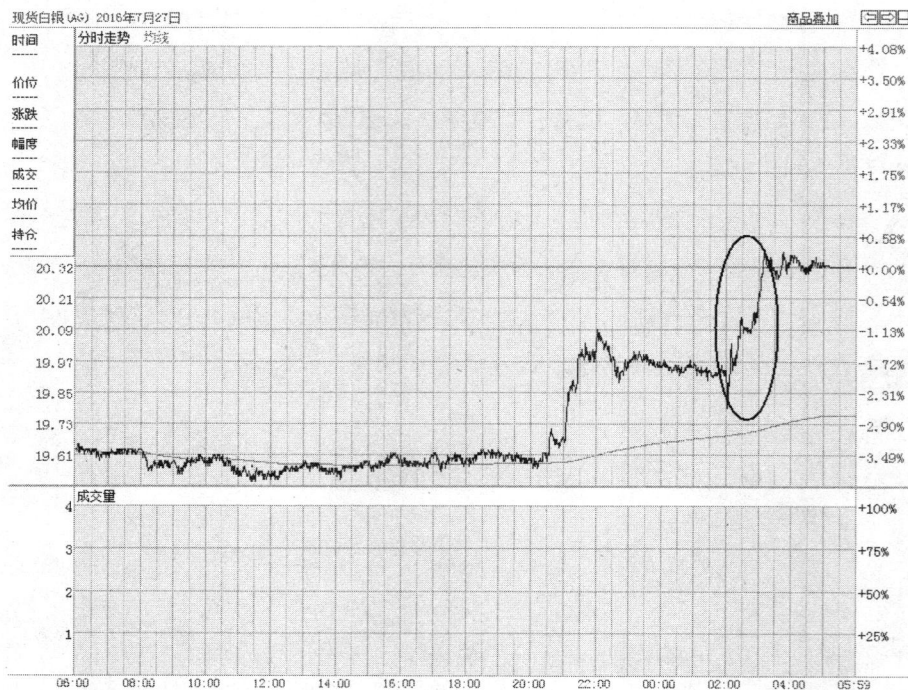

● 图 3.3　现货白银（AG）2016 年 7 月 27 日 6：00 至 7 月 28 日 5：00 的分时

走势图

3.4　加息与加息预期

美联储加息对白银价格的短期波动影响是很大的，下面我们重点讲解
一下。

3.4.1　什么是加息

加息是一个国家或地区的中央银行提高利息的行为，从而使商业银行对
中央银行的借贷成本提高，进而迫使市场的利息也进行增加。加息的目的包
括减少货币供应、压抑消费、压抑通货膨胀、鼓励存款、减缓市场投机等。
加息也可作为提升本国或本地区货币对其他货币的币值（汇率）的间接手段。

3.4.2　美联储历史最近 3 次加息

（1）1994-1995 年加息周期

1994 年至 1995 年的加息周期历时 12 个月，基于对通胀的担忧，从 1994 年 2 月 4 日至 1995 年 2 月 1 日，美联储基准利率从 3.25% 提升至 6%，加息幅度 3%。本轮加息中美联储先是小幅试探性加息 0.25% 三次，随后提高每次的加息幅度至 0.5%，最终将基准利率提高至 6% 的水平。

在本轮加息周期中，黄金价格从 378 美元下跌至 376 美元，涨幅为 −0.4%，白银价格从 4.48 美元上涨至 4.68 美元，涨幅为 4.5%。

（2）1999-2000 年加息周期

1999 年至 2000 年的加息周期历时 11 个月，美国经济在 1990 年代长期繁荣，在经历亚洲金融危机的冲击之后，美国通胀水平开始上升，从 1999 年 6 月 30 日开始美联储启动加息周期，至 2000 年 5 月 16 日结束加息，美联储基准利率从 4.75% 提升至 6%，加息幅度 1.75%。本次加息周期时间短，加息幅度小且平缓，除了最后一次加息 50 个基点之外，其他五次均加息 25 个基点。在 2000 年纳斯达克泡沫破裂之后，美联储停止了加息的进程，并于次年年初开始了连续大幅降息的进程。

在本轮加息周期中，黄金价格从 279 美元下跌至 276 美元，涨幅为 −1.2%，白银价格从 5.03 美元下跌至 5.01 美元，涨幅为 −0.4%。

（3）2004-2006 年加息周期

2004 年至 2006 年的加息周期历时 27 个月，纳斯达克泡沫后美联储利率的大幅下降刺激了美国的房地产泡沫，从 2004 年 3 月 31 日开始美联储启动加息周期，至 2006 年 6 月 29 日结束加息，联储基准利率从 1% 提升至 5.25%，加息幅度 4.25%。本次加息周期共 17 次上调利率，每次上调幅度均为 0.25%。在美联储连续加息之后，另外一个泡沫——美国房地产泡沫被刺破，成为本次金融危机的导火索。

在本轮加息周期中，大宗商品全线上涨，黄金、白银、伦铜、伦锌、原油分别从 424 美元、7.83 美元、2980 美元、1112 美元、35.76 美元上涨至 589 美元、10.38 美元、7280 美元、3075 美元、73.52 美元，涨幅分别为 39.1%、32.7%、144.3%、176.5%、105.6%。

3.4.3　2015 年 12 月美联储加息

美国联邦储备委员会 2015 年 12 月 16 日宣布将联邦基金利率上调 25 个基点到 0.25% 至 0.5% 的水平。美联储结束了长达 7 年的零利率政策，同时也是 9 年来首次加息。

市场上决议公布后，美元指数迅速上涨 50 余点，至 98.40，如图 3.4 所示。

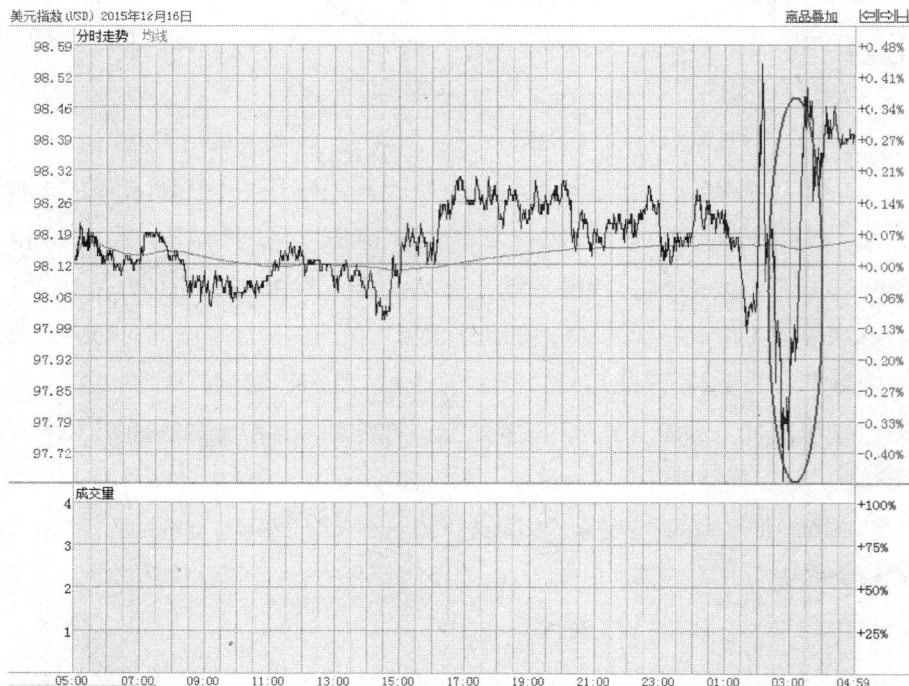

● 图 3.4　美元指数（USA）2015 年 12 月 16 日 6：00 至 12 月 17 日 6：00 的分时
走势图

现货金价探底 10 余美元后回升，现报 1071.15 美元／盎司；现货银价加剧震荡 14.15 美元／盎司，如图 3.5 所示。

需要注意的是，由于美联储在 2015 年 12 月 16 日之前一年多，一直在谈加息，即所谓的加息预期。在加息预期的影响下，现货白银也出现大幅下跌，当加息这个利空消息出现后，等利空出尽，所以现货白银的价格就已见底了，如图 3.6 所示。

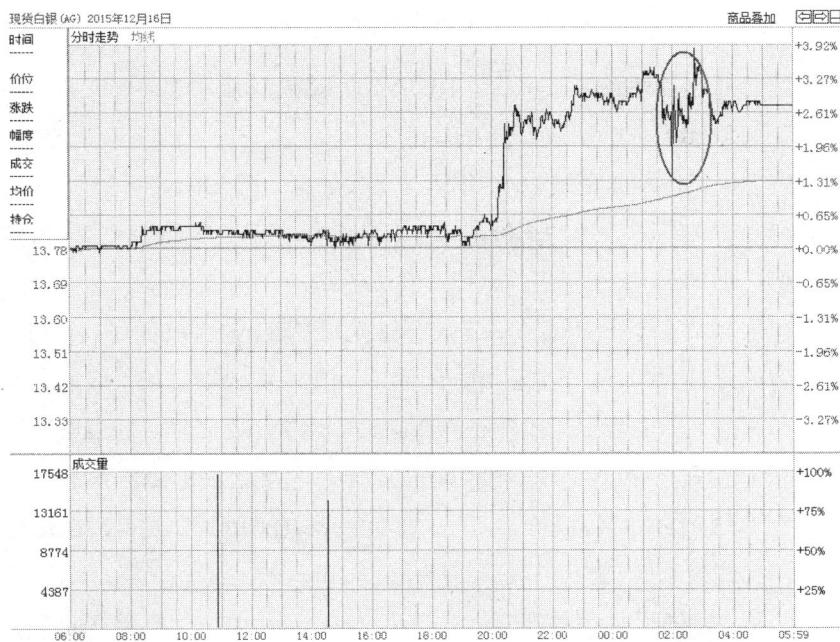

• 图 3.5　现货白银（AG）2015 年 12 月 16 日 6：00 至 12 月 17 日 5：00 的分时

走势图

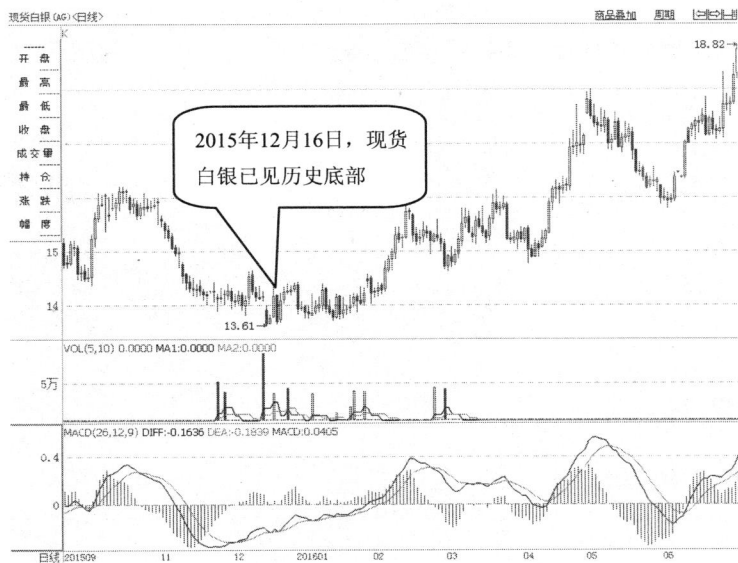

• 图 3.6　现货白银（AG）的日 K 线图

3.4.4 什么是加息预期及对白银价格的影响

投资者通过各种经济表象及以前的经验，认为在将来的某个时期，银行的存款利息会上调，这就是加息预期。

投资者仍然怀疑美联储 2016 年还会不会加息。而美联储副主席 Stanley Fischer 在 2016 年 8 月 21 日（星期日）讲话中对近期美国经济前景表现得更为乐观，即 Fischer 暗示了美联储在考虑加息。

具体内容如下：Fischer 在关于美国经济的讲话一开头就提到，美联储正接近达到充分就业和 2% 的通胀目标：过去六年就业大幅增长，接近大部分测算认为充分就业的水平。虽然经济在向美联储 2% 的通胀目标迈进过程中表现"不那么好"，截至 2016 年 6 月的 12 个月内整体 PCE 通胀率不足 1%，但核心 PCE 通胀为 1.6%，处于靠近 2% 的水平，核心 CPI 通胀目前已超过 2%。

"所以，我们接近自己的目标。"Fischer 预计，未来几个季度，美国 GDP 增速会回升，因为投资会复苏，此前美元升值对经济的拖累影响在减少。对于长期经济前景，Fischer 认为还需要更多的公共部门投资——增加基础设施和教育方面的支出，以及调整监管方向，鼓励私人投资。"至于推动生产率增长和长期经济潜能的关键，更有可能在有效的财政和监管政策中找到。有观察人士认为，Fischer 释放了美联储在考虑加息的信号。

在美联加息预期影响下，白银在周五大跌之后，周一开盘继续大跌，如图 3.7 所示。

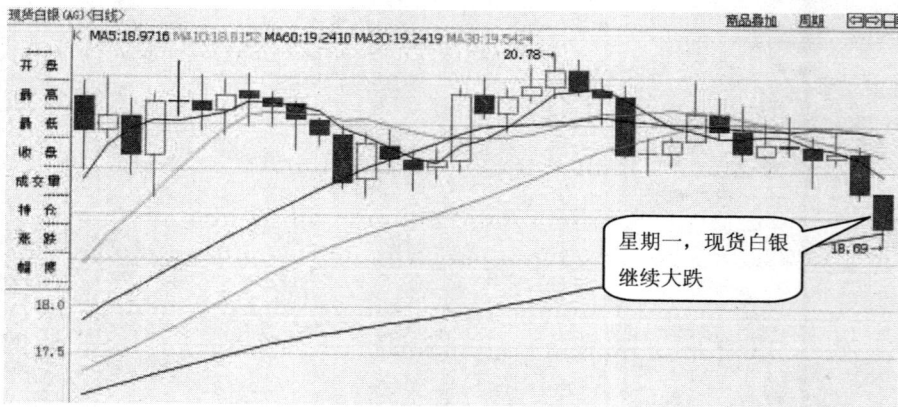

● 图 3.7　现货白银（AG）的日 K 线图

3.5　降息

降息是指银行利用利率调整，来改变现金流动。当银行降息时，把资金存入银行的收益减少，所以降息会导致资金从银行流出，存款变为投资或消费，结果是资金流动性增加。

从历史走势来看，在 1999—2001 年白银触底反转，可以说是白银由熊市转为牛市的关键节点。我们发现，在这个节点上出现了两件影响美元和白银的大事。

第一，1999 年欧元诞生，随之 2001 年正式流通。欧元出现的关键意义在于，从布雷顿森林体系以来，美元一直作为货币霸主地位开始动摇。在此之前，美元无论在货币信用、结算认同度、利息收益上均处于无可匹敌的优势地位。但从欧元诞生后，欧元区国家之间的贸易货币直接从美元变成欧元，而相当一部分国家更是把单一的美元储备变成加入欧元的多元化储备。因此，美元的需求大幅减少。

第二，2000 年 5 月，正是美元利率的转折点，当时美元利率从最高位 6.5% 开始进入降息周期，这个转折点刚好与白银的熊牛转折重合，如图 3.8 所示。

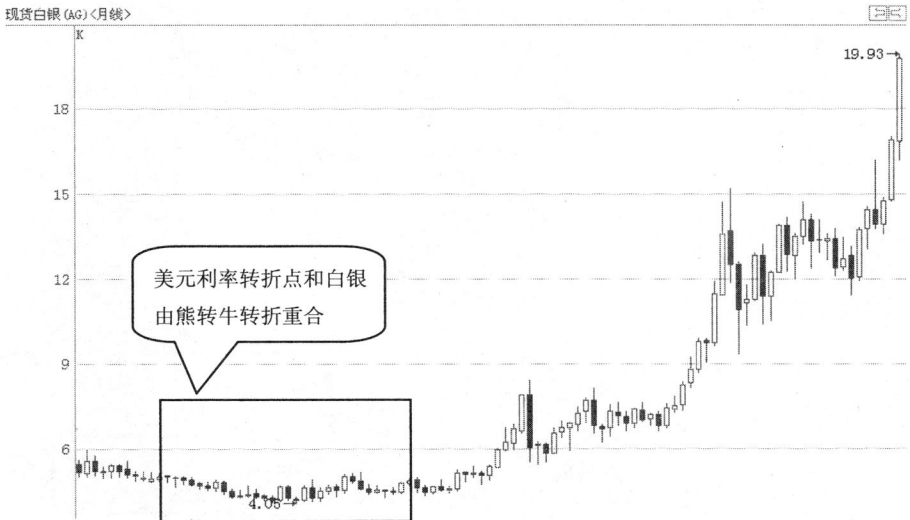

● 图 3.8　美元利率转折点和白银由熊转牛转折重合

第二次美元利率的转折点出现在 2006 年 6 月，当时美元的升息周期结束，利率在 5.25% 见顶，从而进入降息周期，而该月银价刚好回调完毕，重新开始第二波拉升，如图 3.9 所示。

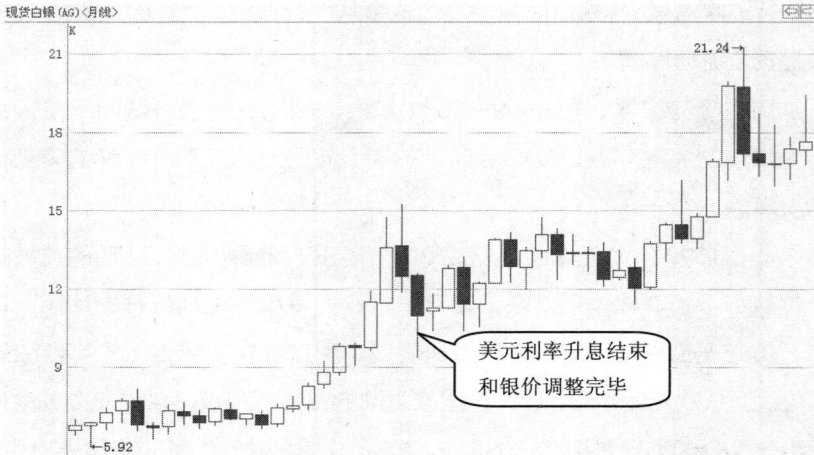

• 图 3.9　美元利率升息结束和银价调整完毕

从 2008 年 11 月开始的银价强势上涨，也与美元的利率周期出现挂钩，即 2008 年 12 月，美联储将目标利率定在 0~0.25% 区间，开创了美国历史上首个零利率时代，也是白银另一个上涨的节点，如图 3.10 所示。

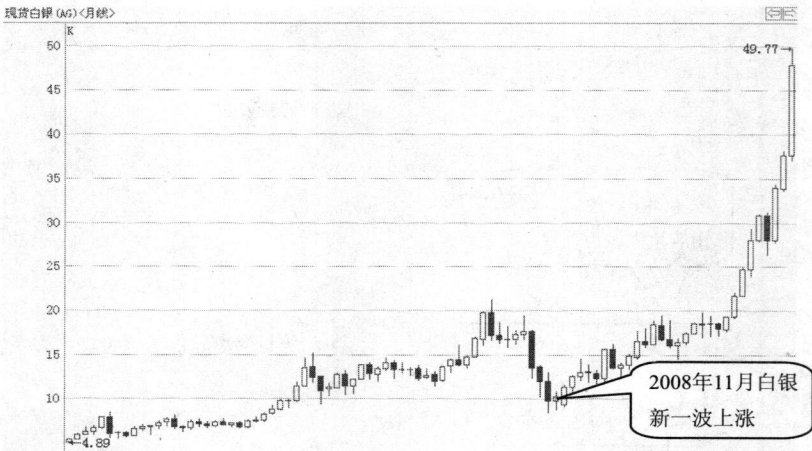

• 图 3.10　2008 年 11 月白银新一波上涨

3.6 量化宽松（QE）

美联储量化宽松（QE）对白银价格的短期波动影响是很大的，下面我们重点讲解一下。

3.6.1 什么是 QE

量化宽松（QE：Quantitative Easing）主要是指中央银行在实行零利率或近似零利率政策后，通过购买国债等中长期债券，增加基础货币供给，向市场注入大量流动性资金的干预方式，以鼓励开支和借贷，也被简化地形容为间接增印钞票。

量化指的是扩大一定数量的货币发行，宽松即减少银行的资金压力。当银行和金融机构的有价证券被央行收购时，新发行的钱币便被成功地投入到私有银行体系。量化宽松政策所涉及的政府债券，不仅金额庞大，而且周期也较长。一般来说，只有在利率等常规工具不再有效的情况下，货币当局才会采取这种极端做法。

在经济发展正常的情况下，央行通过公开市场业务操作，一般通过购买市场的短期证券对利率进行微调，从而将利率调节至既定目标利率；而量化宽松则不然，其调控目标即锁定为长期的低利率，各国央行持续向银行系统注入流动性，向市场投放大量货币。即量化宽松下，中央银行对经济体实施的货币政策并非是微调，而是开了一剂猛药。

3.6.2 QE 实施阶段

美联储实施的量化宽松，其政策实施可以大致分为四个阶段，分别是零利率政策、补充流动性、主动释放流动性、引导市场长期利率下降，如图 3.11 所示。

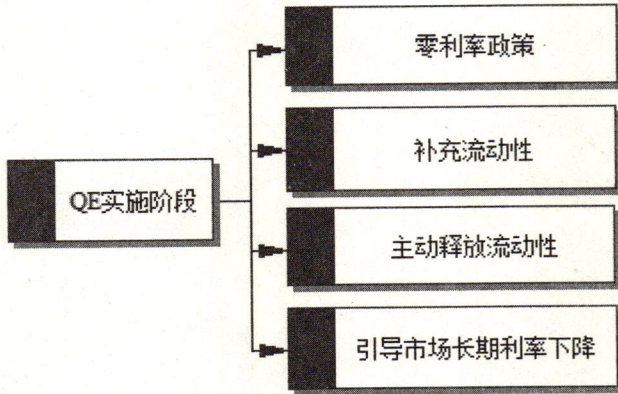

● 图 3.11　QE 实施阶段

（1）零利率政策

量化宽松政策的起点，往往都是利率的大幅下降。利率工具失效时，央行才会考虑通过量化宽松政策来调节经济。从 2007 年 8 月开始，美联储连续 10 次降息，隔夜拆借利率由 5.25% 降至 0% 到 0.25% 之间。

（2）补充流动性

2007 年金融危机爆发至 2008 年雷曼兄弟破产期间，美联储以"最后的贷款人"的身份救市。收购一些公司的部分不良资产、推出一系列信贷工具，防止国内外的金融市场、金融机构出现过分严重的流动性短缺。美联储在这一阶段，将补充流动性（其实就是注入货币）的对象，从传统的商业银行扩展到非银行的金融机构。

（3）主动释放流动性

2008 年到 2009 年，美联储决定购买 3000 亿美元的长期国债、收购房利美与房地美发行的大量的抵押贷款支持证券。在这一阶段，美联储开始直接干预市场，直接出资支持陷入困境的公司；直接充当中介，面向市场直接释放流动性。

（4）引导市场长期利率下降

2009 年，美国的金融机构渐渐稳定，美联储渐渐通过公开的市场操作购买美国长期国债。试图通过这种操作，引导市场降低长期的利率，减轻负债人的利息负担。到这一阶段，美联储渐渐从台前回到幕后，通过量化宽松为社会的经济提供资金。

3.6.3 美联储的 4 次 QE

下面来看一下美联储的 4 次 QE。

（1）QE1

2008 年 11 月 25 日，美联储首次公布将购买机构债和 MBS，标志着首轮量化宽松政策的开始。2010 年 4 月 28 日，美联储的首轮量化宽松政策正式结束。

QE1 将购买政府支持企业（简称 GSE）房利美、房地美、联邦住房贷款银行与房地产有关的直接债务，还将购买由两房、联邦政府国民抵押贷款协会（Ginnie Mae）所担保的抵押贷款支持证券（MBS）。2009 年 3 月 18 日机构抵押贷款支持证券的采购额最高增至 1.25 万亿美元，机构债的采购额最高增至 2000 亿美元。此外，为促进私有信贷市场状况的改善，美联储还决定在未来六个月中最高再购买 3000 亿美元的较长期国债证券。美联储在首轮量化宽松政策的执行期间共购买了 1.725 万亿美元资产。

QE1 的主体上是用于购买国家担保的问题金融资产，重建金融机构信用，向信贷市场注入流动性，用意在于稳定信贷市场。

（2）QE2

美联储 2010 年 11 月 4 日宣布，启动第二轮量化宽松计划，计划在 2011 年第二季度以前进一步收购 6000 亿美元的较长期美国国债。QE2 宽松计划于 2011 年 6 月结束，购买的仅仅是美国国债。

QE2 的内涵是美国国债，实际上是通过增加基础货币投放，解决美国政府的财政危机。同时，美联储再通过向其他国家"出售"国债，套现还原成美元现金，增加了储备的规模（准备金大幅度增加），为解决未来的财政危机准备了弹药。

就本质而言，QE2 迥异于 QE1。其主要目的不在于提供流动性，而在于为政府分忧解难。巧妙的是，在为政府分忧解难的同时，美联储间接扩充了准备金规模。

（3）QE3

北京时间 2012 年 9 月 14 日凌晨消息，美联储麾下联邦公开市场委员会（FOMC）在结束为期两天的会议后宣布，0 ～ 0.25% 超低利率的维持期限将延长到 2015 年年中，将从 15 日开始推出进一步量化宽松政策（QE3），每月采购 400 亿美元的抵押贷款支持证券（MBS），现有扭曲操作（OT）等维持不变。内容是在 2012 年 6 月底以前买入 4000 亿美元的美国国债，其剩余到期时间在 6 年到 30 年之间；同时出售等量的美国国债，其剩余到期时间为 3 年或以下，随后这项计划将被延长到年底。

美联储公开市场委员会（FOMC）于 2012 年 9 月 13 日指令纽约联储银行公开市场操作台以每月 400 亿美元的额度购买更多机构抵押支持证券（MBS）。FOMC 还指令公开市场操作台在年底前继续实施 6 月份宣布的计划，即延长所持有证券的到期期限，并把到期证券回笼资金继续用于购买机构 MBS。FOMC 强调，这些操作将在年底前使委员会所持有长期证券持仓量每月增加 850 亿美元，将给长期利率带来向下压力，对抵押贷款市场构成支撑，并有助于总体金融市场环境更加宽松。

（4）QE4

2012 年 12 月 13 日凌晨，美联储宣布推出第四轮量化宽松 QE4，每月采购 450 亿美元国债，替代扭转操作，加上 QE3 每月 400 亿美元的的宽松额度，美联储每月资产采购额达到 850 亿美元。除了量化宽松的猛药之外，美联储保持了零利率的政策，把利率保持在 0 ～ 0.25% 的极低水平。

3.6.4　QE 对白银价格的影响

QE 由于向市场提供美元流动性，所以总体上来看是利空美元，而利多白银的。

2008 年 11 月 25 日至 2010 年 4 月 28 日，QE1 的实施，白银价格出现了一波震荡上涨行情，从 8.42 美元 / 盎司上涨到 19.79 美元 / 盎司，上涨幅度高达 135%，如图 3.12 所示。

● 图 3.12　QE1 的实施造成白银价格的一波上涨行情

2010 年 11 月至 2011 年 6 月，QE2 的实施，白银价格出现快速上涨行情，如图 3.13 所示。

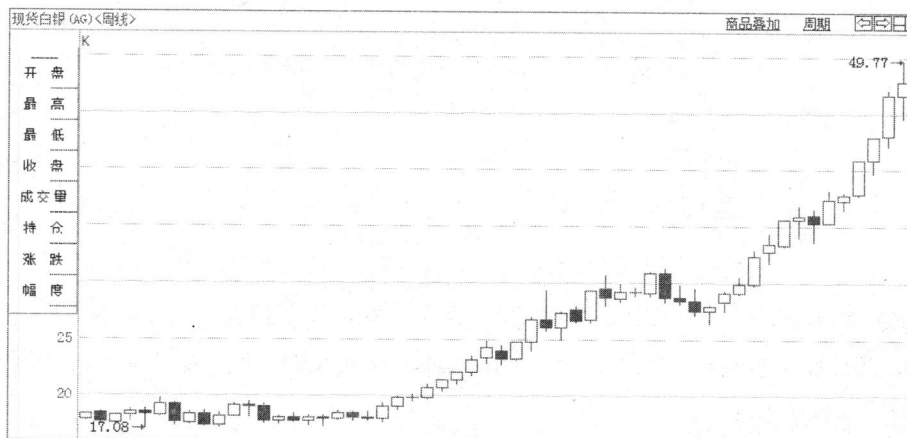

● 图 3.13　QE2 的实施造成白银价格的一波快速上涨行情

需要注意的是，QE1 和 QE2 的实施，造成白银价格的大幅上涨，由于涨幅过大，所以随后出现了大幅回调。而 QE3 和 QE4 的实施，虽然也造成了白银的小幅上涨，但只是反弹，所以投资者一定要及时赢利出局，否则会越套越深，如图 3.14 所示。

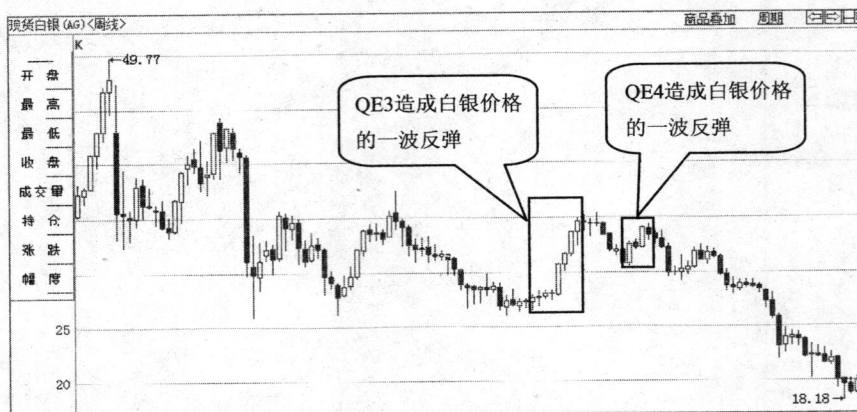

• 图 3.14　QE3 和 QE4 造成了白银的小幅上涨

3.7　扭转操作（QT）

扭转操作（QT）对白银价格的短期波动影响是很大的，下面我们重点讲解一下。

3.7.1　什么是 QT

所谓"扭转操作"（operation twist）被用来特指美联储在第二次量化宽松到期之后，可能出台的变相 QE3 货币政策。即不扩大资产负债表规模，但延长其持有债券的期限。卖掉短期国债，买入长期国债，进一步推低长期债券的收益率。

这种方法不但可以获得量化宽松的好处，又可以免去扩大资产负债表的风险，美国曾在上世纪 60 年代使用该办法。简单地说，就是延长资产负债表平均持仓期限。

3.7.2　QT 出台的背景

扭转操作始于 1961 年的首次尝试。当时的目的在于平滑收益率曲线，以促进资本流入和强化美元地位。

美联储利用公开市场操作，卖出长期债券而买入短期债券，削减美国国债的平均到期期限。该操作在缩短长短期债券收益率上有部分成效，但由于短期内未见显著效果，最终没有持续进行。不过该操作随后又被独立测试效果，并发现比原有预期的更为有效。鉴于这样的重新评估结果，该操作被各国央行视为量化宽松的可替代操作选项。

3.7.3　QT 与 QE2

1960 年 11 月肯尼迪当选美国总统，并于 1961 年 1 月 20 日举行就职典礼。美国经济从 1960 年 4 月就陷入衰退而且衰退一直在持续（最终在 1961 年的 2 月结束，尽管进入复苏的几个月内经济活动水平仍然比较低迷）。新任政府希望用简单的货币政策刺激经济，但是当时欧洲的利率比美国高，在布雷顿森林固定汇率体系下，这一情况导致美元和黄金持续流入欧洲。联邦储备委员会对长期低利率比较迟疑，他们担心这会损害美国的收支平衡，以及黄金外流到欧洲。肯尼迪政府对于这一两难境遇提出一个解决方案，就是在保持短期利率水平不变的同时降低长期利率。这个想法是基于商业投资和住房需求主要是由长期利率决定，收支平衡和黄金流动是由那些根据短期利差行动的跨国套利者决定。如果在不影响短期国债收益率的情况下降低长期国债收益率，短期收益率变化带来的负面影响就不复存在了，那么在不损害收支平衡和黄金外流的情况下就能刺激投资。1961 年 2 月 2 日，肯尼迪向国会宣布了一项政策，财政部和联邦储备局将联合起来在公开市场上改变长期和短期国债的相对供应。联储将维持现行的联邦基金利率，但是将购买长期国债，从而降低长期利率。财政部将减少长期票据和债券的发行，取而代之的是发行短期债券。当时，这项政策被联邦储备局的职员称为"微移操作（Operation Nudge）"，但是之后逐渐更名为"扭转操作"，且被众人所知。

根据纽约联邦储备银行的统计数据，联储最终购买了大约 88 亿美元的长期债券作为"扭转操作"的一部分。现在的学者有时还认为这个项目很小，但实际上，从几个角度来看，"扭转操作"的规模与 QE2 基本相当。

在市场销售的美国国债包括名义的和经通胀调整的公众持有的国债，不包括面向社会保障体系、国家和州政府以及以储蓄券的形式家庭持有的不能在市场销售的有价证券。国债销售机构包括联邦住宅贷款银行、联邦国民抵押协会、联邦住宅贷款银行公司以及一些小的经济独立体。美国代理机构担保的债券几乎包括了全部抵押债券。尽管美国的机构债没有被美国政府担保，这些机构也已经结束了和政府的历史联系，但是他们的有价证券还是被广泛地认为存在一种隐性的政府担保（这种观点在 2008 年 9 月份被证实，当时美国政府接受房地美和房利美的破产管理并且明确担保他们的债务责任）。结果，机构发布的有价证券，在事前和事后成为美国国债的替代品。

美联储在扭转操作中购买的长期国债从几个角度上都大致相当于 QE2。第一，扭转操作相对于 GDP 的比例大概是 QE2 相对于 GDP 比例的一半；第二，从占整个国债市场规模的比重来看，"扭转操作"和 QE2 的规模就更加接近。

第三，当年肯尼迪政府的"扭转操作"是美国财政部和美联储合作的结果，美联储在公开市场购买 88 亿美元较长期国债的同时财政部也在相应地减少长期国债的供应。但是在 QE2 中，却没有了美国财政部的配合，事实上，在此阶段财政部出售的国债平均到期时间是增加的，某种程度上和美联储的政策是背道而驰的。

"扭转操作"和 QE2 的相似之处不仅仅在于"量"的方面，在"质"的方面也是如此。在两个阶段，美联储都不能或者不愿意降低联邦目标利率。在 QE2 阶段是因为零利率边界的限制，而在"扭转操作"时期是因为大量黄金外流限制了美联储降低利率的可能性。因而两个阶段的目标都是在保持联邦利率不变的前提下，降低长期国债收益率。而在两个阶段中，为达到上述目的，使用的方法也是非常类似的。在"扭转操作"阶段，美联储和财政部是卖短期国债的同时买长期国债，而在 QE2 中，美联储是增加商业银行储备的同时购买长期国债。

3.7.4　QT 对白银的影响

2011 年 9 月 22 日，美联储如期宣布扭转操作——延长 4000 亿美元国债期限后，市场普遍关注的美联储第三轮量化宽松（QE3）最终落空，各国股市全线暴跌，黄金、白银大幅下跌，而美元一枝独秀，创出 7 个月以来的

新高。图 3.15 显示的是现货白银（AG）2011 年 6 月 22 日至 2011 年 9 月
26 日的日 K 线图。

● 图 3.15　现货白银（AG）2011 年 6 月 22 日至 2011 年 9 月 26 日的日 K 线图

提醒：2011 年 9 月 22 日，美国股市大幅收跌逾 2%，道指重挫 283.82 点，跌幅 2.49%，报 11124.84 点；
标普 500 指数急跌 35.33 点，跌幅 2.94%，报 1166.76 点；纳指大跌 52.05 点，跌幅 2.01%，报 2538.19 点。

第 4 章

白银日内短线交易的欧洲和亚洲央行会议与政策实战技巧

欧洲和亚洲央行会议与政策对白银价格的影响虽然没有美联储大但是还是有相当大的影响特别是欧洲央行英国央行中国人民银行、日本央行的历次加息、降息、QE。

本章主要内容包括：

➤ 欧洲央行的定义和主要职责

➤ 欧洲央银的货币政策机制

➤ 欧洲汇率政策的制定和协调

➤ 欧洲央行的利率决议对白银价格的影响

➤ 英国央行及英国央行的利率决议对白银价格的影响

➤ 中国人民银行及中国人民银行的利率决议对白银价格的影响

➤ 日本央行及日本央行的利率决议对白银价格的影响

4.1 欧洲央行

下面来看一下欧洲央行会议与政策实战。

4.1.1 什么是欧洲央行

欧洲中央银行（European Central Bank）简称，ECB 或欧洲央行。

欧洲中央银行是根据 1992 年《马斯特里赫特条约》的规定于 1998 年 7 月 1 日正式成立的，其前身是设在法兰克福的欧洲货币局。欧洲央行的职能是"维护货币的稳定"，管理主导利率、货币的储备和发行以及制定欧洲货币政策；其职责和结构以德国联邦银行为模式，独立于欧盟机构和各国政府之外。

欧洲中央银行是世界上第一个管理超国家货币的中央银行。独立性是它的一个显著特点，它不接受欧盟领导机构的指令，不受各国政府的监督。它是唯一有资格允许在欧盟内部发行欧元的机构，1999 年 1 月 1 日欧元正式启动后，11 个欧元国政府将失去制定货币政策的权力，而必须实行欧洲中央银行制定的货币政策。

欧洲中央银行的组织机构主要包括执行董事会、欧洲央行委员会和扩大委员会。执行董事会由行长、副行长和 4 名董事组成，负责欧洲央行的日常工作；由执行董事会和 12 个欧元国的央行行长共同组成的欧洲央行委员会，是负责确定货币政策和保持欧元区内货币稳定的决定性机构；欧洲央行扩大委员会由央行行长、副行长及欧盟所有国的央行行长组成，其任务是保持欧盟中欧元国家与非欧元国家接触。

> 提醒：现任欧洲央行行长是德拉基；副行长是康斯坦西奥。

欧洲央行委员会的决策采取简单多数表决制,每个委员只有一票。货币政策的权力虽然集中了,但是具体执行仍由各欧元国央行负责。各欧元国央行仍保留自己的外汇储备。欧洲央行只拥有 500 亿欧元的储备金,由各成员国央行根据本国在欧元区内的人口比例和国内生产总值的比例来提供。

1998 年 5 月 3 日,在布鲁塞尔举行的欧盟特别首脑会议上,原欧洲货币局局长维姆。德伊森贝赫(Wim Duisenberg)被推举为首任欧洲中央银行行长,任期 8 年。现任为法国人特里谢。

欧洲中央银行体系及其运作。欧洲中央银行体系由欧洲中央银行和欧盟所有成员国包括尚未加入欧元区的成员国中央银行组成,欧洲中央银行行长理事会和执行董事会是欧洲中央银行的两个主要决策机构。保持价格稳定和维护中央银行的独立性是欧洲中央银行的两个主要原则,并通过公开市场业务、流动资金经常便利和准备金制度实现其货币政策目标。

1992 年,欧盟首脑会议在荷兰马斯特里赫特签署了《欧洲联盟条约》(亦称《马斯特里赫特条约》),决定在 1999 年 1 月 1 日开始实行单一货币欧元和在实行欧元的国家实施统一货币政策,从 2002 年 1 月 1 日起,欧元纸币和硬币正式流通。

4.1.2 欧洲央银的主要职责

保持价格稳定和维护中央银行的独立性是欧洲中央银行的两个主要原则。根据《马斯特里赫特条约》的规定,欧洲中央银行的首要目标是"保持价格稳定",与德国规定的德国中央银行的首要任务是"捍卫货币"如出一辙。虽然欧洲中央银行有义务支持欧元区如经济增长、就业和社会保障等的其他经济政策,但前提是不影响价格稳定的总目标。

和其他国家的中央银行相比,欧洲中央银行是一个崭新的机构。为增强欧洲中央银行的信誉,《马斯特里赫特条约》从立法和财政上明确规定了欧洲中央银行是一个独立的机构,欧洲中央银行在指定或更换行长理事会成员以及制定和执行货币政策时,不得接受任何机构的指示和意见,在更换欧洲中央银行行长和理事会成员时,必须得到所有成员国政府和议会的一致同意。同样的,《马斯特里赫特条约》也规定任何政府和机构有义务尊重欧洲中央银行的独立性，不得干预欧洲中央银行货币政策的制定和实施。在财政上，欧洲中央银行对成员国的财政赤字和公共债务实行"不担保条款"。

《马斯特里赫特条约》规定，欧洲中央银行有责任对其实行的货币政策进行说明。欧洲中央银行每周发表综合财务报告，每月发布中央银行体系活动报告。有关中央银行体系的活动和货币政策年度报告必须提交欧洲议会、欧盟理事会和欧盟委员会。欧洲中央银行执行董事会成员要求出席欧洲议会有关委员会的听证会。欧盟理事会主席和欧盟委员会的成员可以参加欧洲中央银行行长理事会会议，但没有表决权。欧盟理事会主席可以在欧洲中央银行行长理事会上提出动议，供欧洲中央银行行长理事会审议。

4.1.3 欧洲央银的货币政策机制

欧洲中央银行的货币政策操作将以统一的标准和条件在所有成员国内进行。但由于欧洲中央银行的货币政策只能通过成员国的中央银行来实施，因此，欧洲中央银行货币政策机制要反映各成员国货币政策机制的不同特点。目前，欧洲中央银行力争把各成员国中央银行出现不同做法的可能性减少到最低程度，其货币政策机制不是任何一个成员国货币政策框架的翻版。欧洲央银的货币政策机制包括3项，分别是公开市场业务、管理流动资金的经常便利、准备金制度，如图4.1所示。

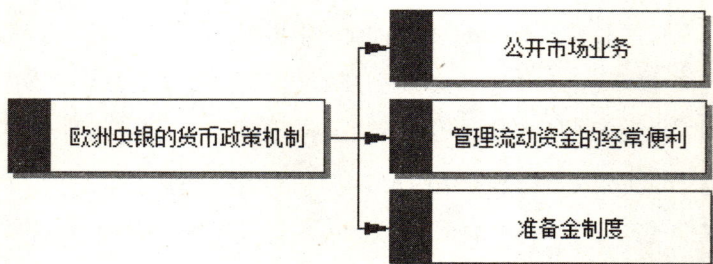

• 图 4.1 欧洲央银的货币政策机制

（1）公开市场业务

欧洲中央银行体系内的公开市场业务将在指导利率、管理货币市场、向市场发出政策信号等方面发挥主要作用。欧洲中央银行将主要通过回购协议

购买、出售资产、信贷业
务等反向交易进行公开市
场业务操作。公开市场业
务有四种方式，分别是再
融资业务、长期融资业务、
微调操作、结构操作，如
图 4.2 所示。

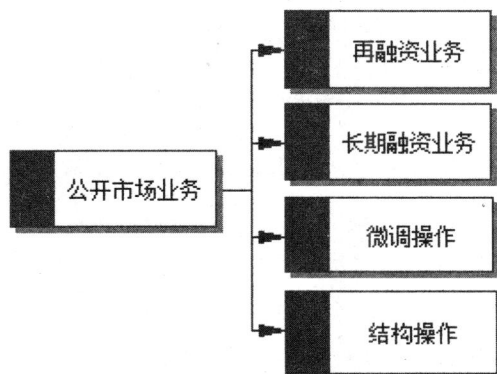

一是主要再融资业务，
成员国中央银行根据投标
程序每周进行一次，两周
到期，向市场发出政策信号。再融资利率也是欧洲中央银行调控经济的最主
要的杠杆利率。

● 图 4.2　公开市场业务

二是长期融资业务，成员国中央银行根据投标程序每月进行一次，三个
月到期。

三是微调操作，由成员国中央银行在特定情况下通过投标程序和双边程
序进行。

四是结构操作，只要欧洲中央银行想调整资金结构，就可以由成员国中
央银行通过投标程序和双边程序进行。

（2）管理流动资金的经常便利

欧洲中央银行通过管理流动资金的经常便利提供和吸纳隔夜流动资金，
规定隔夜拆借利率，并通过改变隔夜拆借利率向市场传递政策信号。

欧洲中央银行使用如下两种经常便利，分别是边际借贷便利、储蓄便利，
如图 4.3 所示。

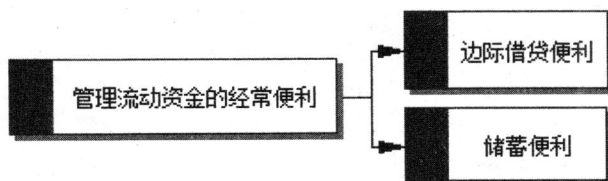

● 图 4.3　管理流动资金的经常便利

一是边际借贷便利，银行和信贷机构按照预先商定的利率从中央银行获得隔夜流动资金，这种预先商定的利率规定了隔夜拆借市场的最高利率。

二是储蓄便利，需要隔夜流动资金的银行和信贷机构按预先商定的利率交付隔夜保证金。这种预先商定的利率规定了隔夜拆借市场的最低利率。

（3）准备金制度

欧元区内的银行和信贷机构必须根据欧洲中央银行体系规定的标准和条件，在所在国中央银行的账户上保持最低限度的准备金，但在欧元区外设立的分支机构不受限制。

4.1.4 汇率政策的制定和协调

汇率政策是欧元区货币政策的重要组成部分，欧元区将在保证价格稳定的前提下制定汇率政策。

（1）汇率政策的制定机制

欧元区汇率政策的制定权归欧洲理事会，欧洲中央银行和欧盟委员会也发挥重要作用。在协调汇率政策方面，欧洲理事会根据经济发展情况对欧元汇率走势进行监督，向欧洲中央银行行长理事会提出有关看法，欧洲中央银行负责组织实施欧洲理事会制定的汇率政策。欧洲理事会有权决定签署有关汇率体制的协议，确定与第三国以及国际组织有关汇率政策的立场。

（2）外汇管理和干预

《马斯特里赫特条约》规定欧洲中央银行具有实施外汇业务的全部权力。欧洲中央银行拥有外汇储备 500 亿欧元，这些外汇由成员国中央银行按其所在国的人口和经济总量比例捐助。根据欧洲中央银行体系的法令规定，欧洲中央银行可以自由支配这 500 亿欧元的外汇储备，在必要时，还可以动用成员国中央银行的外汇储备。欧元区成员国中央银行在动用其外汇储备时，必须征得欧洲中央银行的批准，以防止成员国中央银行进行外汇业务时出现与欧元区汇率政策不一致的问题。

欧洲中央银行可在欧洲理事会的指示下，必要时，对欧元与美元、日元以及其他货币的汇率进行外汇干预。欧洲中央银行行长理事会确定如何分配外汇干预的职权范围，并根据信贷信誉、竞争价格、资产规模等标准选定进行外汇干预的银行和信贷机构。

4.1.5　欧洲央行的利率决议

利率决议是备受资本市场关注的会议。欧洲央行利率决议影响着欧元汇率的走势，同时影响着白银价格的走势，下面重点讲解一下。

（1）欧洲央行的利率决议的时间

2016 年欧洲央行的利率决议的时间，如表 4.1 所示。

表 4.1　2016 年欧洲央行的利率决议的时间

日期	利率决议	是否有新闻发布会
1 月 21 日	是	是
3 月 10 日	是	是
4 月 21 日	是	是
6 月 2 日	是	是
7 月 21 日	是	是
9 月 8 日	是	是
10 月 20 日	是	是
12 月 8 日	是	是

> 提醒：欧洲央行的利率决议的具体北京时间为 19:45/20:45，新闻发布会的具体北京时间为 20:30/21:30。

（2）1 月 21 日的欧洲央行利率决议

欧洲央行（ECB）周四（1 月 21 日）如预期般宣布将存款利率、主要再融资利率和边际贷款利率分别维持在 -0.30%、0.05% 和 0.30% 不变。

欧洲央行行长德拉基稍后将于北京时间 21:30 举行的新闻发布会，市场将从中寻找关于该行是否会在 3 月进一步放松政策的线索。

虽然欧洲央行在 2015 年 12 月 3 日的货币政策会议上进一步放松了货币政策：将存款利率降低 10 个基点，至 -0.30%，将资产购买计划延长六个月至 2017 年 3 月，并扩大了资产购买范围——但该放松力度仍不及市场预期，因市场原本预计欧洲央行可能降息 20 个基点，并扩大资产购买计划的规模。

此外，自欧洲央行启动 1.1 万亿欧元（1.2 万亿美元）量化宽松项目以来，欧元区通胀压力仍很疲弱，欧洲央行进一步放宽政策的压力并未减轻。欧盟统计局周二（1 月 19 日）公布的数据便显示，受能源价格持续低迷拖累，欧元区 12 月 CPI 年率终值仅上升 0.2%，月率终值为持平，远低于欧洲央行 2.0% 的通胀目标。

虽然鉴于欧洲央行在 12 月的货币政策会议上刚刚放松政策，市场普遍预计欧洲央行在本次的会议上不会再度出台刺激措施，但是由于上次措施的力度不及市场预期且欧元区通胀依然低迷，市场亦普遍预计欧洲央行最快将在 3 月的货币政策会议上进一步放松政策，因而市场亦将从德拉基的讲话中搜索欧洲央行进一步放松政策的线索。

欧洲央行决议维持利率不变，欧元兑美元短线拉升 20 余点至 1.0914，现货黄金短线下挫约 1 美元至 1100.69 美元 / 盎司；现货白银短线下挫约 0.2 美元至 13.89 美元 / 盎司。图 4.4 是现货白银（AG）2016 年 1 月 21 日 6：00 至 1 月 22 日 5：00 的分时走势图。

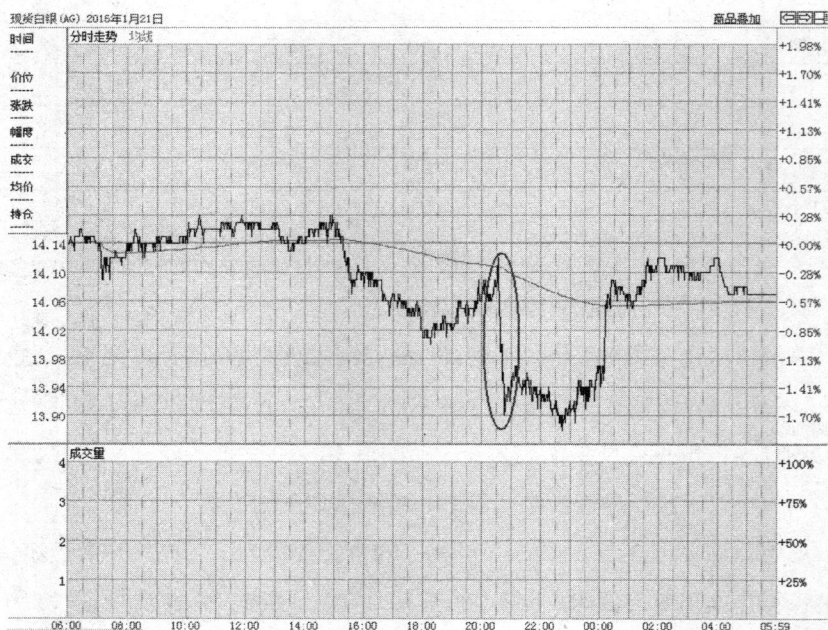

● 图 4.4　现货白银（AG）2016 年 1 月 21 日 6：00 至 1 月 22 日 5：00 的分时走势图

（3）3 月 10 日的欧洲央行利率决议

欧洲央行 3 月 10 日宣布的货币政策决议震惊市场，不但下调三大利率：

将存款利率从 -0.30% 下调至 -0.40%，主要再融资利率从 0.05% 下调至 0，边际贷款利率从 0.30% 下调至 0.25%；还将 QE 规模从 600 亿欧元 / 月扩大至 800 亿欧元 / 月，并扩大 QE 范围，投资级别的非银行公司债券将被纳入资产购买行。

欧洲央行称，上述新措施将在 3 月 16 日生效。欧洲央行同时宣布，将发布新的定向长期再融资操作（TLTRO），期限为 4 年，从 2016 年 6 月开始实施。

此前，欧洲央行就已在 2015 年 12 月 3 日的货币政策会议上进一步放松了货币政策：将存款利率降低 10 个基点，至 -0.30%，将资产购买计划延长六个月至 2017 年 3 月，并扩大了资产购买范围，但该放松力度仍不及市场预期，因市场原本预计欧洲央行可能降息 20 个基点，并扩大资产购买计划的规模。

不过欧洲央行此次措施的力度却是大大强于市场预期。之前市场也仅是预计欧洲央行将下调存款利率至 -0.4%，将主要再融资利率和边际贷款利率分别维持在 0.05% 和 0.30% 不变。而至于资产购买力度，则大多数市场参与人数认为会扩大 100 亿欧元，至 700 亿欧元 / 月。

如果欧洲央行把上述两项措施都实施了的话，市场预计其不会在推出其他刺激措施。而欧洲央行却不但扩大 QE 范围，还表示将发布新的定向长期再融资操作——此举亦大大出乎市场人士意料。

此次距离欧洲央行首次推出 QE 已有一周年了，市场猜测欧洲央行之所以祭出如此大胆的措施，主要原因是该国通胀一直萎靡不振。欧盟统计局公布的数据显示，欧元区 2 月 CPI 年率初值意外下降 0.2%，为 5 个月来首次降至负值，距离欧洲央行 2% 的目标相去甚远，加大了欧洲央行进一步放宽政策的压力。

欧洲央行下调三大利率，将基准利率调降至 0，边际借贷机制利率调降至 0.25%，将存款利率调降 10 个基点至 -0.4%，同时将扩大 QE 规模至每月 800 亿欧元，欧元兑美元短线暴跌 100 点至 1.0877；现货白银短线上涨约 0.5 美元至 14.65 美元 / 盎司。图 4.5 是现货白银（AG）2016 年 3 月 10 日 6：00 至 3 月 11 日 5：00 的分时走势图。

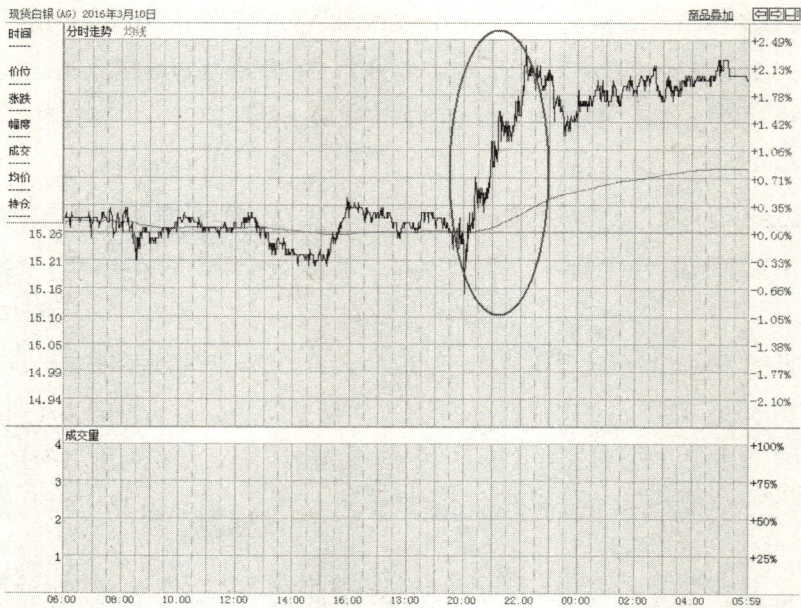

● 图 4.5　现货白银（AG）2016 年 3 月 10 日 6：00 至 3 月 11 日 5：00 的分时走势图

（4）4 月 21 日的欧洲央行利率决议

欧洲央行周四（4 月 21 日）宣布的最新货币政策决议中，一如市场预期维稳三大利率：将存款利率维持在 −0.40%，主要再融资利率维持在零，边际借贷机制利率维持在 0.25% 不变，并继续维持量化宽松（QE）规模不变。欧洲央行并称，致力于实施 3 月 10 日公布的政策，将把重点放在政策的实施上：维持每月购债规模在 800 亿欧元不变，且关于企业部门的购债计划细节将在新闻发布会后公布。欧洲央行行长德拉基（Mario Draghi）将于稍后召开新闻发布会。

次利率政策决议是在上次"天量宽松"的基础上做出的：欧洲央行 3 月 10 日的货币政策决议宽松力度超出预期，不但下调三大利率：将存款利率从 −0.30% 下调至 −0.40%，主要再融资利率从 0.05% 下调至 0，边际借贷机制利率从 0.30% 下调至 0.25%；还将 QE 规模从 600 亿欧元 / 月大幅扩大至 800 亿欧元 / 月，并将投资级别的非银行公司债券纳入 QE 对象。

但欧洲央行 3 月的天量宽松政策，似乎对提振通胀效用甚微：欧元区 3 月 CPI 年率持平，好于预期，并创 2014 年 4 月以来最高，但与欧洲央行 2%

的通胀目标仍然相距甚远。

虽然欧洲央行本周二（4 月 19 日）发布的季度银行业贷款调查报告中表示，今年第一季度欧元区公司贷款环境继续改善，由此说明，前所未有的刺激措施和银行体系的增强，为欧元区复苏提供了有效帮助。但是，华尔街日报周三（4 月 20 日）针对银行业的调查显示，大约有 80% 至 90% 的人认为，欧洲央行的 QE 政策基本没有提振欧洲银行业的信贷。

欧洲央行一如预期维持利率不变，市场反应平淡。

（5）6 月 2 日的欧洲央行利率决议

欧洲央行周四（6 月 2 日）宣布的最新货币政策决议中，一如市场预期维稳三大利率：将存款利率维持在 −0.40%，主要再融资利率维持在零，边际借贷机制利率维持在 0.25% 不变，继续维持量化宽松（QE）规模不变。

欧洲央行并称，将于 6 月 8 日起开始购买企业债。将在 6 月 22 日开启定向长期再融资操作。

欧洲央行一如预期维持利率不变，市场反应平淡。图 4.6 是现货白银（AG）2016 年 6 月 2 日 6：00 至 6 月 3 日 5：00 的分时走势图。

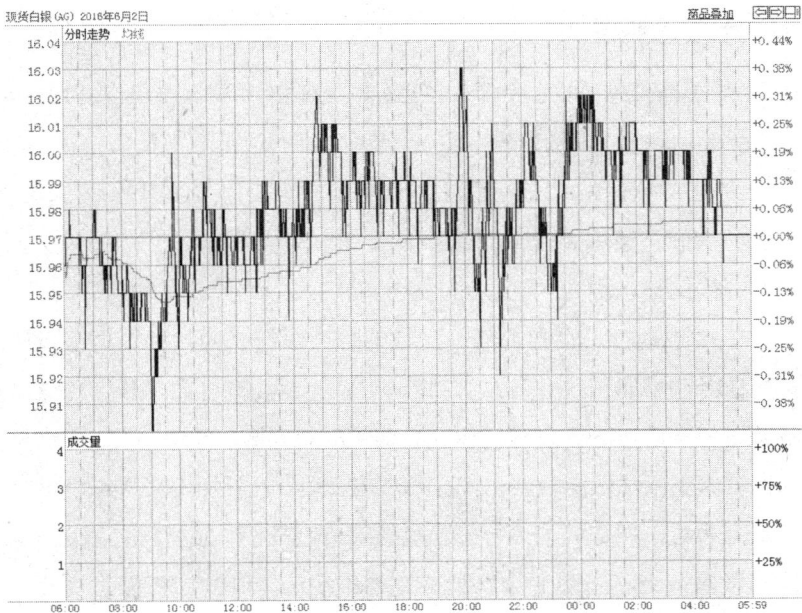

● 图 4.6 现货白银（AG）2016 年 6 月 2 日 6：00 至 6 月 3 日 5：00 的分时走势图

（6）7月21日的欧洲央行利率决议

欧洲央行周四（7月21日）宣布的最新货币政策决议中，一如市场预期维稳三大利率：将存款利率维持在 –0.40%，主要再融资利率维持在零，边际借贷机制利率维持在 0.25% 不变，继续维持量化宽松（QE）规模维持在 800 亿英镑不变。这是英国脱欧后该行举行的首次货币政策会议。

路透周三（7月20日）发布的最新调查结果显示，经济学家们预计欧元区 2017 年 GDP 增速预估将从 1.6% 下修至 1.3%；法国和意大利 GDP 增速预估也将被下修；维持对欧元区 2016 年和 2017 年的通胀增速预估分别在 0.3% 和 1.3% 不变。

欧洲央行一如预期维持利率不变，市场反应平淡。

4.2　英国央行

下面来看一下英国央行会议与政策实战。

4.2.1　什么是英国央行

英国央行是英国的中央银行，它负责召开货币政策委员会（Monetary Policy Committee，简称 MPC），对英国国家的货币政策负责。

英国央行成立于 1694 年，最初的任务是充当英格兰政府的银行，这个任务至今仍然有效。英国央行大楼位于伦敦市的 Threadneedle（针线）大街，因此它有时候又被人称为"针线大街上的老妇人"或者"老妇人"。

英国的中央银行。世界上最早形成的中央银行，为各国中央银行体制的鼻祖。1694 年根据英王特许成立，股本 120 万镑，向社会募集。成立之初即取得不超过资本总额的钞票发行权，主要目的是为政府垫款。到 1833 年英国央行取得钞票无限法偿的资格。1844 年，英国国会通过《银行特许条例》（即《比尔条例》），规定英国央行分为发行部与银行部；发行部负责以 1400 万镑的证券及营业上不必要的金属贮藏的总和发行等额的银行券；其他已取得发行权的银行的发行定额也规定下来。此后，英国央行逐渐垄断了全国的货币发行权，至 1928 年成为英国唯一的发行银行。与此同时，英国央行凭其日益提高的地位承担商业银行间债权债务关系的划拨冲销、票据交换的最后清偿等业务，在经济繁荣之时接受商业银行的票据再贴现，而在经济危机的打击中则充当商业银行的"最后贷款人"，由此而取得了商业银行的信任，并最终确立了"银行的银行"的地位。随着伦敦成为世界金融中心，因应实际需要，英国央行形成了有伸缩性的再贴现政策和公开市场活动等调节措施，成为近代中央银行理论和业务的样板及基础。1933 年 7 月设立"外汇平准账户"代理国库。1946 年之后，英国央行被收归国有，仍为中央银行，并隶属财政部，掌握国库、贴现公司、银行及其余的私人客户的账户，承担政府债务的管理工作，其主要任务仍然是按政府要求决定国家金融政策。英国央行总行设于伦敦，职能机构分政策和市场、金融结构和监督、业务和服务三个部分，设 15 个局（部）。同时英国央行还在伯明翰、布里斯托、利兹、利物浦、曼彻斯特、南安普顿、纽卡斯尔及伦敦法院区设有 8 个分行。

英国央行享有在英格兰、威尔士发钞的特权，苏格兰和北爱尔兰由一般商业银行发钞，但以英格兰发行的钞票作准备；作为银行的最后贷款人，保管商业银行的存款准备金，并作为票据的结算银行，对英国的商业银行及其他金融机构进行监管；作为政府的银行，代理国库，稳定英镑币值及代表政府参加一切国际性财政金融机构。因此，英国央行具有典型的中央银行的"发行的银行、银行的银行、政府的银行"的特点。

英国央行的领导机构是理事会，由总裁、副总裁及 16 名理事组成，是最高决策机构，成员由政府推荐，英王任命，至少每周开会一次。正副总裁任期 5 年，理事为 4 年，轮流离任，每年 2 月底离任 4 人。理事会选举若干常任理事主持业务。理事会下设五个特别委员会：常任委员会、稽核委员会、人事和国库委员会以及银行券印刷委员会。理事必须是英国国民，65 岁以下，但下院议员、政府工作人员不得担任。

提醒：现任英国央行行长是卡尼；副行长是贝利。

4.2.2 英国央行的利率决议

英国央行利率决议影响着英镑汇率的走势，同时影响着白银价格的走势，下面重点讲解一下。

（1）英国央行的利率决议的时间

2016 年英国央行的利率决议的时间，如表 4.2 所示。

表 4.2　2016 年英国央行的利率决议的时间

日期	利率决议
1 月 14 日	是
2 月 4 日	是
3 月 17 日	是
4 月 14 日	是
5 月 12 日	是
6 月 16 日	是
7 月 14 日	是
8 月 4 日	是
9 月 15 日	是
10 月 13 日	是
11 月 3 日	是
12 月 5 日	是

提醒：英国央行的利率决议的具体北京时间为 19:00/20:00。

（2）3 月 17 日的英国央行利率决议

英国央行周四（3 月 17 日）公布的决议显示，英国央行 9 人货币政策委员会（MPC）继续以加息－不变－降息分别为 0-9-0 的票数决定将基准利率维持在 0.5% 不变，同时以 9-0 决定维持 3750 亿英镑的资产购买规模不变，一如市场预期；同时表示，英国若脱欧，可能推迟一些投资决定，并抑制需求增长打压英镑汇率。

英国央行指出，MPC 委员麦卡弗蒂此次继续未投票支持加息，转而支持维稳利率。这已经是其第二个月支持维稳利率；但是委员们对经济前景、薪资增速以及汇率等问题的看法继续分化。

英国央行一如预期以 9 : 0 的比例维持利率不变，英镑兑美元短线急升近20 点至 1.4388；现货白银短线快速急拉 0.2 美元至 15.90 美元 / 盎司，如图 4.7所示。

● 图 4.7　现货白银（AG）2016 年 3 月 17 日 6 : 00 至 3 月 18 日 5 : 00 的分时走势图

（3）4 月 14 日的英国央行利率决议

英国央行周四（4 月 14 日）公布的决议显示，该央行 9 人货币政策委员会（MPC）继续以分别为 0-9-0（加息－不变－降息）的票数决定将基准利率维持在 0.5% 不变，并以 9-0 决定维持 3750 亿英镑的资产购买规模不变，符合市场预期；同时该行发表的会议纪要句句紧扣"脱欧"公投，称英国脱欧会带来大量不确定性，短期内或造成经济疲软。

英国央行指出，MPC 委员麦卡弗蒂此次继续未投票支持加息，这已经是其第三个月支持维稳利率；但是委员们对经济前景、薪资增速以及汇率等问题的看法继续分化。在此次英国央行公布货币政策决议之前，英国天空新闻社报道称，至少有两名英国央行委员会成员正在考虑投票支持降息。

英国央行以 0-9-0 的投票比例通过决议维持利率不变，英镑短线拉升约 30 点至 1.4168；现货白银短线快速急拉 0.2 美元至 16.20 美元 / 盎司，如图 4.8 所示。

● 图 4.8　现货白银（AG）2016 年 4 月 14 日 6：00 至 4 月 15 日 5：00 的分时走势图

（4）5 月 12 日的英国央行利率决议

英国央行周四（5 月 12 日）公布的决议显示，该央行 9 人货币政策委员会（MPC）继续以分别为 0-9-0（加息 - 不变 - 降息）的票数决定将基准利率维持在 0.5% 不变，并以 9-0 决定维持 3750 亿英镑的资产购买规模不变，符合市场预期，也打消了部分投资者担忧会有委员支持降息的忧虑；同时该行发表的季度通胀报告下调该国未来三年的 GDP 预估，但料整体通胀加快上升。

英国央行决议透露了两个关键信息：①关键的一句话凸显了英国央行认为加息"很遥远"——英国央行称，英国央行预计三年内加息——这暗示英国央行不排除到 2018 年年底加息；②英国央行警告脱欧后果，称决策官员称若英国公投选择退出欧盟，英镑应会大贬，资产价格可能下跌且失业上升。

欧市盘中英国央行以 9:0 维持利率不变，英镑兑美元短线拉升近 50 点，刷新四个交易日高点 1.4489；现货白银对这次利率决议，没有反应，因为英国央行已连续三次维持利率不变，如图 4.9 所示。

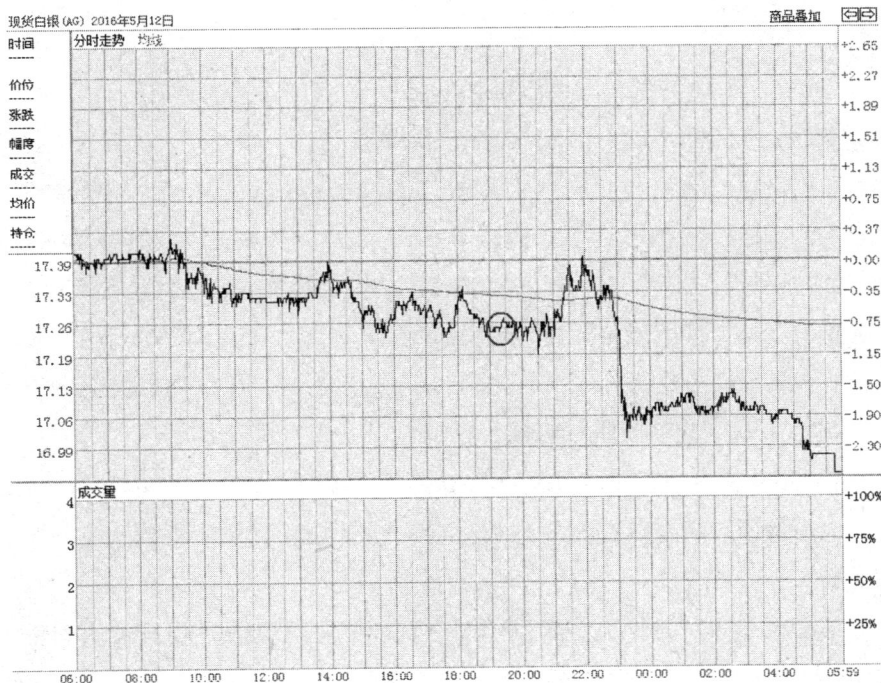

• 图 4.9　现货白银（AG）2016 年 5 月 12 日 6：00 至 5 月 13 日 5：00 的分时走势图

（5）6 月 16 日的英国央行利率决议

英国央行周四（6 月 16 日）公布的决议显示，该央行 9 人货币政策委员会（MPC）继续以 0-9-0（加息 - 不变 - 降息）的票数决定将基准利率维持在 0.5% 不变，并以 9-0 决定维持 3750 亿英镑的资产购买规模不变，符合市场预期，也打消了部分投资者担忧会有委员支持降息的忧虑；同时重点强调对英国经济和全球市场的影响。

英国央行称，英国若投票脱欧，可能影响经济，大幅推低英镑汇率；英镑愈发有可能下滑且可能是大幅下滑，因贸易条件恶化、生产率下滑和高风险溢价。

英国央行进一步称，公投结果的不确定性将会延缓投资及支出，且有更多迹象显示退欧公投不确定性拖延投资决定；退欧公投正影响金融市场及资产价格，且给货币政策委员会决策带来挑战。

英国央行以 9:0 维持利率不变，并维持 3750 亿英镑资产购买规模不变，英镑兑美元短线微跌，刷新日低 1.4118；现货白银对这次利率决议，也没有反应。

（6）7 月 14 日的英国央行利率决议

英国央行周四（7 月 14 日）公布的决议显示，该央行 9 人货币政策委员会（MPC）出人意料地以分别为 0-8-1（加息 - 不变 - 降息）的票数决定将基准利率维持在 0.5% 不变，令市场失望，此前市场主流观点预期该央行将降息 25 个基点；MPC 并以 9-0 决定维持 3750 亿英镑的资产购买规模不变，符合市场预期；同时该行发表的会议纪要显示，多数官员预计 8 月份会放松政策。另外值得一提的还有，英国央行货币政策委员将对二季度 GDP 增速预估上调为 0.5%，之前预估为 0.3%。

英国央行指出，只有货币政策委员弗利葛投票降息 25 个基点，至 0.25%；英国央行货币政策委员会讨论了可能实施的刺激政策并就不同的政策举措方案初步交换了看法。

英国央行认为，脱欧公投后市场运行良好。基于英国脱欧公投后的早期迹象，预计短期内英国经济活动将走弱；有迹象表明企业正延缓投资和雇佣员工的决定；若有必要，会运用任何措施来保持经济增长。

英国央行决议以 8:1 的投票比例通过维持基准利率于 0.5% 不变，此前市场主流观点预期该央行将降息 25 个基点，决议令市场大失所望；英镑兑美元短线暴涨 260 点，创 6 月 30 日以来新高 1.3475。现货白银短线快速急拉 0.15 美元至 20.20 美元 / 盎司，如图 4.10 所示。

● 图 4.10　现货白银（AG）2016 年 7 月 14 日 6：00 至 7 月 15 日 5：00 的分时
走势图

（7）8 月 4 日的英国央行利率决议

英国央行周四（8 月 4 日）公布的决议显示，该央行 9 人货币政策委员
会（MPC）以 0-0-9（加息 - 不变 - 降息）的票数决定将基准利率从 0.5%
下调至历史低位 0.25%，为 7 年来首见；并以 3-6（不扩大 - 扩大）决定将
3750 亿英镑的资产购买规模扩张至 4350 亿英镑。

英国央行指出，MPC 在 QE 和企业债方面存在分歧，不同意扩大 QE 的
三位委员（分别为威尔、福布斯和麦卡弗蒂）认为经济调查或扩大经济疲弱
程度；但大多数委员很可能支持 2016 年进一步降息至零，如之后数据和预期
一致。

英国央行并称，将不惜一切代价支持经济发展；扩大宽松措施以达成通
胀目标是合适行为；短期融资机制可能会中和低利率的冲击。若有必要，新
的宽松措施将进一步扩大，将在未来六个月加大购债规模。

英国央行决议一如预期宣布降息 25 个基点，并扩大资产购买 600 亿英

镑，英镑兑美元短线急挫近 100 点至 1.3206，欧元兑英镑短线飙升近 100 点至 0.8456，现货黄金短线拉升近 4 美元至 1356.83 美元 / 盎司，现货白银短线拉升近 0.3 美元至 20.5 美元 / 盎司。图 4.11 是现货白银（AG）2016 年 8 月 4 日 6：00 至 8 月 5 日 5：00 的分时走势图。

● 图 4.11　现货白银（AG）2016 年 8 月 4 日 6：00 至 8 月 5 日 5：00 的分时走势图

4.3　中国人民银行

下面来看一下中国人民银行会议与政策实战。

4.3.1　什么是中国人民银行

中国人民银行是 1948 年 12 月 1 日在华北银行、北海银行、西北农民银行的基础上合并组成的。1983 年 9 月，国务院决定中国人民银行专门行使国家中央银行职能。1995 年 3 月 18 日，第八届全国人民代表大会第三次会议通过了《中华人民共和国中国人民银行法》，至此，中国人民银行作为中央银行以法律形式被确定下来。

根据第十届全国人民代表大会审议通过的国务院机构改革方案的规定，将中国人民银行对银行、金融资产管理公司、信托投资公司及其他存款类金融机构的监管职能分离出来，并和中央金融工委的相关职能进行整合，成立中国银行业监督管理委员会。

随着社会主义市场经济体制的不断完善，中国人民银行作为中央银行在宏观调控体系中的作用将更加突出。根据 2003 年 12 月 27 日第十届全国人民代表大会常务委员会第六次会议修正后的《中华人民共和国中国人民银行法》规定，中国人民银行的主要职责如下：

（一）起草有关法律和行政法规；完善有关金融机构运行规则；发布与履行职责有关的命令和规章。

（二）依法制定和执行货币政策。

（三）监督管理银行间同业拆借市场和银行间债券市场、外汇市场、黄金市场。

（四）防范和化解系统性金融风险，维护国家金融稳定。

（五）确定人民币汇率政策；维护合理的人民币汇率水平；实施外汇管理；持有、管理和经营国家外汇储备和黄金储备。

（六）发行人民币，管理人民币流通。

（七）经理国库。

（八）会同有关部门制定支付结算规则，维护支付、清算系统的正常运行。

（九）制定和组织实施金融业综合统计制度，负责数据汇总和宏观经济分析与预测。

（十）组织协调国家反洗钱工作，指导、部署金融业反洗钱工作，承担反洗钱的资金监测职责。

（十一）管理信贷征信业，推动建立社会信用体系。

（十二）作为国家的中央银行，从事有关国际金融活动。

（十三）按照有关规定从事金融业务活动。

（十四）承办国务院交办的其他事项。

4.3.2 中国人民银行的利率决议

中国人民银行的利率决议，对白银价格的走势影响也比较大，下面重点讲解一下。

（1）2012年6月7日的中国人民银行利率决议

中国人民银行周四（6月7日）宣布，自2012年6月8日起下调金融机构人民币存贷款基准利率。金融机构一年期存款基准利率下调0.25个百分点，一年期贷款基准利率下调0.25个百分点；其他各档次存贷款基准利率及个人住房公积金存贷款利率相应调整。

调整后的一年期整存整取定期存款利率为3.25%。

中国人民银行还称，自同日起：将金融机构存款利率浮动区间的上限调整为基准利率的1.1倍；并将金融机构贷款利率浮动区间的下限调整为基准利率的0.8倍。

中国央行宣布降息25个基点，至3.25%。欧洲股市扩大涨幅，大宗商品普遍走高，现货白银短线快速急拉0.4美元至28.50美元/盎司。

（2）2012年7月5日的中国人民银行利率决议

中国人民银行周四（7月5日）宣布，自2012年7月6日起下调金融机构人民币存贷款基准利率。金融机构一年期存款基准利率下调0.25个百分点，一年期贷款基准利率下调0.31个百分点；其他各档次存贷款基准利率及个人住房公积金存贷款利率相应调整。

经调整后，金融机构一年期存款基准利率为3.00%，一年期贷款基准利率为6.00%。

中国央行在其网站上称，自同日起，将金融机构贷款利率浮动区间的下限调整为基准利率的0.7倍。个人住房贷款利率浮动区间不作调整，金融机构要继续严格执行差别化的各项住房信贷政策，继续抑制投机投资性购房。

周四（7月5日），中国央行再次突然宣布降息。受中国央行突袭影响，美元指数快速跳水至82.12，逼近日低；黄金、白银等风险资产全面跳涨。国际现货黄金跳涨刷新日高至1623美元/盎司上方；现货白银快速刷新日高至28.36美元/盎司。

（3）2014 年 11 月 21 日的中国人民银行利率决议

中国人民银行决定，自 2014 年 11 月 22 日起下调金融机构人民币贷款和存款基准利率。金融机构一年期贷款基准利率下调 0.4 个百分点至 5.6%；一年期存款基准利率下调 0.25 个百分点至 2.75%，同时结合推进利率市场化改革，将金融机构存款利率浮动区间的上限由存款基准利率的 1.1 倍调整为 1.2 倍；其他各档次贷款和存款基准利率相应调整，并对基准利率期限档次作适当简并。

周五（11 月 21 日）欧市盘中，中国央行突然宣布降息，在此消息刺激下，商品货币集体跳升，现货黄金和现货白银大幅走高。

4.4 日本央行

下面来看一下日本央行会议与政策实战。

4.4.1 什么是日本央行

日本央行，即日本的中央银行，在日本银行法中属于认可法人，简称日银。根据日本银行法，日本银行属于法人，类似于股份公司。资本金为 1 亿日元，其中 5500 万日元由日本政府出资。相当于股票的"出资证券"已在日本 JASDAQ 市场上市（股票号码：8301）。与一般股票不同的是，没有股东大会和决议权，分红也限制在"5%"以内。

1997 年《日本银行法》修改后，日本央行政策委员会成员为 9 人，包括日本银行行长 1 人，副行长 2 人，审议委员 6 人。审议委员来自工商业、金融或学术领域的人士，一旦成为审议委员，即成为日本央行的专职人员，与其他机构不再有关系。政策委员会成员由参众两院选举、内阁任命，任期为 5 年。政策委员会中，行长、副行长、审议委员独立行使职责。政策委选举产生委员会主席，历史上都是由日本央行行长担任。

4.4.2 日本央行的职能

日本央行的职能主要有 5 项，具体如下：

（1）钞票的发行和管理。

（2）货币政策的执行。

（3）提供结算服务，确保金融系统的稳定。

（4）国债和国债相关产品的运作。

（5）数据统计、经济分析和研究活动。

4.4.3　日本央行的利率决议

日本央行利率决议影响着日元汇率的走势，同时影响着白银价格的走势，下面重点讲解一下。

（1）日本央行的利率决议的时间

2016 年日本央行的利率决议的时间，如表 4.3 所示。

表 4.3　2016 年日本央行的利率决议的时间

日期	利率决议	是否有新闻发布会
1 月 29 日	是	是
3 月 15 日	是	否
4 月 28 日	是	是
6 月 16 日	是	否
7 月 29 日	是	是
9 月 21 日	是	否
11 月 1 日	是	是
12 月 20 日	是	否

提醒：自 2016 年后，日本央行效仿美联储一年举行 8 次会议，日期相对浮动，时间不变。是本央行的利率决议的具体北京时间为 11：30。

（2）1 月 29 日的日本央行利率决议

日本央行周五（1 月 29 日）加大刺激政策的力度，除了维持大规模的资产购买计划，还宣布将对金融机构存放在央行的资金实施负利率，即超额准备金利率降至 −0.1%，前值是 +0.1%。

日本央行称，此次行动旨在防止全球金融动荡损及企业信心，并避免"通缩心态"重现。央行一直都在努力通过积极印钞举措来消除通缩思维。

日本央行还维持以每年 80 万亿日元的速度扩大基础货币的承诺不变，即在量化和质化宽松举措（QQE）的框架下，大举购买日本公债和风险资产。但对金融机构在央行的活期账户收取负 0.1% 利息的政策，央行政策审议委员会仅有 5:4 的投票结果勉强通过。

央行在决策声明中指出，如果认为有必要，日本央行将进一步调降负利率。

日本央行多位政策官员一直不放心使用日益减少的政策工具，去应对他们认为超出央行控制的因素，例如金融市场动荡及中国经济放缓等。

1 月 29 日的日本央行利率决议，是重大利空，受此消息影响，日元汇价录得断崖式暴跌，美元兑日元大涨约 300 点，涨幅逾 2.2%，最高触及 121.43。现货白银短线快速拉涨 0.1 美元，如图 4.12 所示。

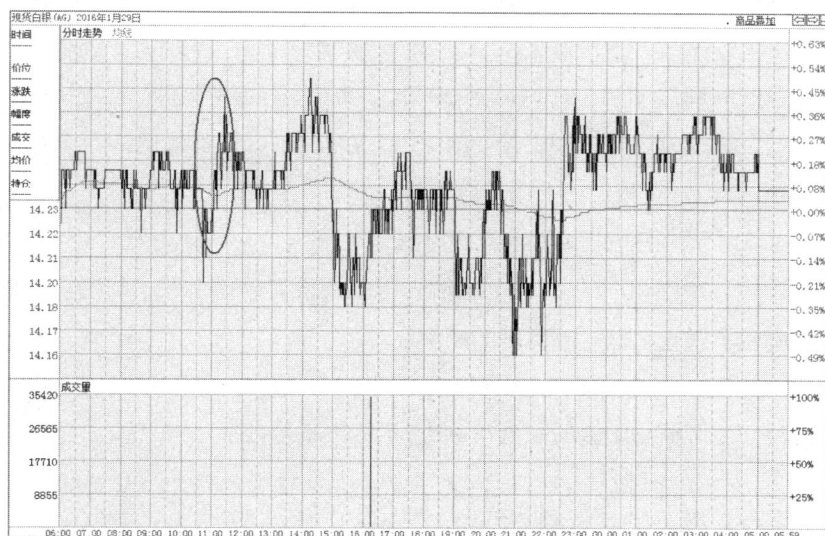

● 图 4.12　现货白银（AG）2016 年 1 月 29 日 6：00 至 1 月 30 日 5：00 的分时
走势图

（3）3 月 15 日的日本央行利率决议

周二（3 月 15 日），日本央行维持货币政策不变，准备用更多时间观察 1 月采取的负利率政策对经济的影响。

日本央行在本次利率决议中决定，继续以每年 80 万亿日元的速度扩大基础货币，一如市场预期。该行还维持对金融机构在央行的部分准备金收取 0.1%

的利率不变。

日本央行还决定，免于对货币储备基金（MRF）实行负利率，而是自 5 月起实施零利率。从 4 月起，将按计划 ETF 年购买规模增至 3.3 万亿日元。根据央行的贷款支持计划，银行提供的贷款规模若倍增将适用零利率。

对于通胀，日本央行认为，从中长期来看通胀预期升高，但在近期已经走弱。需要关注物价趋势风险，若有必要，将加大宽松。日本央行称，必要时将从量化、质化及利率三个方面来采取额外宽松举措，以达成物价目标。将继续保持政策宽松直至通胀率稳定达到 2%。

日本央行在本次会议中调降了对经济的评估。日本央行称，日本经济持续温和复苏的趋势，但出口和生产疲弱，主要归咎于新兴市场增长放缓的影响。这比 1 月时的看法略为黯淡。日本经济虽然因新兴市场放缓，但经济仍逐步复苏。

北京时间周二（3 月 15 日）11 点 30 分，日本央行不出市场所料，维持 –0.1% 利率不变。美元兑日元瞬间上摸 114.13 后快速跳水，目前最低打到 113.38，跌幅超 60 个点。现货白银市场反应平淡。

（4）4 月 28 日的日本央行利率决议

日本央行周四（4 月 28 日）未扩大货币刺激，尽管全球不利因素、强势日元和消费不振有可能打断脆弱的经济复苏。

日本央行继续以每年 80 万亿日元的速度扩大货币基础，仍对金融机构存放在央行的部分超额准备金实施负利率。

日本央行决定实施 3000 亿日元（27.5 亿美元）的贷款供应计划，以帮助本月日本南部震灾地区的银行业开展业务。为实现物价目标，必要时将从量化、质化及利率三个角度进一步采取宽松举措。

但日本央行木内登英和佐藤健裕反对负利率决定，货币政策委员会以 8:1 的投票结果通过维持基础货币目标不变；对金融机构存放在央行的部分超额准备金仍实施负 0.1% 的利率，这项决定则是以 7:2 获得通过。

日本央行以 8 ：1 的投票结果维持货币政策不变，货币基础年增幅目标维持在 80 万亿日元。并以 7 ：2 的投票结果维持负利率不变，政策利率（Policy Rate）维持在 –0.1%。消息公布后，美元兑日元短线暴挫近 300 点，最低下摸 108.79，跌幅超 2%。现货白银短线快速拉涨 0.2 美元，如图 4.13 所示。

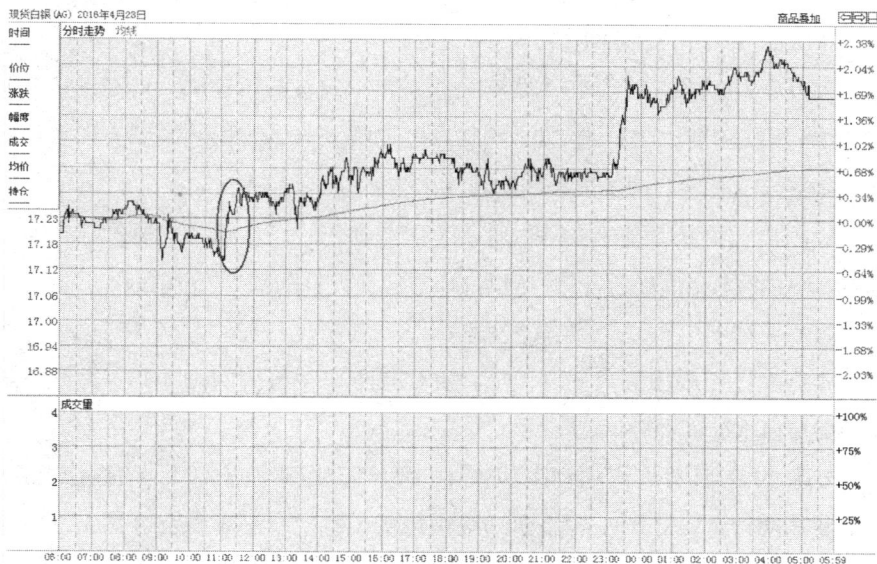

● 图 4.13　现货白银（AG）2016 年 4 月 28 日 6：00 至 4 月 29 日 5：00 的分时
走势图

（5）6 月 16 日的日本央行利率决议

周四（6 月 16 日），日本央行公布其政策声明，内容涉及负利率，经济发展，通胀等问题。

日本央行委员会以 7 ∶ 2 的投票结果维持 –0.1% 的负利率不变，其中木内登英和佐藤健裕对负利率提出异议。 日本央行委员会以 8 ∶ 1 的投票结果维持货币基础目标不变。

日本央行审议委员木内登英提议 45 万亿日元的基础目标，但该提议遭多数否决。 日本央行最后决定维持货币目标在 80 万亿日元。

此外，日本央行表示将继续保持宽松直至稳定实现 2% 的通胀目标，如果有必要，将加码刺激措施促进经济增长。

日本央行指出，日本经济依然在复苏。地震后产值继续基本持平，通缩心态调整有推后的风险。共同建设投资下滑步调放缓，房屋投资已经恢复升势。

　　日本维持既有宽松措施规模不变，未进一步扩容宽松行动，这使得做空日元的投资者极度失望，美元兑日元短线重挫超 80 个点，一举击穿 105 大关。美元兑日元短线重挫超 80 个点，一举击穿 105 大关。现货白银市场反应平淡。

　　（6）7 月 29 日的日本央行利率决议

　　周五（7 月 29 日），日本央行公布利率决议及政策声明。日银维持利率和 QQE 规模不变，仅扩大 ETF 购买和美元贷款计划规模，市场大幅宽松的预期落空。以下为日银决议声明的具体内容：

　　日本央行维持政策利率 –0.1%，预期 –0.15%，前值 –0.1%；维持货币基础年增幅目标 80 万亿日元，预期 80 万亿日元，前值 80 万亿日元。

　　日本央行将 ETF 年度购买规模从当前 3.3 万亿日元扩大至 6 万亿日元；将美元贷款计划规模扩大一倍，至 240 亿美元，执行时间为 4 年，美元贷款计划支持日本公司海外活动。

　　7 月 29 日日本央行的利率决议中，委员以投票比例 7 : 2 通过维持利率不变的决定；以 8 : 1 的投票结果维持货币基础目标不变；以 7 : 2 的投票结果提高 ETF 购买规模。日本央行审议委员佐藤健裕和木内登英反对提高 ETF 购买规模和负利率决定。

　　维持利率 –0.1% 和 QQE 规模 80 万亿日元不变，仅扩大 ETF 购买规模到 6 万亿日元。如此政策力度显然无法令市场投资者满意，在决议发布后，美元兑日元短线下挫近 200 点，最低下探 102.72。现货白银市场反应平淡。

第 5 章

白银日内短线交易的数据统计实战技巧

我们在分析各项经济数据对白银价格的影响时，如果仅仅着眼于单一经济数据对市场短期波动的影响，那么分析是不全面的，只见树木、不见森林。正确分析思路的出发点应是着眼于全局，通过分析单一数据来把握经济整体态势。需要注意的是，美国经济数据对美元价格影响最大，同时对白银价格影响最大，所以本章就以美国经济数据来讲解的。

本章主要内容包括：

➤ ADP 就业人数、初请失业金人数和续请失业金人数

➤ 非农就业数据和失业率

➤ 平均时薪和挑战者企业裁员人数

➤ 密歇根大学消费者信心指数

➤ 零售销售月率、个人收入月率和咨商会消费者信心指数

➤ CPI、红皮书商业零售销售年率和 PCE 物价指数

➤ 制造业和服务业数据

➤ 房地产市场数据

➤ 当周 ECRI 领先指标和国内生产总值

➤ 净资金流入和芝加哥联储全国活动指数

➤ 白银 ETF 数据

5.1 就业市场数据

美国的就业市场数据，对白银价格的波动影响比较大，下面详细讲解一下。

5.1.1 ADP 就业人数

ADP 全美就业报告由 ADP 赞助，Macroeconomic Advisers 公司负责制定和维护。本报告采集自约 50 万家匿名美国企业，是美国就业情况的反映。在 2008 年前六个月，采样取自约美国私营领域中 39.9 万家企业，涵盖近 2400 万美国员工。

就业数据是消费者支出的领先指标，占总体经济活动中的大部分。比劳工部公布的官方非农就业数据提前两天公布，被看作是非农数据的先行指标。

ADP 就业人数，每月都公布。2016 年每月 ADP 就业人数公布时间、现值、前值与预测值，如表 5.1 所示。

表 5.1　2016 年每月 ADP 就业人数公布时间、现值、前值与预测值

公布时间	现值	前值	预测值
2016-08-31，20:15	17.7	17.9	17.5
2016-08-03，20:15	17.9	17.2	17
2016-07-07，20:15	17.2	17.3	16.0
2016-06-02，20:15	17.3	15.6	17.5
2016-05-04，20:15	15.6	20	19.5
2016-03-30，20:15	20	21.4	19.5
2016-03-02，21:15	21.4	20.5	19
2016-02-03，21:15	20.5	25.7	19.5
2016-01-06，21:15	25.7	21.7	19.8

2014 年 10 月至 2016 年 8 月 ADP 就业人数的公布值与预测值如图 5.1
所示。

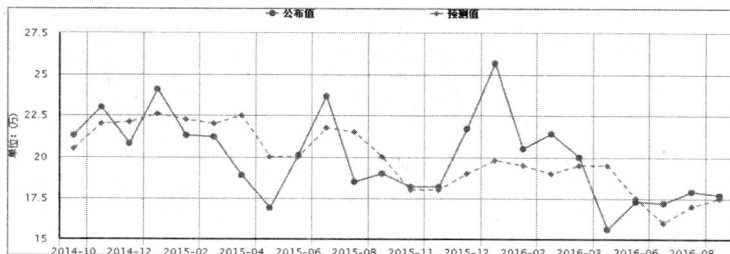

• 图 5.1　2014 年 10 月至 2016 年 8 月 ADP 就业人数的公布值与预测值

在实战应用中，如果 ADP 的实际值大于预测值，则利多美元，利空白银；
如果 ADP 的实际值小于预测值，则利空美元，利多白银。

2016 年 8 月 31 日，投资者预测 ADP 的数据为 17.5 万，但在 20:15 公
布的数据是 17.9 万，ADP 的实际值大于预测值，利空白银。现货白银的实际
走势时，公布 ADP 数据时，现货白银快速下跌 0.1 美元，随后又震荡下跌 0.1
美元，如图 5.2 所示。

• 图 5.2　现货白银（AG）2016 年 8 月 31 日 6：00 至 9 月 1 日 5：00 的分时走势图

5.1.2　初请失业金人数

初请失业金人数是反映其国内劳动力市场状况的指标之一，统计的是第一次申请领取失业金的人数。

由于该数据每周都公布，是投资市场的焦点所在，失业人数的大幅增加，美国政府的财政压力也就随之增大，对美元不利。

2016 年初请失业金人数公布时间、现值、前值与预测值，如表 5.2 所示。

表 5.2　2016 年初请失业金人数公布时间、现值、前值与预测值

公布时间	现值（万）	前值（万）	预测值（万）
2016-09-08，20:30	25.9	26.3	26.5
2016-09-01，20:30	26.3	26.1	26.5
2016-08-25，20:30	26.1	26.2	26.5
2016-08-18，20:30	26.2	26.6	26.5
2016-08-11，20:30	26.6	26.9	26.5
2016-08-04，20:30	26.9	26.6	26.5
2016-07-28，20:30	26.6	25.3	26.2
2016-07-21，20:30	25.3	25.4	26.5
2016-07-14，20:30	25.4	25.4	26.5

2014 年 9 月至 2016 年 8 月初请失业金人数的公布值与预测值如图 5.3 所示。

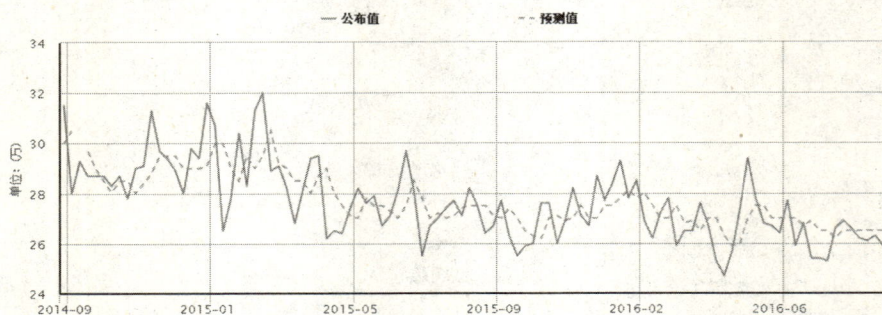

● 图 5.3　2014 年 9 月至 2016 年 8 月初请失业金人数的公布值与预测值

在实战应用中，如果初请失业金人数的实际值大于预测值，则利空美元，利多白银；如果初请失业金人数的实际值小于预测值，则利多美元，利空白银。

2016 年 9 月 8 日，投资者预测的初请失业金人数为 26.5 万，但在 20:30 公布的数据是 25.9 万，初请失业金人数的实际值小于预测值，利多美元，利空白银。公布初请失业金人数数据时，现货白银快速下跌 0.1 美元，随后价格在该数据的影响下，白银的价格出现了震荡下跌走势，如图 5.4 所示。

● 图 5.4　现货白银（AG）2016 年 9 月 8 日 6：00 至 9 月 9 日 5：00 的分时走势图

5.1.3　续请失业金人数

续请失业金人数是指连续申请失业救济金的人数。申请失业金人数变化是市场上最瞩目的经济指标之一。

美国是个完全消费型的国家，消费意欲是经济的最大动力所在，如果每周因失业而申请失业救济金人数增加，会严重抑制消费信心，相对美元是利空，利多黄金。该项数据越低，说明劳动力市场改善，对经济增长的前景乐观，利多美元，利空白银。

续请失业金人数也是每周公布，一般为周四公布。

5.1.4 非农就业数据

非农就业人数（Changes in non-farm payrolls）：为就业报告中的一个项目，该项目主要统计从事农业生产以外的职位变化情形，该数据与失业率一同公布。由美国劳工部统计局在每个月的第一个星期五美国东部时间 8:30 也就是北京时间晚上 20:30 前一个月的数据。

为什么要关注非农就业数据呢？因为在美国就业机会加上就业率，就等于经济实力。其中就业机会代表着经济增长；就业率代表着经济的可持续增长。

非农就业数据反映了美国制造行业和服务行业的发展及其增长情况，数字减少代表企业降低生产，经济步入萧条，对美元不利；如果数字大幅增加代表经济状况良好，这样对美元有利。

2016 年非农就业数据公布时间、现值、前值与预测值，如表 5.3 所示。

表 5.3　2016 年非农就业数据公布时间、现值、前值与预测值

公布时间	现值（万）	前值（万）	预测值（万）
2016-09-02，20:30	15.1	27.5	18
2016-08-05，20:30	27.5	28.7	18.0
2016-07-08，20:30	28.7	3.8	18
2016-06-03，20:30	3.8	16	16
2016-05-06，20:30	16	21.5	20
2016-04-01，20:30	21.5	24.2	20.5
2016-03-04，21:30	24.2	15.1	19.5
2016-02-05，21:30	15.1	29.2	19
2016-01-08，21:30	29.2	21.1	20

2014 年 10 月至 2016 年 8 月非农就业数据的公布值与预测值如图 5.5
所示。

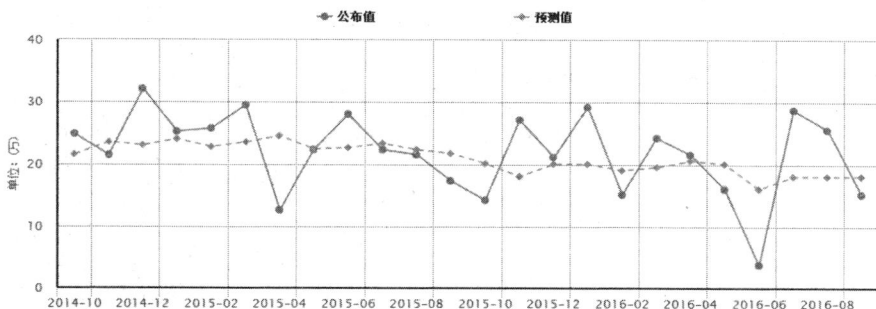

● 图 5.5　2014 年 10 月至 2016 年 8 月非农就业数据的公布值与预测值

非农就业数据的好坏直接影响美元的价值，进而影响白银的价格走势。
所以，我们一定要关注美国非农就业数据。

如何看待美国非农就业数据对白银的影响呢？

关键是看非农就业数据的预期值与所开出的实际值的比较，如果高于预
期值，就会利好美元，从而打压白银价格；反之，如果低于预期值，则会利
空美元，从而推高白银价格。

所以，每个月第一周的周五，我们投资白银一定要小心，不管是利多，
还是利空，白银上下波动都会比较大。

2016 年 6 月 3 日美国非农就业数据报告之前，白银一直是维持下跌行情，
并且在非农就业数据公布的前一天价格继续沿着 5 日均线下跌。但需要注意
的是，价格已下跌 24 个交易日，所以空单要注意逢低止盈。

非农就业数据公布之后，白银价格开始上涨，先是站上 5 日均线，然后
又站上 10 日均线，从而开始一波上涨行情。这种走势正是因为非农就业数据
所触发的，虽然这一波上涨蓄谋已久，但非农就业数据起到了举足轻重的催
化剂作用，如图 5.6 所示。

● 图 5.6　美国非农就业数据报告的白银价格暴涨

为什么这次非农就业数据报告会有这么大的影响呢？

在 2016 年前半年，美国经济不断好转，很多投资者认为美联储会在 6 月份加息，这样就利多美元，利空白银，这也是这一波白银回调的原因。

2016 年 6 月 3 日，美国公布了 5 月份的就业形势报告。数据显示，美国 5 月份非农就业人数仍增加 3.8 万人，增幅远远小于市场预期的 16 万人。这个数据令市场意外，由于就业数据远远低于预期，市场对美联储加息的预期明显减弱，所以美元获得了巨量卖盘，造成大幅下跌，而白银则从跌势转为升势。

5.1.5　失业率

失业率（UnemploymentRate）是指失业人口占劳动人口的比率（一定时期满足全部就业条件的就业人口中仍未有工作的劳动力数字），旨在衡量闲置中的劳动产能，是反映一个国家或地区失业状况的主要指标。失业数据的月份变动可适当反应经济发展。失业率与经济增长率具有反向的对应变动关系。

在美国，失业率同样是就业报告中的一个项目，在每个月的第一个周五发表。值得注意的是，美联储将失业率设定为加息门槛。美联储政策指引中表示当失业率降至 6.5% 时，美联储将开始加息。

2016 年失业率公布时间、现值、前值与预测值，如表 5.4 所示。

表 5.4 2016 年失业率公布时间、现值、前值与预测值

公布时间	现值（万）	前值（万）	预测值（万）
2016-09-02，20:30	4.9	4.9	4.8
2016-08-05，20:30	4.9	4.9	4.8
2016-07-08，20:30	4.9	4.7	4.8
2016-06-03，20:30	4.7	5	4.8
2016-05-06，20:30	5	5	4.9
2016-04-01，20:30	5	5	4.9
2016-03-04，21:30	5	4.9	4.9
2016-02-05，21:30	4.9	5	5
2016-01-08，21:30	5	5	5

2014 年 10 月至 2016 年 8 月失业率的公布值与预测值如图 5.7 所示。

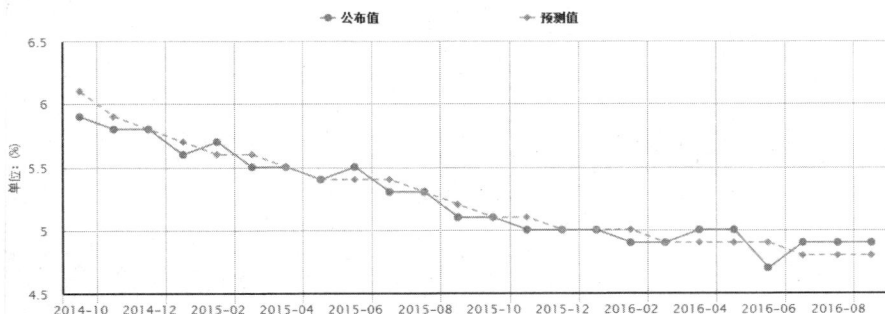

• 图 5.7　2014 年 10 月至 2016 年 8 月失业率的公布值与预测值

5.1.6　平均时薪

平均小时薪金（Average Hourly Earnings）是用平均每小时和每周收入衡量私人非农业部门的工作人员的工资和薪水水平。

每小时收入数据反映了每小时基础工资率的变化，并反映了加班的奖金增长情况，平均小时薪金可能较早地反映出行业工资和薪水成本变化趋势与雇用成本指数相辅相成，共同为衡量总劳动成本提供参考。

该指标存在一定的易变性和局限性，但仍然是一个月中关于通货膨胀的头条消息，白银市场主要关注每月和各年随季节调整的平均每小时和每周工资的变化情况。

一般而言，如果预计平均小时薪金能引起利率的上涨，那么每小时工资的迅速上涨对该国货币而言将形成利好刺激，即利多美元，那么就会利空白银。在美国，该指标由联邦储备委员会进行监控。

5.1.7　挑战者企业裁员人数

总部位于芝加哥的就业资讯公司 Challenger GrayChristmasInc 通过对企业的裁员情况调查，每月公布裁员统计数据，反映就业市场的变化趋势。

裁员人数的变化，反映了企业用工情况的好坏。若裁员人数增加，显示就业市场恶化，对美元不利，而对白银有利。在美国劳工部官方非农就业报告公布前一天公布，但对市场影响不及提前非农就业数据两天公布的 ADP 就业报告。

5.2　消费市场数据

美国的消费市场数据，对白银价格的波动影响也不小，下面详细讲解一下。

5.2.1　密歇根大学消费者信心指数

密歇根大学消费者信心指数（The University of Michigan consumer confidence index）为美国密歇根大学研究人员对消费者关于个人财务状况和国家经济状况的看法进行定期调查并进行的相应评估。

金融市场信心是消费者支出的领先指标，占经济活动中大部分。密歇根大学消费者信心指数与消费者支出之间的相关性更为密切。如果消费者信心上升，债券市场将之视为利空，价格下跌；股票市场则通常视之为利好。美元汇率通常从联储寻求暗示，若消费者信心上升，则意味着消费增长，经济走强，美联储可能会提高利率，那美元就会相应走强。美元走强，就会利空白银。

2016 年密歇根大学消费者信心指数公布时间、现值、前值与预测值，如表 5.5 所示。

表 5.5　2016 年密歇根大学消费者信心指数公布时间、现值、前值与预测值

公布时间	现值（万）	前值（万）	预测值（万）
2016-08-26，22：00	89.8	90.4	90.8
2016-08-12，22：00	90.4	90	91.5
2016-07-29，22：00	90	89.5	90.2
2016-07-15，22：00	89.5	93.5	93.5
2016-06-24，22：00	93.5	94.3	94.1
2016-06-10，22：00	94.3	94.7	94.0
2016-05-27，22：00	94.7	95.8	95.5
2016-05-13，22：00	95.8	89	89.5
2016-04-29，22：00	89	89.7	90

2014 年 9 月至 2016 年 7 月密歇根大学消费者信心指数的公布值与预测值如图 5.8 所示。

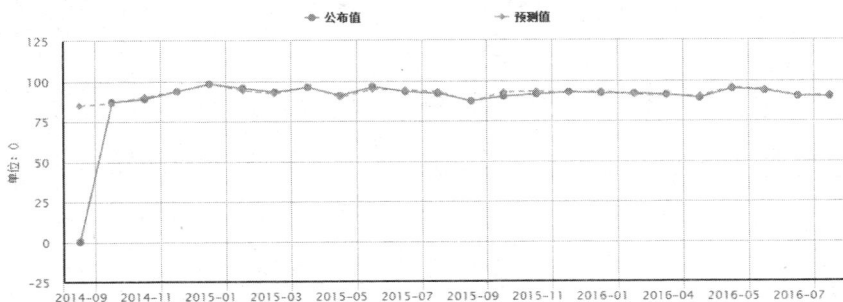

● 图 5.8　2014 年 9 月至 2016 年 7 月密歇根大学消费者信心指数的公布值
与预测值

5.2.2　零售销售月率

零售销售（Retail Sale），是零售销售数额的统计汇总，包括所有主要

从事零售业务的商店以现金或信用形式销售的商品价值总额。服务业所发生的费用不包括在零售销售中。

零售数据对于判定一国的经济现状和前景具有重要指导作用，因为零售销售直接反映出消费者支出的增减变化。此数据与白银价格负相关。

5.2.3　个人收入指标

个人收入（Personal Income）指一个国家一年内个人年得到的全部收入。个人从各种途径所获得的收入的总和，包括工资、租金收入、股利股息及社会福利等所收取得来的收入。反映了该国个人的实际购买力水平，预示了未来消费者对于商品、服务等需求的变化。

个人收入指标是预测个人的消费能力，未来消费者的购买动向及评估经济情况的好坏的一个有效指标。收入与支出密切相关，消费者的可用收入越多，其支出增加的概率越大，对经济越有利，对白银是利空。

5.2.4　咨商会消费者信心指数

对 5000 户家庭对当前和未来经济条件看法的调查，其中包括劳动有效性，商业条件和总体经济环境。

咨商会消费者信心指数的波动性更大，这也降低了该指数作为消费者态度晴雨表的可靠性。在环境因素中，以劳动市场状况与股市表现对消费者信心指数的影响力最深，消费者对两者有较敏感的反应。

咨商会的消费者信心指数代表着消费者有较强的消费商品与服务意愿，有利经济扩张。债市投资人则偏好向下减少的消费者信心指数，因为其代表着消费意愿不强，经济趋缓的可能性提高。 美元汇率通常从美联储寻求暗示，若消费者信心上升，则意味着消费增长，经济走强，美联储可能会提高利率，那美元就会相应走强，这样会利空白银。

5.2.5　CPI

消费物价指数英文缩写为 CPI，是根据与居民生活有关的产品及劳务价格统计出来的物价变动指标，通常作为观察通货膨胀水平的重要指标。是衡量美国通货膨胀的重要指标之一，美联储参考该数据调整货币政策，进而影响短期内美元汇率走势，从而影响白银价格波动。

统计消费者购买的商品和服务的价格变化，公布月率和年率

5.2.6 红皮书商业零售销售年率

美国红皮书研究机构（Redbook Research）统计一周内的连锁店销售，反映消费支出水平。因消费占美国经济比重近 2/3，故反映零售销售的数据被广为重视。数据好坏将预示未来消费对经济的推动作用，该数据好，则利多美元，利空白银。

5.2.7 PCE 物价指数

PCE 是个人消费支出平减指数的缩写，个人消费支出平减指数由美国商务部经济分析局最先推出，并于 2002 年被美联储的决策机构联邦公开市场委员会（FOMC）采纳为衡量通货膨胀的一个主要指标。

2012 年 1 月，美联储将核心 PCE 年率涨幅 2% 定为长期通货膨胀目标，从此宣告美联储也有了明确的通货膨胀目标。如果核心 PCE 年率升幅超过 2%，美联储会紧缩货币政策，打压白银价格。

5.3 制造业和服务业数据

美国的制造业和服务业数据，对白银价格的波动也有影响，下面具体讲解一下。

5.3.1 芝加哥采购经理人指数

芝加哥采购经理人指数是以百分比来表示，常以 50% 作为经济强弱的分界点：即当指数高于 50% 时，被认为是制造业的扩张，当指数低于 50%，尤其是非常接近 40% 时，则有经济萧条的忧虑。

芝加哥采购经理人指数也是领先指标中一项非常重要的附属指针，市场

较为看重该数据。它是反映制造业在生产、订单、价格、雇员、交货等各方面综合发展状况的晴雨表。芝加哥采购经理人指数是全美采购经理人指数最重要的一部分，它通常在全美采购经理人指数公布之前公布，市场也往往会根据芝加哥采购经理人的表现对全国采购经理人指数做出预期。

芝加哥采购经理人指数如果好于预期，则利多美元，利空白银。

2016 年芝加哥采购经理人指数公布时间、现值、前值与预测值，如表 5.6 所示。

表 5.6　2016 年芝加哥采购经理人指数公布时间、现值、前值与预测值

公布时间	现值	前值	预测值
2016-08-31, 21:45	51.5	55.8	54.0
2016-07-29, 21:45	55.8	56.8	54
2016-06-30, 21:45	56.8	49.3	51
2016-05-31, 21:45	49.3	50.4	50.5
2016-04-29, 21:45	50.4	53.6	52.6
2016-03-31, 21:45	53.6	47.6	50.65
2016-02-29, 22:45	47.6	55.6	52.5
2016-01-29, 22:45	55.6	42.9	45.3

2014 年 9 月至 2016 年 7 月芝加哥采购经理人指数的公布值与预测值如图 5.9 所示。

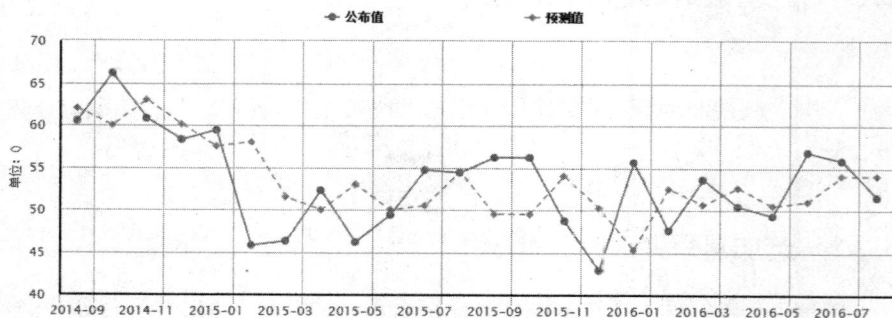

● 图 5.9　2014 年 9 月至 2016 年 7 月芝加哥采购经理人指数的公布值与预测值

5.3.2 美国上周 API 原油库存

美国上周 API（美国石油协会）原油库存数量变化将影响国际原油价格，理论上若库存减少则原油价格上涨，利多白银；库存增加则原油价格下跌，利空白银。

2016 年美国上周 API 原油库存公布时间、现值、前值与预测值，如表 5.7 所示。

表 5.7　2016 年美国上周 API 原油库存公布时间、现值、前值与预测值

公布时间	现值	前值	预测值
2016-09-08, 04:30	−1208.5	94.2	−8.3
2016-08-31, 04:30	94.2	446.4	131
2016-08-24, 04:30	446.4	−100.7	−82.5
2016-08-17, 04:30	−100.7	208.9	−33.3
2016-08-10, 04:30	208.9	−134	−95
2016-08-03, 04:30	−134	−82.7	−183.3
2016-07-27, 04:30	−82.7	−228	−245
2016-07-20, 04:30	−228	220.7	−223.3
2016-07-13, 04:30	220.7	−673.6	−325
2016-07-07, 04:30	−673.6	−386	−250

2014 年 9 月至 2016 年 6 月美国上周 API 原油库存的公布值与预测值如图 5.10 所示。

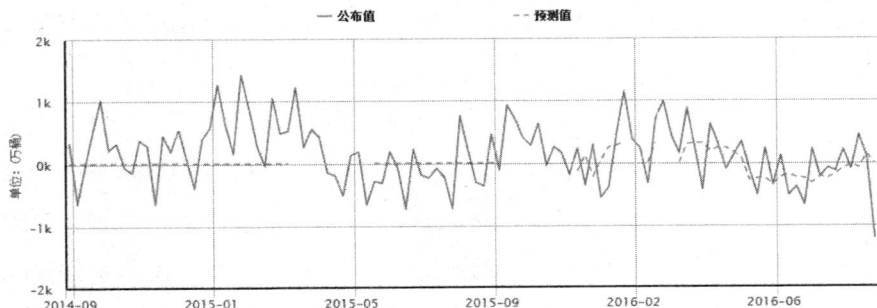

●图 5.10　2014 年 9 月至 2016 年 6 月美国上周 API 原油库存的公布值与预测值

5.3.3 里奇蒙德联储制造业指数和美国 EIA 天然气变化

调查里奇蒙德地区约 100 家制造商，内容包括：制造业装船、新订单和就业等方面的评估。指数高于零，表明该地区制造业在扩张，利空白银。

美国 EIA（美国能源协会）天然气变化，从另一个方面反映了美国的能源利用率，进而反映美国经济发展状况，以及对国际原油价格的影响。数据大于前值，反应美国的能源利用率良好，利空白银。

5.3.4 工厂订单月率

工厂订单月率，代表未来一个月内，对不易耗损的物品订购数量，该数据反映了制造业活动情况，就定义而言，订单泛指有意购买、而预期马上交运或在未来交运的商品交易。由于该统计数据包括了国防部门用品及运输部门用品，这些用品均为高价产品，这两个部门数据变化对整体数据有很大的影响，故市场也较注重扣除国防部门用品及运输部门用品后数据的变化情况。

总体而言，若该数据增长，则表示制造业情况有所改善，利好美元，利空白银。反之若降低，则表示制造业出现萎缩，对美元利空，对白银利多。

5.3.5 ISM 系列指数

ISM 指数是由美国供应管理协会公布的重要数据，对反映美国经济繁荣度及美元走势均有重要影响。美国供应管理协会是全球最大、最权威的采购管理、供应管理、物流管理等领域的专业组织。该组织成立于 1915 年，其前身是美国采购管理协会，目前拥有会员 45000 多名、179 个分会，是全美最受尊崇的专业团体之一。

ISM 指数分为制造业指数和非制造业指数两项。

ISM 供应管理协会制造业指数由一系列分项指数组成，其中以采购经理人指数最有代表性。该指数是反映制造业在生产、订单、价格、雇员、交货等各方面综合发展状况的晴雨表，通常以 50 为临界点，高于 50 被认为是制造业处于扩张状态，低于 50 则意味着制造业的萎缩，影响经济增长的步伐。

ISM 供应管理协会非制造业指数反映的是美国非制造业商业活动的繁荣程度，当其数值连续位于 50 以上时，表明非制造业活动扩张，价格上升，往往预示着整体经济正处于一个扩张状态；反之，当其数值连续位于 50 以下时，往往预示着整体经济正处于一个收缩状态。

需要特别关注的一点是 ISM 非制造业就业指数，由于服务业部门雇佣了美国劳动力总数的七成以上，令该分项指标对非农就业数据具有前瞻性意义。

5.3.6　耐用品订单月率和生产者物价指数

如果耐用品订单月率增长，则表示制造业情况有所改善，利好美元，利空白银。反之若降低，则表示制造业出现萎缩，对美元利空，利多白银。

生产者物价指数是衡量工业企业产品出厂价格变动趋势和变动程度的指数，是反映某一时期生产领域价格变动情况的重要经济指标。

生产者物价指数与消费物价指数不同，主要的目的是衡量企业购买的一篮子物品和劳务的总费用。由于企业最终要把它们的费用以更高的消费价格的形式转移给消费者，所以，通常认为生产物价指数的变动对预测 CPI 的变动是有用的。

一般来说，生产者物价指数上扬对美元来说大多偏向利多，利空白银；下跌则为利空美元，利多白银。

另外，核心 PPI 不包括食品和汽油价格影响。

5.4　房地产市场数据

房地产市场数据主要包括 6 项，具体如下：

（1）S&P/CS20 座大城市房价指数年率

S&P/CS20 座大城市房价指数年率，统计美国 20 座大城市和 10 座大城市的房价变化，以衡量美国房地产市场的健康状况。是衡量房产市场的领先指标，如果房价上涨，表明购房需求强劲，有利于刺激房地产市场蓬勃发展。因此，房价上涨，利空白银。

（2）MBA 抵押贷款申请活动指数

MBA 抵押贷款申请活动指数，是房地产市场的领先性指标——大多数购房者都会申请抵押贷款。如果贷款上升，预示房产市场好转，打压黄金价格。对抵押贷款活动进行的调查，涵盖了超过 75% 的美国零售住宅抵押贷款申请活动。

（3）新屋销售总数年化

新屋销售数据由商务部经济分析局每月 28 日至下个月的 4 日之间公布一次。它是经济活动的先行指标。

新屋销售也叫预售屋销售，它是指签订出售合约的房屋数量，美国新屋销售每月由商务部月底公布上月销售情况。为经济健康与否的领先指标，因房屋销售触发广泛的影响。例如，购房者购买家具和电器，金融银行出售抵押凭证，以及中介收费等。

（4）成屋销售总数年化

美国房地产行业协会研究部每月接收 650 多个房地产经纪人组织和协会及全国多元报价系统关于单一家庭成屋销售情况的数据。

成屋销售总数年化，为经济健康与否的领先指标，因房屋销售触发广泛的影响。例如，新的房屋拥有者装修，金融银行出售抵押凭证，以及中介收费等。

（5）成屋签约销售指数月率

成屋签约销售指数月率，是美国经济健康状况的领先性指标，因房屋销售将带来广泛的连锁反应。比如，装修房屋、从融资银行进行抵押贷款活动、执行交易时能给中介公司带来收益。

该数据比成屋销售数据大约晚一周时间公布，但该指标更具前瞻性，因签约后数周时间才能算入成屋销售环节中。该指数上升，暗示美国房产市场正在改善。与黄金白银价格负相关。

（6）新屋开工及营建许可建筑类指标

新屋开工及营建许可建筑类指标，是一个领先指标，预示未来房地产建筑行业的运行方向。因为住宅建设的变化将直接指向经济衰退或复苏。通常来讲，新屋开工与营建许可的增加，理论上对于美元来说是利好因素，将推动美元走强，利空黄金白银。新屋开工与营建许可的下降或低于预期，将对美元形成压力，利多黄金白银。

5.5 其他数据

下面来看一下其他能影响白银价格波动的美国数据。

5.5.1 当周 ECRI 领先指标

当周 ECRI 领先指标，是一个衡量总体经济运动的综合性指标，它可以较早地说明未来数月的经济发展状况以及商业周期的变化，是投资者早期预测利率方向的重要工具。还预测未来经济发展情况的最重要的经济指标之一，能预示美国的经济前景。如果领先指标上升，表明美国经济在增长，有利于白银下跌；如果下降，则说明美国经济有衰退迹象，将促使白银上涨。

5.5.2 国内生产总值

国内生产总值（简称 GDP），是指在一定时期内（一个季度或一年），一个国家或地区的经济中所生产出的全部最终产品和劳务的价值，常被公认为衡量国家经济状况的最佳指标。

它不但可以反映一个国家的经济表现，更可以反映一国的国力与财富。通常 GDP 越高，意味着经济发展越好，利率趋升，汇率趋强，金银价趋弱。投资者应考察该季度 GDP 与前一季度及去年同期数据相比的结果，增速提高，或高于预期，均可视为利好。

每季度公布一次，在相应季度结束后约 60 天发布，与白银价格走势呈负相关。

5.5.3 净资金流入

净资金流入，是指减去了美国居民对国外证券的投资额后，境外投资者购买美国国债、股票和其他证券而流入的净额。被视为衡量资本流动状况的一个大致指标。

资本净流入处于顺差（正数）状态，好于预期，说明美国外汇净流入，对美元是利好；相反处于逆差（负数）状态，说明美国外汇净流出，利空美元。与白银负相关。

5.5.4　芝加哥联储全国活动指数

芝加哥联储的全国活动指数是由 85 个全国经济活动指标加权平均而成的一项全国性经济活动指标。主要搜集四个主要分类资料，包含（1）生产及收入；（2）就业、失业及时薪；（3）个人消费及住房情况；（4）销售、订购及存货情况。以衡量美国经济活动，探寻美国经济发展状况。

若此数值小于 0 时，表示经济扩张呈现低于平均的成长速度，提振白银价格；若大于 0 时，则表示经济涨幅为大于平均的成长速度，打压白银价格。

5.6　白银 ETF 数据

白银 ETF 是白银市场中主要的做多力量，所以投资白银，要关注白银 ETF 的动向。

白银 ETF 主要通过以下两个方面影响白银价格的波动。

（1）自身的因素

由于白银 ETF 的交易量比较大，每次加仓或减仓的量都会对当前市场上白银的供给和需求造成影响。例如加仓，那么就意味着市场的买量变大，会使白银价格上涨，减仓则是相反的。

（2）影响市场其他投资者操作

现在很多投资者都关注白银 ETF 的持仓情况，如果白银 ETF 加仓了，市场上会有部分人也跟着加仓，这会起到一定的连带作用，造成市场买量增大，减仓是相反的。

查看白银 ETF 的持仓。在浏览器的地址栏中输入"http://www.szgold.com.cn"，然后回车，就进入深圳黄金投资有限公司的首页，如图 5.11 所示。

● 图 5.11　深圳黄金投资有限公司的首页

鼠标指向"T+D 业务"导航菜单,就会弹出下一级子菜单,单击"ETF 持仓"命令,就可以看到不同时间的白银 ETF 持仓和黄金 ETF 持仓,如图 5.12 所示。

● 图 5.12　白银 ETF 持仓和黄金 ETF 持仓

如果要查看某一天的 ETF 持仓情况，只须单击即可。这里查看的是 2016 年 6 月 24 日的白银 ETF 持仓，如图 5.13 所示。

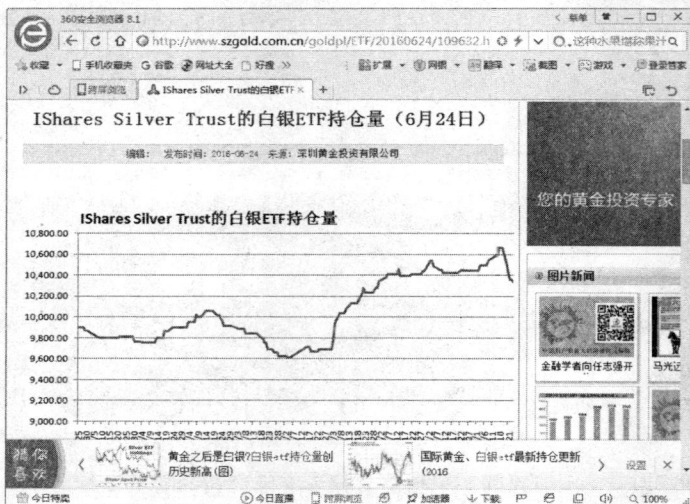

● 图 5.13　2016 年 6 月 24 日的白银 ETF 持仓

通过向下拖动滚动条，还可以看到白银 ETF 不同时间的净持仓量（盎司）、净持仓量（吨）、增减（吨）等信息，如图 5.14 所示。

日期（北京）	净持仓量（盎司）	净持仓量（吨）	增减（吨）
2016年6月24日	332,214,205.20	10,333.02	-26.61
2016年6月23日	333,069,680.40	10,359.63	0.00
2016年6月22日	333,069,680.40	10,359.63	-44.34
2016年6月21日	334,495,514.40	10,403.97	-88.70
2016年6月20日	337,347,302.40	10,492.67	-168.54
2016年6月17日	342,765,802.20	10,661.21	0.00
2016年6月16日	342,765,802.20	10,661.21	0.00
2016年6月15日	342,765,802.20	10,661.21	73.92
2016年6月14日	340,389,182.20	10,587.29	0.00
2016年6月13日	340,389,182.20	10,587.29	51.75
2016年6月8日	338,725,460.70	10,535.54	44.36

● 图 5.14　白银 ETF 不同时间的持仓明细

　　需要注意的是，通常白银 ETF 公布持仓变化时，已经是它加仓或减仓完毕了，这时候第一个因素的影响已经消化完了。

　　另外，在利用白银 ETF 持仓变化来操作时，重在关注白银价格的位置，如果价格连续上涨十几天，并且上涨到一个重要阴力位，这时白银 ETF 加仓，很可能是在诱骗投资者，从而把投资者套在高位，针对这一点，我们一定要特别注意。

第 6 章

白银日内短线交易的分时图 应用技巧

————————○————————

白银日K线图都是直上直下的, 即使是同样的模样和同样的成交量, 但其形成的过程是不会相同的。分时走势图诠释了日K线的形成过程和由来, 具有重要的盘后分析和盘中交易的参考价值。对于短线投机者或决定当日交易的投资者来说, 分时走势图是其主要参考依据。

本章主要内容包括:

➤ 分时线和均价线

➤ 分时图的成交量

➤ 盘口数据和成交明细

➤ 均价线的助涨功能和助跌功能

➤ 利用均价线捕捉做空点位

➤ 利用均价线捕捉做多点位

➤ 均价线对价格的制约作用

➤ 分时图的量能应用技巧

➤ 分时图的突破应用技巧

6.1 分时图概述

全球的白银市场主要分布在欧、亚、北美三个区域。欧洲以伦敦白银市场为代表；亚洲主要以香港为代表；北美主要以纽约为代表。全球各大银市的交易时间，以伦敦时间为准，形成伦敦、纽约连续不停的黄金交易，伦敦每天上午 10：30 的早盘定价揭开北美银市的序幕。纽约、芝加哥等先后开叫，当伦敦下午定价后，纽约等仍在交易中，此后香港也进来。伦敦的尾市会影响美国的早市价格，而美国的尾市会影响香港的干盘价，而香港的尾市价和美国的收盘价又会影响伦敦的开市价，如此循环。

2016 年 9 月 22 日的白银 T+D 的分时走势图，如图 6.1 所示。

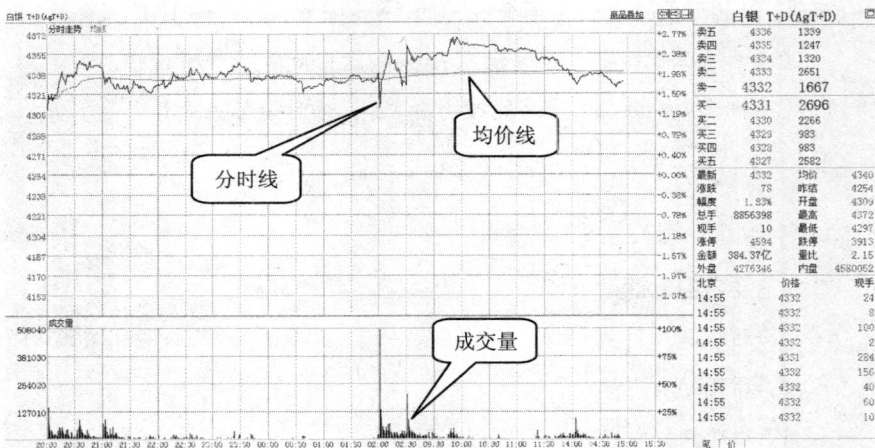

• 图 6.1　2016 年 9 月 22 日的白银 T+D 的分时走势图

2016 年 9 月 21 日的白银主力（白银期货，当前主力合约是沪银 1612）的分时走势图，如图 6.2 所示。

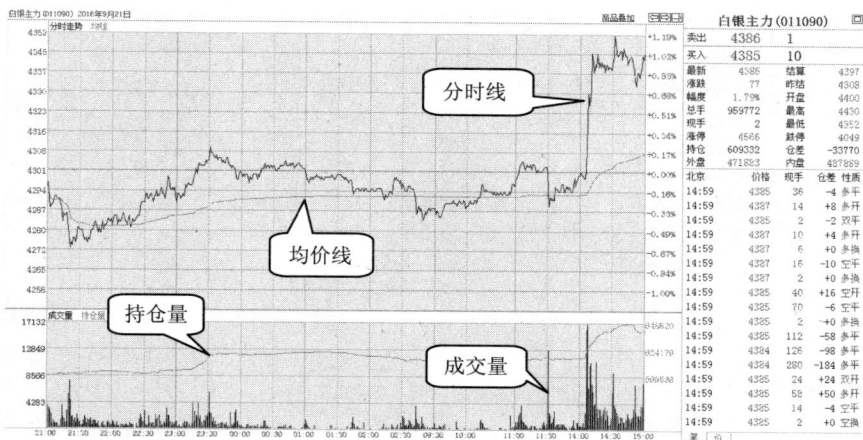

• 图 6.2　2016 年 9 月 21 日的白银主力（沪银 1612）的分时走势图

提醒：沪银 1612，是指 2016 年 12 月到期的白银期货合约。

　　由于国内白银 T+D 或白银期货，主要跟随现货白银（AG）和美白银连（SLNC）来运行，所以在炒白银时，一定要盯着现货白银（AG）和美白银连（SLNC）的分时走势。

　　2016 年 9 月 30 日的现货白银（AG）的分时走势图，如图 6.3 所示。

• 图 6.3　2016 年 9 月 30 日的现货白银（AG）的分时走势图

2016 年 9 月 22 日的美白银连（SLNC）的分时走势图，如图 6.4 所示。

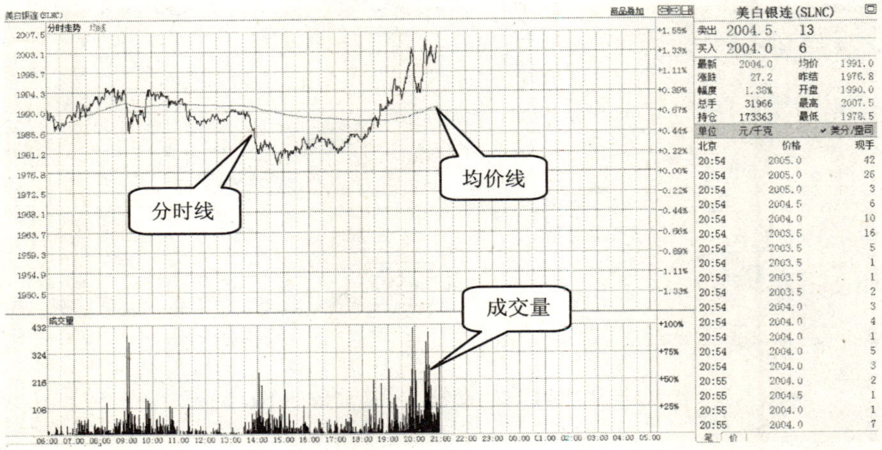

● 图 6.4　2016 年 9 月 22 日的美白银连（SLNC）的分时走势图

在分时走势图中，可以看到均价线、分时线、成交量、持仓量、盘口数据和成交明细，下面来分别讲解一下。

6.1.1　分时线和均价线

分时线和均价线占据了分时图的大部分界面，显然是最重要的分析内容。无论你是进行日内短线交易，还是进行趋势性波段交易，分时线和均价线，都是分析的重点，并且要关注它们的位置关系。

> 提醒：如果分时线始终在均价线之下，就以逢高建立空单为主。如果分时线始终在均价线之上，就以逢低建立多单为主。

（1）分时线

分时线就是把每分钟最后一笔成交价格连接起来，就得到分时线。

在白银价格波动过程中，每分钟之内都会有多笔成交。所以，每分钟没有过去，分时线就会处于波动状态之中，直到这一分钟过去之后，这个点才可以确定下来。

因此，分时线无法显示价格在这一分钟之内的变化，只能显示这一分钟最后一笔成交的价格。

注意，由于分时线忽略了每分钟内的其他成交价格，所以分时线有一定的片面性，这个缺陷需要交易者利用成交明细加以弥补。

（2）均价线

均价线的计算公式是：每分钟的平均价格 = 每分钟的成交额 / 成交量，因此由每分钟的平均价格形成的点连成的那条曲线就是均价线。它反映的是当日每分钟内入市资金的平均持仓成本，均价线好比商品的价值，分时线好比商品的价格，因此，分时线围绕均价线上下波动，反映了均价线对价格走势的支撑和打压作用。

① 均价线的支撑作用

当分时线处于均价线上方时，它每次向下回落触及均价线后受到支撑，就会重新上涨。

② 均价线的打压作用

当分时线处于均价线下方时，它每次向上反弹触及均价线后受到打压，就会重新回落。

注意，利用均价线的支撑和打压作用，可以进行短线操盘。当分时线处于均价线上方，若回落到均价线后重新起涨时，可以买入，以获取更大的利润；相反，当分时线处于均价线下方，若反弹到均价线后重新回落时，应立即卖出，以减少更大的损失。

6.1.2　成交量和持仓量

成交量显示的是每分钟内的所有成交手数，注意其单位不是金额，而是成交手数。成交量柱体的高低，反映了资金交易的积极性。成交量柱体越高，表明多空交战的激烈程度越大；成交量柱体较低，表明多空都处于休整状态。

从白银 T+D，2016 年 9 月 22 日的分时走势图来看，成交量柱体时而放大，时而缩短，这表明资金一会儿集中介入，一会儿又处于暂缓交易状态。

对成交量的分析，主要关注其放量的程度以及柱体放长时的连续性，也就是通常所说的是否放量，以及量能放大时是否可以延续。

> 提醒：成交量所衡量的是迫切性，它是市场上投资者之交易需求所产生的结果，因为在市场上没有比亏损部位来的更紧迫的事情。从任何图形分析，都可以看出市场输家正在做什么，所以技术操作者都会监视市场中的迫切性（也就是成交量），以评估当时价格方向的强度（上涨、下跌或盘整）。

持仓量指的是买入（或卖出）的头寸在未了结平仓前的总和，一般指的是买卖方向未平合约的总和，也叫订货量。

持仓量的变化，意味深长，为了掌握其中的奥秘，我们需要了解一下每笔交易是如何影响持仓量的。每一笔交易完成后，持仓量就会有三种可能变化，分别是增加、减少和不变。下面来看一下这些变化是如何发生的，如表6.1所示。

表 6.1　每一笔交易对持仓量的影响

买方	卖方	持仓量变化
买进新多头头寸	卖出新空头头寸	增加
买进新多头头寸	卖出原有多头头寸	不变
买回原有空头头寸	卖出新空头头寸	不变
买回原有空头头寸	卖出原有多头头寸	减少

下面对表中的信息进行解释。

第一种情况是，买方买进新多头头寸和卖方卖出新空头头寸，这表明市场中有人加入了做多队伍，同时有人加入了做空队伍，持仓量增加，也表明参与多空对决的人越来越多，市场中的资金越来越多。

第二种情况是，买方买进新多头头寸和卖方卖出原有多头头寸，这表明有人加入了做多队伍，但同时也有人退出了做多队伍，持仓量不变，也表明参与多空对决的人不变，市场中的资金没有增加也没有减少。

第三种情况是，买方买回原有空头头寸和卖方卖出新空头头寸，这表明有人退出了做空队伍，但同时也有人加入了做空队伍，持仓量不变，也表明参与多空对决的人不变，市场中的资金没有增加也没有减少。

第四种情况是，买方买回原有空头头寸和卖方卖出原有多头头寸，这表明有人退出了做空队伍，但同时也有人退出了做多队伍，持仓量减少，也表明参与多空对决的人在减少，市场中的资金在减少。

所以，投资者在每个交易日结束之后，通过观察持仓量的变化，就能确定资金到底是流入白银市场，还是流出白银市场。根据这个信息，我们就能对当前趋势的强或弱程度做出一些推测。

6.1.3 盘口数据和成交明细

在分时图界面的右侧上半部分，显示了盘口数据，包括五档卖盘等候显示栏、五档买盘等候显示栏、最新、均价、涨跌等信息。白银 T+D 的盘口数据如图 6.5 所示。

白银 T+D (AgT+D)			
卖五	4336	1339	
卖四	4335	1247	
卖三	4334	1320	
卖二	4333	2651	
卖一	4332	1667	
买一	4331	2696	
买二	4330	2266	
买三	4329	983	
买四	4328	983	
买五	4327	2582	
最新	4332	均价	4340
涨跌	78	昨结	4254
幅度	1.83%	开盘	4309
总手	8856398	最高	4372
现手	10	最低	4297
涨停	4594	跌停	3913
金额	384.37亿	量比	2.15
外盘	4276346	内盘	4580052

• 图 6.5 白银 T+D 的盘口数据

下面来解释一下各名词的意义。

1. 五档卖盘等候显示栏

五档卖盘等候显示栏，是 5 个挂卖出委托单队列，即从卖五到卖一，如图 6.6 所示。

卖五	4336	1339
卖四	4335	1247
卖三	4334	1320
卖二	4333	2651
卖一	4332	1667

• 图 6.6 五档卖盘等候显示栏

卖盘是按照"价格优先，时间优先"的原则，谁卖出的报价低谁就排在前面，如卖出价格相同，谁先报价谁就排在前面，并且是由计算机自动计算，是绝对公平的。卖盘1后面的数值是卖出价格（4332），再后面的数值是卖出手数（1667）。

五档卖盘是空头主力的前沿阵地，是投资者委托卖出筹码的交易数据动态显示区。五档卖盘中实时出现的卖出委托单量的动态变化，可以清楚地反映当时盘中卖出力量的变化。

当五档卖盘的委托单量小于五档买盘的委托单量时，说明卖方力量弱，价格可能出现上升；当五档卖盘的委托单量大于五档买盘的委托单量时，说明卖方力量强，价格可能出现下跌；当五档卖盘的委托单量等于五档买盘的委托单量时，说明买卖方力量均衡，价格很可能出现僵局。

> 提醒：五档卖盘的上述意义仅适用于常规行情，但并不能真实反映价格在主力控盘状态的操作意图，所以在临盘实战中，要结合其他分析技术。

2. 五档买盘等候显示栏

五档买盘等候显示栏位于五档卖盘等候显示栏的下方，是5个挂买入委托单队列，即从买一到买五，如图6.7所示。

买一	4331	2696
买二	4330	2266
买三	4329	983
买四	4328	983
买五	4327	2582

● 图6.7 五档买盘等候显示栏

买盘也是按照"价格优先，时间优先"的原则，谁买入的报价高谁就排在前面，如买入价格相同，谁先报价谁就排在前面。买盘1后面的数值是买入价格（4331），再后面的数值是买入的手数（2696）。

五档买盘是多头主力的前沿阵地，是投资者委托买入筹码的交易数据动态显示区。五档买盘中实时出现的买入委托单量的动态变化，可以清楚地反映当时盘中买入力量的变化。

3. 其他名词解释

在五档买盘等候显示栏下方有很多盘口名词，如图 6.8 所示。

最新	4332	均价	4340
涨跌	78	昨结	4254
幅度	1.83%	开盘	4309
总手	8856398	最高	4372
现手	10	最低	4297
涨停	4594	跌停	3913
金额	384.37亿	量比	2.15
外盘	4276346	内盘	4580052

● 图 6.8 五档买盘等候显示栏下方的盘口名词

（1）最新：即最新价格，是指刚刚成交的一笔交易的成交价格。

（2）均价：是指当天开盘以来买卖双方成交的平均价格，其计算公式如下：

$$均价 = 成交总额 \div 成交量$$

（3）涨跌：是指现在的最新价格与前一天收盘价相比，涨跌的钱数。

（4）昨结：是指上一个交易日的结算价格，在当天的行情变化中，它是固定不变的。

（5）幅度：是指现在的最新价格与前一天收盘价相比，涨跌幅度的百分数。

（6）开盘：即开盘价，是指当天第一笔交易的成交价格。

（7）总手：是指从当天开盘以来所成交的全部手数。

（8）最高：是指当天开盘以来各笔成交价格中最高的成交价格。收盘时"最高"后面显示的价格是当日成交的最高价格。

（9）现手：是指当前成交的这一笔交易的成交量。

（10）最低：是指当天开盘以来各笔成交价格中最低的成交价格。收盘时"最低"后面显示的价格是当日成交的最低价格。

（11）涨停：是指以上一天的收盘价增加 7%。

（12）跌停：是指以上一天的收盘价减少 7%。

（13）金额：指当天开盘以后成交的总金额。

（14）量比：是指当天开盘以后每分钟平均成交量与过去 5 个交易日每分钟平均成交量之比，其计算公式如下：

量比 = 现成交总手 ÷ [过去 5 个交易日每分钟平均成交量 × 开盘以来累计开盘时间（分钟）]

> 提醒：量比在 0.5~1 为正常；在 1.5 以上为温和放量；在 3 以上为明显放量；在 5 以上为剧烈放量。

（15）外盘：又称主动性买盘，是以卖出的报价成交。当外盘累计数量比内盘累计数量大很多，并且价格上涨，说明很多人在抢着买进。

（16）内盘：又称主动性抛盘，当内盘累计数量比外盘累计数量大很多，并且价格下跌，说明很多人在争先恐后地卖出。

在分时走势图右下角是成交明细，即可以看到每笔交易的时间、价格、现量，如图 6.9 所示。

利用成交明细，投资者可以更细微地体会分时图的价格走势，更真切地观察主力的盘中异动。

白银主力的盘口数据，大多数与白银 T+D 是一样的，但也有几个数据不同，白银主力的盘口数据如图 6.10 所示。

北京	价格	现手
14:55	4332	24
14:55	4332	8
14:55	4332	100
14:55	4332	2
14:55	4331	284
14:55	4332	156
14:55	4332	40
14:55	4332	60
14:55	4332	10

白银主力 (011090)

卖出	4386	1	
买入	4385	10	
最新	4385	结算	4397
涨跌	77	昨结	4308
幅度	1.79%	开盘	4400
总手	959772	最高	4430
现手	2	最低	4352
涨停	4566	跌停	4049
持仓	609332	仓差	-33770
外盘	471883	内盘	487889

● 图 6.9　成交明细　　● 图 6.10　白银主力的盘口数据

下面来解释一下不同于白银 T+D 的名词。

（1）卖出：是指当前最低卖出价。

（2）买入：是指当前最高买入价。

（3）结算：即均价，是指当天开盘以来买卖双方成交的平均价格，其计算公式如下：

均价 = 成交总额 ÷ 成交量

（4）持仓：是指从当天开盘以来仍没有平仓的手数。

（5）仓差：是持仓差的简称，指持仓量与昨日收盘价对应的持仓量的差。为正则是今天的持仓量增加，为负则是持仓量减少。持仓差就是持仓的增减变化情况。

6.2 均价线应用技巧

均价线在白银交易过程中，具有非常重要的作用。均价线虽然仅仅是一条平滑的线，但它在即时短线分析中具有很重要的参考作用。另外，均价线还是当天结算价在盘中不断变化的体现，由于涉及资金的持仓成本，所以其具有很多重要的特征。

6.2.1 均价线的助涨功能

均价线代表了当天某一时刻入场资金的平均持仓成本，而当天操作的资金数量由于庄家占据了绝大多数的份额，因此，均价线可以说是庄家持仓成本线。

如果价格已形成明显的上涨趋势，场外资金会积极进场做多，新入场的资金不断促进价格上涨，并抬高了市场的平均持仓成本。

由于均价线是多方资金的平均最低持仓成本，所以，多方肯定不希望价格跌破自己的持仓成本。因此，每当价格回落到均价线附近时，多方就会介入，从而把价格拉起。当价格远离均价线时，多方会主动获利了结，从而造成价格回落，当价格回落到均价线附近时，多方会再度介入，就这样价格形成了良性循环，不断震荡上行。

价格上涨时，进场做多，就好比顺水行舟，如果再遇上顺风，小舟自然会更快速地前行。这个顺风就可以理解为均价线的助涨功能。

图 6.11 是白银 T+D 的 2016 年 5 月 11 日至 6 月 28 日的日 K 线图。

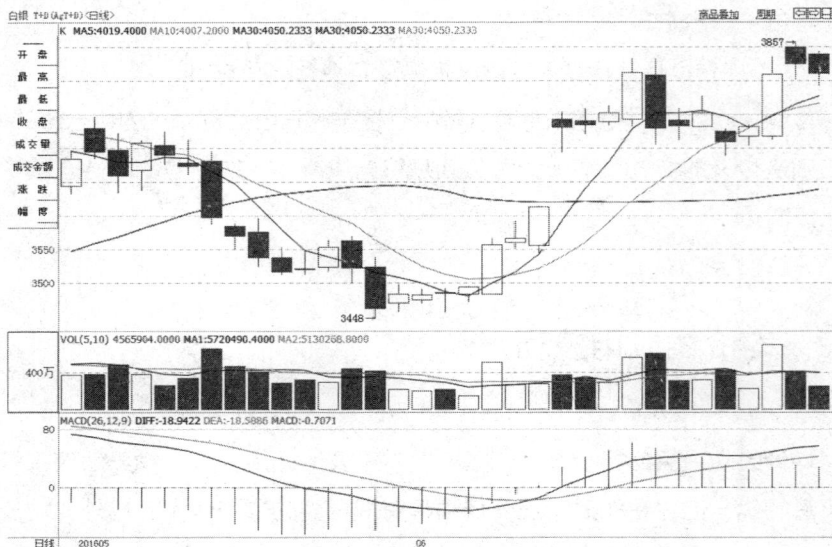

●图 6.11　白银 T+D 的 2016 年 5 月 11 日至 6 月 28 日的日 K 线图

从日 K 线图上看，价格处在明显的上涨行情中，所以这里可以继续沿着 5 日均线看多做多，所以第二个交易日，即 6 月 29 日，继续逢低做多。

图 6.12 是白银 T+D 的 2016 年 6 月 29 日的分时走势图。

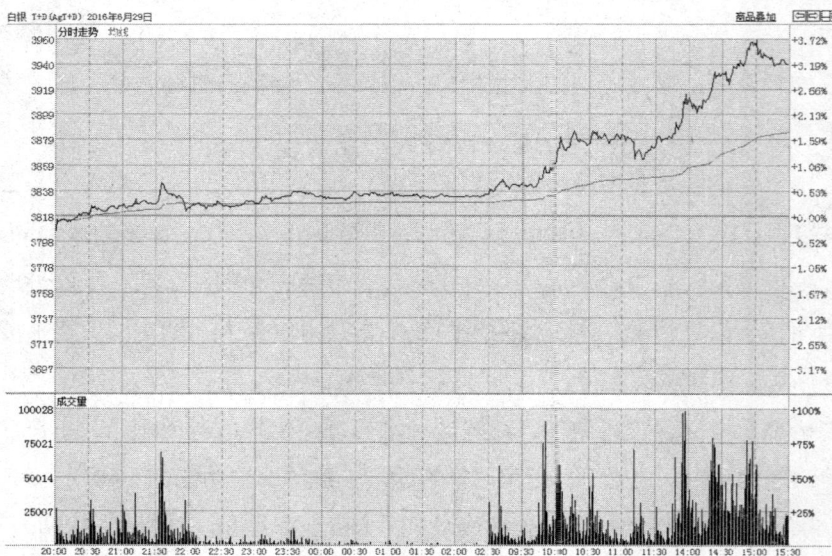

●图 6.12　白银 T+D　2016 年 6 月 29 日的分时走势图

白银 T+D 的 2016 年 6 月 29 日出现了单边上涨行情，价格开盘略低，但开盘就是一个急拉，然后不断上涨，这为交易者提供了绝好的赢利机会。

从分时走势图来看，从晚上 21:00 开盘以来，价格就保持单边上涨格局，虽然也有回调，但回调力度很小，每回调到均价线附近，价格就会得到支撑再度上行。

当然，随着价格的不断上行，均价线也形成了明显的上涨趋势，一旦均价线形成了某种趋势，那么，它的方向也很难逆转。

在价格震荡上涨之时，如果均价线形成了明显的上涨趋势，这时的均价线就起到明显的支撑作用。即每当价格回调到均价线附近时，就会有新资金进场做多，所以这时的均价线就有助涨功能。

所以，当分时线和均价线保持同步上行时，做多是唯一选择，这样操作是最安全的，并且可以获利丰厚。

6.2.2 均价线的助跌功能

在价格处于明显的上涨趋势之中，均价线具有助涨功能；而在价格处于明显的下跌趋势之中，均价线就有助跌作用。

在均价线形成明显的下跌趋势时，就会促使分时线价格继续下跌，并且很容易出现快速下跌行情。原因是：均价线的下行，表明市场平均持仓成本在不断降低，已入场的空头获利不断增加，持仓更加坚定；而场内的多头由于亏损不断加大，心中非常恐慌，在这种状态下，多头很容易止损出局，从而加大卖方力量，从而使价格快速下跌。

如果均价线和分时线都处在明显的空头趋势中，我们就要坚持逢高做空的思维，千万不要认为，价格低了，不急着进场抄底。如果你抄底，你就会发现，低了还有更低，特别是被套后，不及时出来，很容易套的越来越深。

图 6.13 是白银 T+D 的 2016 年 7 月 11 日至 8 月 24 日的日 K 线图。

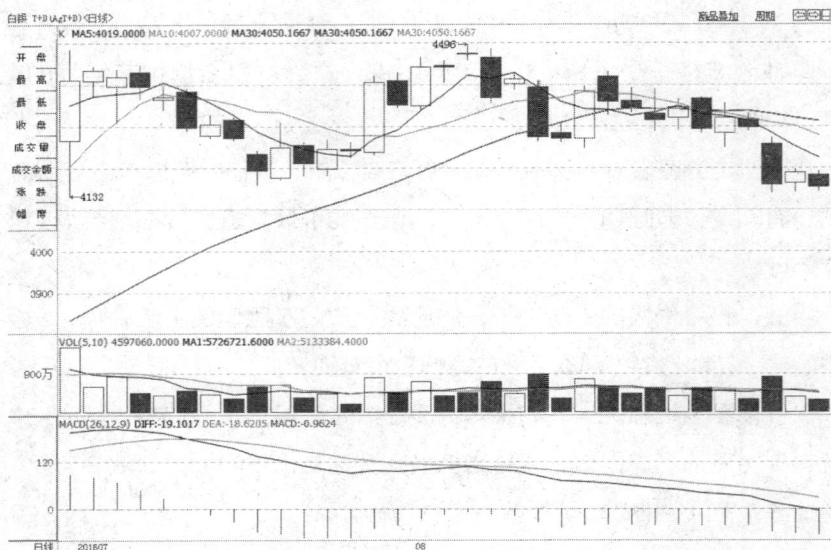

● 图 6.13　白银 T+D 的 2016 年 7 月 11 日至 8 月 24 日的日 K 线图

从日 K 线图上看，价格处在明显的下跌行情中，所以这里可以继续沿着 5 日均线看空做空，所以第二个交易日，即 8 月 25 日，继续逢高做空。

图 6.14 是白银 T+D 的 2016 年 8 月 25 日的分时走势图。

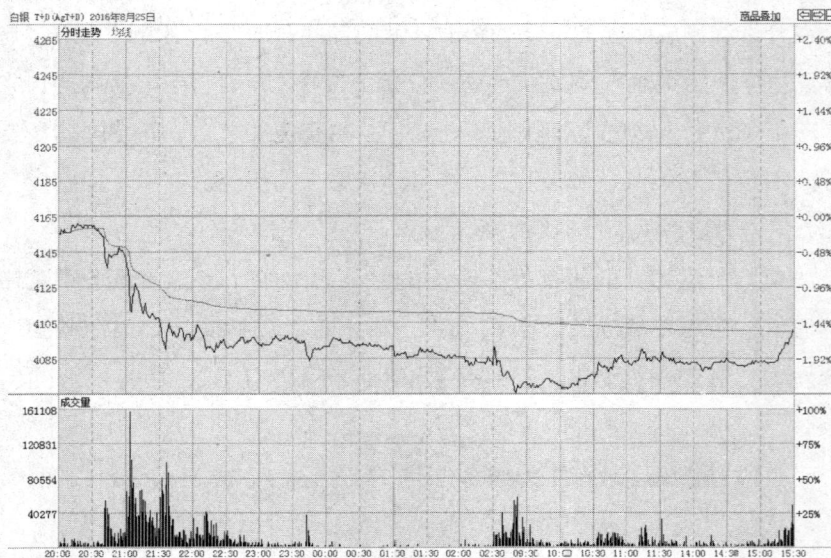

● 图 6.14　白银 T+D 的 2016 年 8 月 25 日的分时走势图

白银 T+D 的 2016 年 8 月 25 日出现了单边下跌行情，价格开盘略做震荡之后，就开始下跌，这为交易者提供了绝好的赢利机会。

白银 T+D 晚上 8:00 开盘后，略反弹，但反弹力量很弱，然后价格跌破均价线，开始新的下跌行情。

在价格下跌过程中，均价线也跟着下行，每当价格反弹到均价线附近时，就会有新的资金进场做空，从而造成价格继续下跌。

价格经过一波急跌之后，价格虽有反弹，但仍在均价线下方，所以每次快速反弹，都是不错的做空机会。

> 提醒：均价线的波动相对稳定，改变分时线的趋势相对容易，但扭转均价线的趋势却比较难。所以，一旦均价线下行，就要坚持逢高作空的思维，这样操作比较安全，并且往往会有意外惊喜。

6.2.3　利用均价线捕捉做空点位

如果价格处于明显的下跌趋势中，这里的均价线就成为多方头上的一把利剑。即每当价格反弹到均价线附近时，价格就会受压下行。有时，价格会上攻到均价线上涨，但很快就会再回到均价线下方，因为均价线的方向是很难改变的。

所以，当均价线趋势向下时，分时线无力向上突破均价线时，我们就可以利用均价线捕捉做空位置。

利用均价线捕捉做空点位有三种情况：

第一种：价格反弹的高点正好与均价线完全重合，并由此开始继续下跌。

第二种：价格反弹的高点离均价线还有一些距离，并未完全挨住均价线，这是最为强势的压力形态。

第三种：价格反弹的高点向上突破均价线，但很快又重新回到均价线下方。

图 6.15 是美白银连（SLNC）的 2013 年 11 月 18 日的分时走势图。

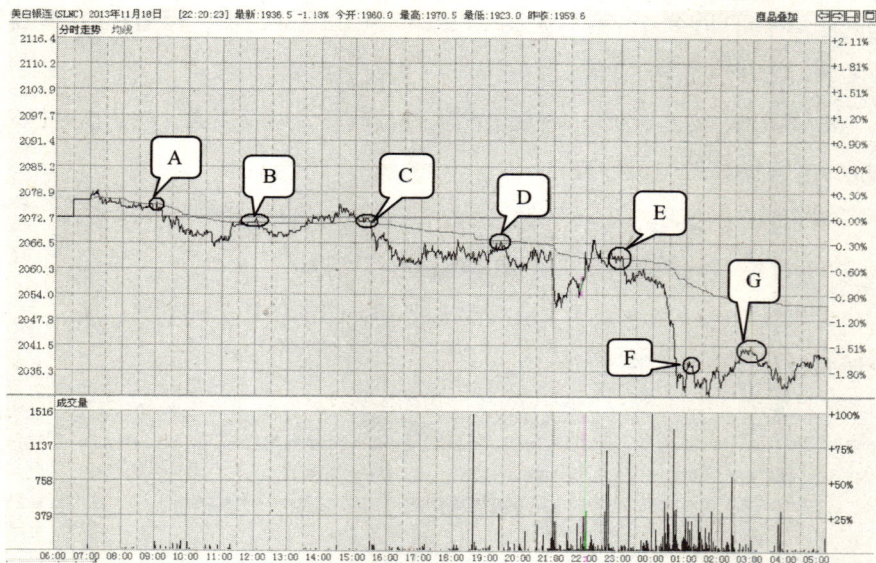

• 图 6.15　美白银连（SLNC）的 2013 年 11 月 18 日的分时走势图

美白银连开盘后，价格先是在高位震荡一下，然后就跌破了均线价，然后价格就开始沿着均线价下行，所以每当价格反弹到均价线附近时，就是不错的做空机会，即 A 和 B 处，都是不错的做空机会。

在 C 处，价格先是反弹到均价线上方，随后价格再度震荡跌破均价线，所以 C 处也是不错的做空位置。

在 D 处，价格正好反弹到均价线附近，所以这是极佳的做空位置。

在 E 处，价格先是反弹到均价线上方，随后价格再度震荡跌破均价线，所以 E 处也是不错的做空位置。从其后走势后，价格在 E 处跌破均价线后，来了一波大幅下跌。所以如果在 E 处也重仓做空，短时间就会有丰厚的投资收益。

价格快速下跌后，又出现了快速反抽，反弹高点也是不错的做空位置，即 F 和 G 处。

6.2.4　利用均价线捕捉做多点位

如果价格处于明显的上涨趋势中，这里的均价线就成为多方的一个重要动态支撑位置。即每当价格回落到均价线附近时，价格就会再度得到支撑而上涨。有时，价格会回落到均价线下方，但很快就会再回到均价线上方，因为均价线的方向是很难改变的。

所以，当均价线趋势向上时，分时线回落到均价线附近时，我们就可以利用均价线捕捉做多位置。

利用均价线捕捉做多点位有三种情况：

第一种：价格回调的低点与均价线完全重合，并由此开始上涨。

第二种：价格回调的低点离均价线略有一些距离，并未完全挨住均价线，这是最强势的支撑形态。

第三种：价格回调的低点跌破了均价线，但很快又重新回到均价线的上方。

图 6.16 是白银 T+D 的 2014 年 3 月 7 日的分时走势图。

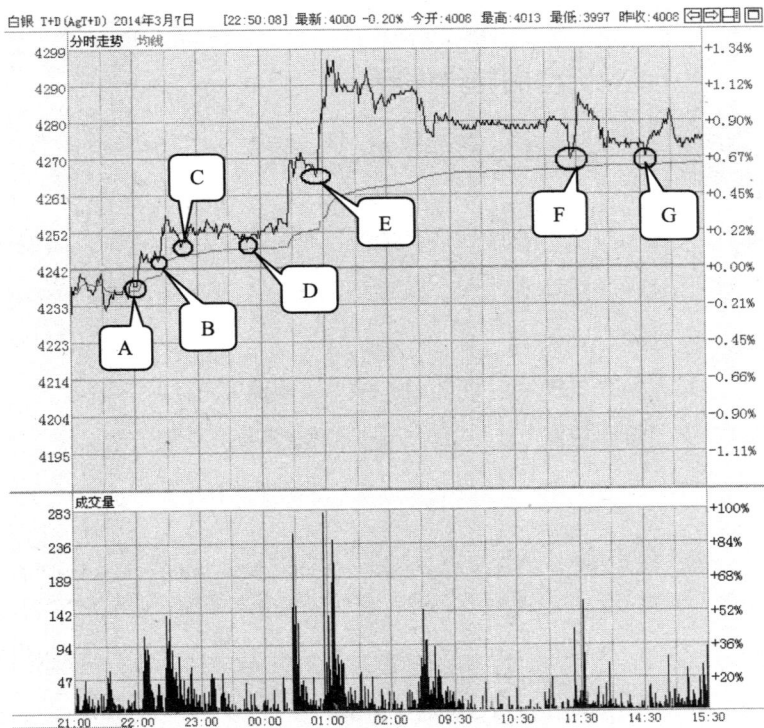

● 图 6.16　白银 T+D 的 2014 年 3 月 7 日的分时走势图

2014 年 3 月 7 日白银 T+D 开盘后，价格先是围绕着均价线震荡，然后在 A 处，价格站在均价线上方，并且站稳了，所以 A 处可以轻仓介入多单。

随后价格来了一波拉升，回调还是很小，并且仍在均价线上方，所以 B 处，也是不错的加仓做多位置。

接着价格再度拉涨，均价线跟着上升，价格始终在均价线上方，所以每当价格回调到均价线附近时，就是不错的做多位置，即 C 和 D 处。

随后价格再度拉涨，并且涨幅较大，这表明上涨力量仍很强，所以只要回调不破均价格仍可以做多，所以 E 处，也是不错的做多位置。

在 E 处启稳后，价格再度拉涨，并且涨幅很大。需要注意的是，这里已经过三波上涨，所以短线多单要及时盈利，等价格回调到均价线附近，再进多。

从其后走势看，价格开始震荡回落，回落到均价线附近，即 F 和 G 处，又是进多单机会。

6.2.5　均价线对价格的制约作用

均价线除了助涨、助跌、捕捉做多和做空点位处，均价线对价格还有制约作用。

均价线代表了资金持仓成本线，所以当价格在上涨行情中，如果分时线远离均价线，这样多单盈利丰厚，就会获利了结，就会造成价格下跌，即均价线会制约分时线的上涨。

当然，如果价格处在明显的下跌行情中，如果分时线远离均价线，这样空单盈利丰厚，就会获利了结，就会造成价格反弹，即均价线会制约分时线的下跌。

> 提醒：如果价格处于震荡上涨和震荡下跌的行情之中，均价线对价格的制约作用是很明显的。但如果在强势上涨或强势下跌行情之中，由于盘中的资金当天资金坚决，价格就很难向均价线靠拢，即均价线对价格的制约作用很弱。

图 6.17 是美白银连（SLNC）的 2013 年 8 月 29 日至 2014 年 1 月 23 日的日 K 线图。

●图 6.17 美白银连（SLNC）2013 年 8 月 29 日至 2014 年 1 月 23 日的日 K 线图

从日 K 线图上看，价格处在明显的震荡行情中，所以这里只能高抛低吸，做短线操作。

图 6.18 是美白银连（SLNC）的 2014 年 1 月 24 日的分时走势图。

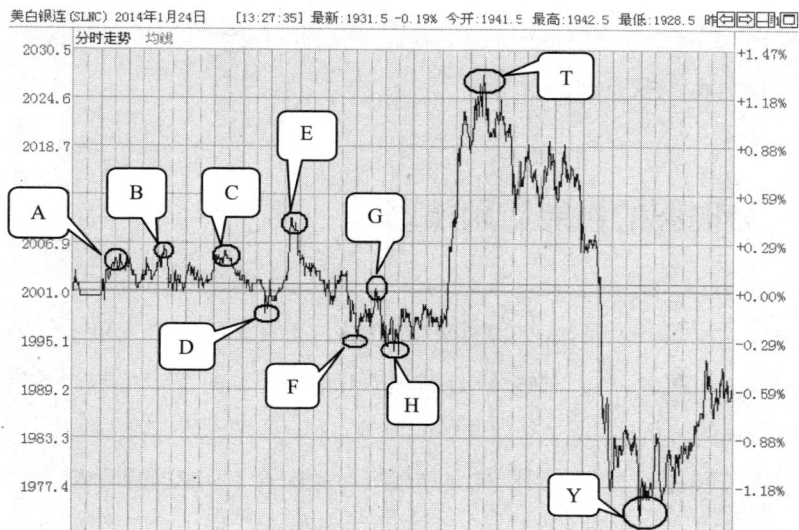

●图 6.18 美白银连（SLNC）的 2014 年 1 月 24 日的分时走势图

美白银连（SLNC）开始就围绕均价线开始小幅震荡，即每当价格离均价线4个点左右时，价格就会受到均价线的制约，而回调到均价线附近，即A、B处和C处，这些都是可以轻仓介入空单的位置，但需要注意，当下跌到均价线附近时，要及时止盈。

在D处，价格跌破了均价线，但均价线的方向没有变化，所以这里可以轻仓介入多单，看价格回到均价线附近。

从其后走势来看，价格在D处启稳后，价格就开始快速上涨，并且快速突破了均价线，上涨到E处。由于E处已远离均价线了，所以在E处，多单要及时止盈。

价格远离均价线必回调，结果价格不断震荡下跌，又跌破了均价线，下跌到F处，价格启稳，再反弹到均价格附近，即G处，所以G处是轻仓介入空单的位置。

随后价格再度下跌，又跌破H处，价格得到启稳。接着价格略作震荡后，就开始快速拉涨。由于当前是震荡行情，所以当价格远离均价线时，多单要及时止盈。即T处。

接着价格就开始震荡下跌，最后还跌破了均价线，最低下跌到Y处。由于当前是震荡行情，所以当价格远离均价线时，空单要及时止盈。

总之，当价格处于震荡行情时，我们可以利用均价线对价格的制约作用，结合其他技术，进行反向操作。

6.3 分时图的量能应用技巧

量价关系是"量是因，价是果；量在先，价在后"，成交量是价格变动的内在动力。所以，我们在分析分时图的分时线、均价线走势时，不能忽略了对成交量的分析。

白银价格波动时，如果没有成交量的有效配合，那么当前价格的趋势性就一定很差。下面我们来详细讲解一下成交量的分析方法。

6.3.1　上涨量能分析

白银价格如果在上涨过程中得到成交量的有效配合，那么价格就会越涨越高，持有白银多单，就会给我们带来丰厚的投资回报。那么上涨过程中，成交量的有效配合到底是什么呢？其实有两点，具体如下：

第一：在白银价格上涨时，成交量要求连续并且温和地放大，价格涨得越高，成交量放得越大。

第二：在上涨途中，价格出现调整走势时，成交量要明显地萎缩，调整结束，价格再度上涨时，要求成交量再度温和连续放量。

白银价格在上涨过程中，只要成交量保持这种技术形态，我们一定要耐心持有手中的多单，直到成交量的形态发生明显的改变，这样我们就可以实现赢利最大化。

图 6.19 是白银 T+D 的 2013 年 12 月 10 日的分时走势图。

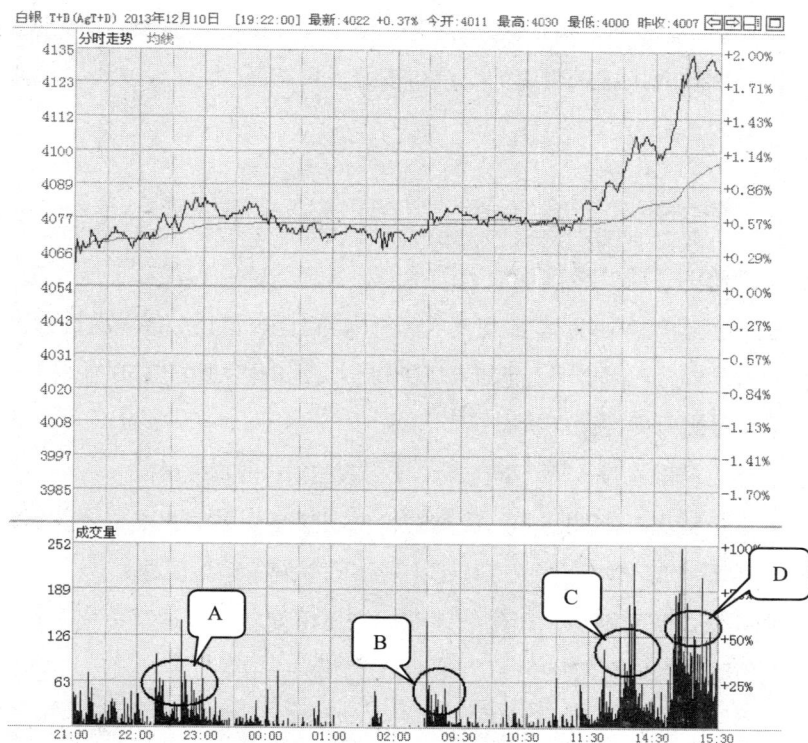

●图 6.19　白银 T+D 的 2013 年 12 月 10 日的分时走势图

白银 T+D 的价格在 2013 年 12 月 10 日出现了大幅上涨的走势，很难想象，如果没有成交量的有效配合，价格可以出现这样的上涨行情。

晚上 9∶00 开盘后，价格先是震荡，然后就是放量拉涨，而回调是缩量，接着再度放量拉涨，这说明上涨量能形态非常完美，即 A 处。像这样的量能形态，调整后还会上涨。

白银 T+D 晚上交易到 23∶00 后，由于国内投资者还要休息，所以交易就不太活跃，成交量自然就会较小。

第二天早上 9∶00 开盘，成交量会再度放大，即 B 处。在这里可以看到，价格再度放量上涨，回调仍是缩量，这表明价格仍会继续上涨，所以手中的多单要耐心持有。

下午 13∶30 开盘后，价格再度放大量上涨，并且上涨速度很快，涨幅很高，而回调时，量能虽然也较大，但与上涨时相比，要小很多，这表明上涨是良性的，价格还会上涨。即 C 处。

下午 14∶50 左右，价格再度快速拉涨，成交量仍是很大，直到收盘，成交量仍是比较大，这表明量价配合得很好，价格还会上涨，所以多单仍可以持有，即 D 处。

> 提醒：当然如果你怕风险，可以先获利止盈一部分，也可以全部止盈，晚上再找机会做多单。

价格上涨时，成交量出现放大的状态，并且价格涨得越高，成交量放得越大，这种量能形态说明，资金高度认可价格的上涨。因此，每一次价格上涨，都会吸引一批资金入场做多，而新入场的资金又给价格提供了新的上涨动力，从而形成一种量价良性循环状态。

在价格上涨时，成交量不断放大，这只是量能有效配合的一部分。价格上涨时，难免会出现回调走势，调整时，成交量是否萎缩也是相当关键的。从图 6.19 来看，每次调整，成交量都出现不同程度的缩量现象。

上涨放量、调整缩量、调整结束时成交量再度放大，这是价格上涨时，成交量有效配合的形态特征。

6.3.2 下跌量能分析

白银价格如果在下跌过程中得到成交量的有效配合，那么价格就会越跌越深，持有白银空单，就会给我们带来丰厚的投资回报。那么下跌过程中，成交量的有效配合到底是什么呢？其实有两点，具体如下：

第一：在白银价格下跌时，成交量要求连续并且温和地放大，价格跌得越深，成交量放得越大。

第二：在下跌途中，价格出现反弹走势时，成交量要明显地萎缩，反弹结束，价格再度下跌时，要求成交量再度温和连续放量。

白银价格在下跌过程中，只要成交量保持这种技术形态，我们一定要耐心持有手中的空单，直到成交量的形态发生明显的改变，这样我们就可以实现赢利最大化。

图 6.20 是白银 T+D 的 2014 年 3 月 18 日的分时走势图。

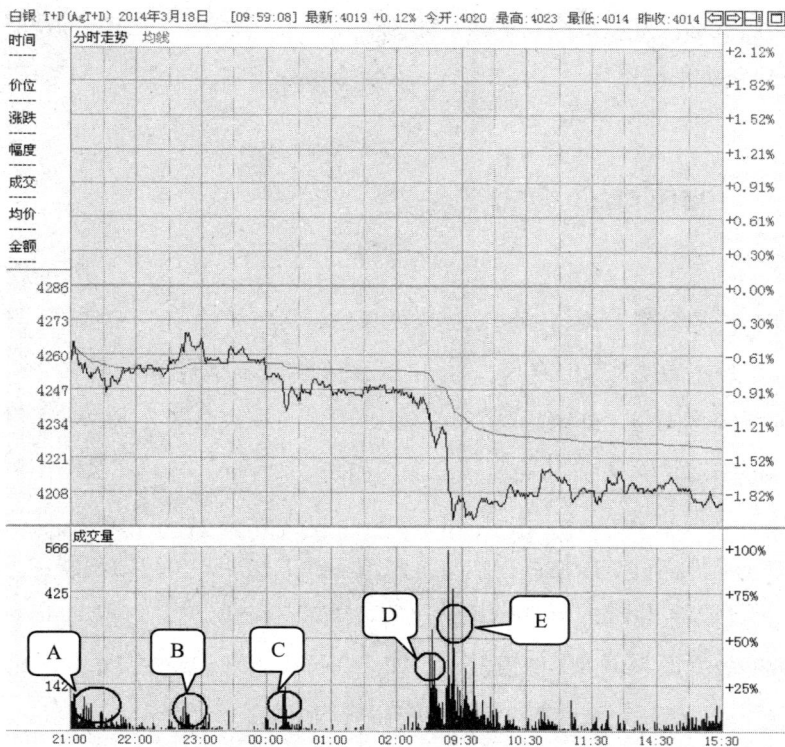

● 图 6.20　白银 T+D 的 2014 年 3 月 18 日的分时走势图

2014 年 3 月 18 日，白银 T+D 晚上 9∶00 开盘后，整体保持窄幅震荡的走势，在这个区间，成交量没有明显的连续放量或缩量现象。由于成交量没有形成连续放大的状态，所以价格不会有太大波动。

但在整个波动过程中，成交量相对是良性的，即价格下跌时放量，如 A 处，而在上涨量也略有放量，但放量不大，如 B 处。但需要注意的是 C 处，价格来了一波快速下跌，并且跌破均价线，成交量放的有点大。

随后价格无量震荡，并且价格始终在均价线下方，这表明空方始终占据主动和优势。接着成交量形成连续放大的状态，与此同时，分时线快速向下滑落，整体走势形成经典的放量下跌走势，即 D 处。

在分时线不断向下、成交量不断放大的过程中，我们一定要耐心持有空单，或积极的进场做空。

第一轮下跌后，价格略做反弹，但反弹时，成交量很小，这表明反弹不会太大，还会继续下跌。

随后价格再度放量快速下跌，即 E 处。只要下跌量能放大，耐反弹量能缩小，价格就很难反弹上去，即价格后市仍会继续下跌。以耐心持有空单为主。

6.4　分时图的突破应用技巧

实战交易高手，都特别喜欢突破做单法，因为价格实现了突破，意味着新的行情开始启动，及时介入，短时间就会有相当丰厚的投资收益。

需要注意的是，如果是真正的突破，投资者在突破时介入，就可以轻松盈利。但如果是假突破，那么一入场，可能就会亏损，并且不及时出局，可能会亏损仍大。

首先，价格真突破往往出现于上涨或下跌的初期，也可以出现在上涨或下跌的中期，在此期间，由于价格波动的规律还没有结束，所以这期间的突破，真突破的概率很大。需要注意的是，如果在价格出现较大幅度、较长时间的涨跌之后，再出现突破走势，就很容易出现假突破。

其次，价格在真突破时，量能都是有效配合。即价格在突破时，一般都有成交量的持续放大。如果量能不配合，价格很易出现假突破。

最后，判断真假突破，还要整体了解一下价格的多空性质。如果在明显的空头行情之中，价格向上突破，往往是假突破，而向下突破，往往是真突破。如果在明显的多头行情之中，价格向上突破，是真突破的概率很大，而向下突破，很可能是假突破。

图 6.21 是白银 T+D 的 2013 年 10 月 24 日至 11 月 12 日的日 K 线图。

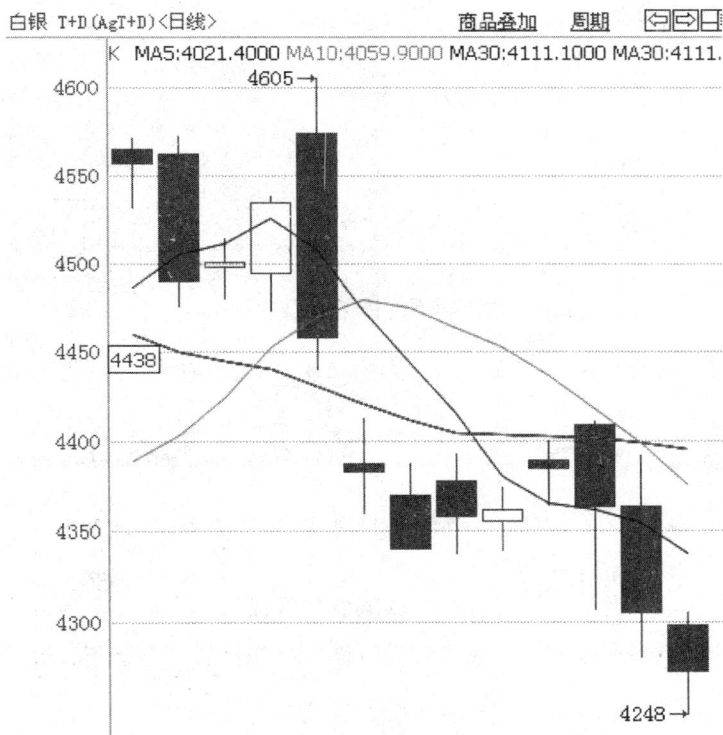

• 图 6.21　白银 T+D 的 2013 年 10 月 24 日至 11 月 12 日的日 K 线图

从日 K 线图上看，白银 T+D 的价格处在明显的下跌行情之中，所以做交易，一定要顺势而为，坚持逢高做空。

图 6.22 是白银 T+D 的 2013 年 11 月 13 日的分时走势图。

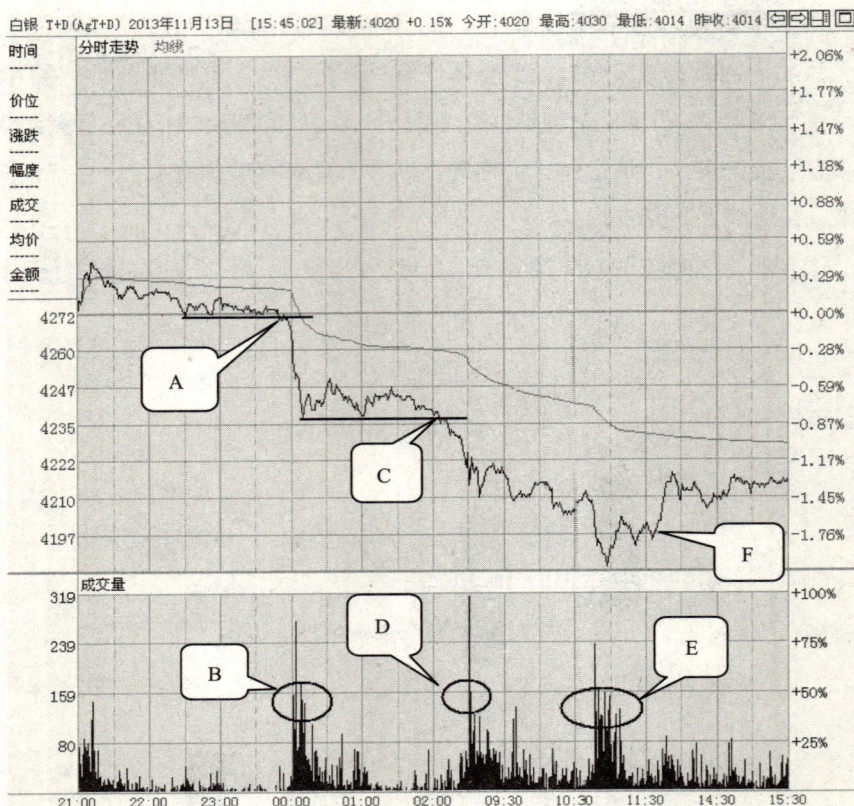

● 图 6.22　白银 T+D 的 2013 年 11 月 13 日的分时走势图

　　2013 年 11 月 13 日，白银 T+D 的价格开盘就句上冲，但随后价格就开始震荡下跌，先是跌破均价线，随后价格就在均价线下方运行，这表明空方力量很强，所以以盘中反弹做空为主。

　　在 A 处，价格小幅震荡较长时间后，开始快速下跌，并且成交量连续放大即 B 处。这表明新的一波下跌开始，要及时跟进空单，短时间就会有不断的投资收益。

　　一波快速杀跌之后，价格开始小幅震荡，需要注意的是，价格仍在均价线下方，并且震荡时的成交量明显缩量，这时明显的下跌量能形态。即下跌放量，反弹缩量，价格还会下跌，所以手中的空单可以耐心持有，如果手中没有空单，仍可以继续介入空单。

　　在 C 处，价格再度向下突破下跌，并且量能连续放大，即 D 处，所以可以继续介入空单，如果手中有高位空单，可以继续持有。

从其后走势看，价格一波一波下跌，在 E 处，价格连续放量后，开始快速反弹，虽有回调，但不再创新低，而是低点越来越高，即 F 处。另外，成交量也没有放大量，这意味这个交易日的下跌已结束，所以手中的空单可以止盈一部分，逢高再补回，也可以耐心持有，等待下个交易日的下跌。

第 7 章

白银日内短线交易的分时图
实战技巧

　　白银市场是风险市场,价格是千变万化,但也有一些明显的规律
不断重复出现。掌握价格波动的基本规律,对提高我们的操作成功率
是很有帮助的。

本章主要内容包括:

➤　分时图的三波上涨法则

➤　分时图的三波下跌法则

➤　分时图的幅度等长法则

➤　分时图的幅度不等长法则

➤　利用调整时间判断价格是否会继续上涨的技巧

➤　利用调整空间判断价格是否会继续上涨的技巧

➤　利用调整时的量能变化判断价格是否会继续上涨的技巧

➤　价格继续下跌的判断技巧

7.1　分时图的三波上涨法则

分时图的三波上涨法则是指，价格连续出现三波上涨之后，价格要么直接短线见顶，要么出现较长时间或形态较为复杂的调整走势。所以如果分时图中，价格经过三波上涨之后，就不要再盲目地追涨了，否则很容易把自己套在短顶上，如果不及时止损，可能会损失惨重。

分时图的三波上涨法则，来源于艾略特的波浪理论。价格的标准上涨浪形是，一浪上涨、二浪调整、三浪上涨、四浪调整、五浪上涨，即三个推动上涨浪形，两个调整浪形。

图 7.1 是白银 T+D 的 2016 年 6 月 7 日的分时走势图。

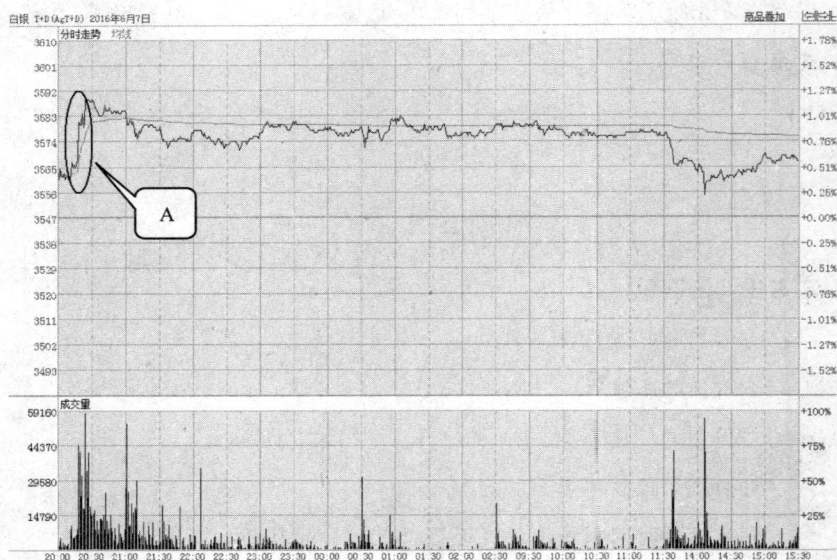

• 图 7.1　白银 T+D 的 2016 年 6 月 7 日的分时走势图

2016 年 6 月 7 日，白银 T+D 晚上 8：00 开盘后，价格先是小幅震荡，然后价格就开始一波明显的上涨行情，如果我们掌握了上涨波段的变化规律，就可以将多单持有到高点区间。

价格在上涨时，形成了明显的三波上涨，这是一个非常标准的上涨波段，其中一浪上涨和五浪上涨波段的幅度大致相等，而第三上涨波段幅度最长，完全符合艾略特的波浪理论对上涨浪的技术要求，即 A 处。

连续的上涨，一定会耗费多方的动能，因此三波上涨走势后，我们就不能再盲目追涨了，同时，应当留意随时会出现的调整。

> 提醒：由于上涨波段量能放大，而调整波段量能萎缩，并且价格始终在均价线上方，所以调整完毕后，仍可以介入多单。

图 7.2 是白银 T+D 的 2014 年 1 月 16 日的分时走势图。

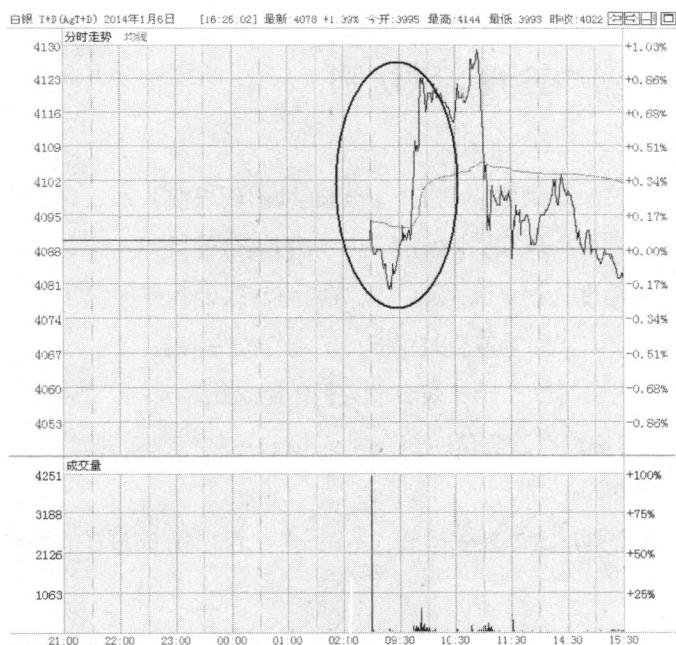

● 图 7.2　白银 T+D 的 2014 年 1 月 16 日的分时走势图

2014 年 1 月 16 日，星期一，白银 T+D 开盘先是一波快速下跌，随后价格就开始上涨，这一波上涨也是具有明显的技术性规律，价格正好连续上涨三波。这一波上涨是最易赚钱的机会。

三波上涨之后，再做多就要谨慎一些了，因为价格离均价线太远。并且价格经过三波上涨之后，如果形态不稳，极易出现反转走势。

从其后走势看，价格虽然三波上涨后，经过一波调整后，再启动一波上涨，并且这一波上涨，也符合明显的技术性规律。但如果不及时获利出现，一波快速下跌，就会把投资者的多单套在高位，这是相当痛苦的。

掌握了分时图的三波上涨法则，投资者就不易再出现明显的追涨错误操作了，并且价格的上涨高点区间也容易判断出来。

当然，并不是所有的上涨都必然会形成三波。在整体市场多头迹象非常明显，资金做多力度极大或量能配合很好的情况下，这种规律可能会打破。但只要把握住这三波上涨法则，就算错过了后期的上涨机会，也没有什么。毕竟市场中的机会到处都是。

7.2 分时图的三波下跌法则

分时图的三波下跌法则是指，价格连续出现三波杀跌之后，价格要么直接短线见底，要么出现较长时间或形态较为复杂的反弹走势。所以，如果分时图中，价格经过三波杀跌之后，就不要再盲目地看空做空了，否则很容易把自己套在短底上，如果不及时止损，可能会损失惨重。

分时图的三波下跌法则，对我们来说作用是比较大的，具体有三点：

第一：在价格没有跌到位时，我们可以耐心持有空单，并且可以顺势加空，从而实现利润最大化。

第二：在价格基本杀跌到位时，不再盲目地追空，而是及时地获利了结，从而确保利润到手。

第三：价格经过三波下跌之后，由于做空力量很弱了，所以在控制好风险的前提下，可以轻仓介入多单。

> 提醒：如果价格处于明显的下跌行情之中，价格经近三波下跌之后，也不要轻易抄底，否则也很易被套。如果价格处于震荡行情之中，价格经过三波下跌之后，可以去抄底，但也要控制好仓位和风险，毕竟做单要顺势而为。

图 7.3 是白银 T+D 的 2013 年 11 月 8 日的分时走势图。

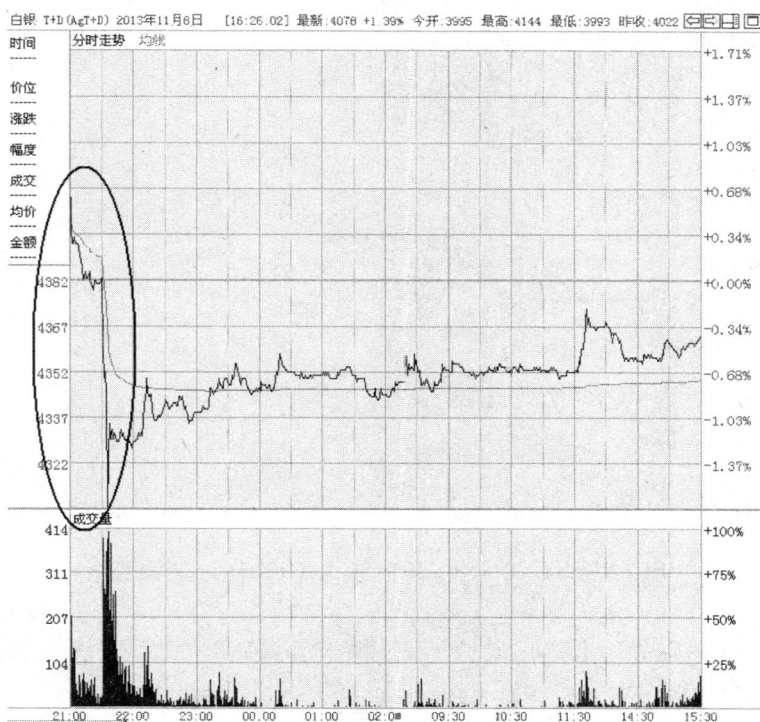

• 图 7.3　白银 T+D 的 2013 年 11 月 8 日的分时走势图

2013 年 11 月 8 日，白银 T+D 一开盘，价格就开始快速下跌，随后价格略做震荡，再度快速下跌，第二波下跌后，价格仍是小幅震荡，并且价格始终在均价线下方，然后开始了第三波恐怖式的下跌，成交量极大。

价格的下跌走势非常符合技术规律，即明显的三波下跌走势，所以在下跌初期，投资者可以大胆地沿着均价线看空做空。但需要注意的，三波下跌浪走完后，并且成交量放得太大，易反弹，所以空单要及时止盈，这样账户盈利就变成了真金白银了。

其实这三波下跌，能及时跟进，获利是相当丰厚的。

从其后走势来看，价格三波下跌之后，先是快速反弹，然后不再创新低，就开始震荡反弹了。

图 7.4 是白银 T+D 的 2016 年 8 月 15 日的分时走势图。

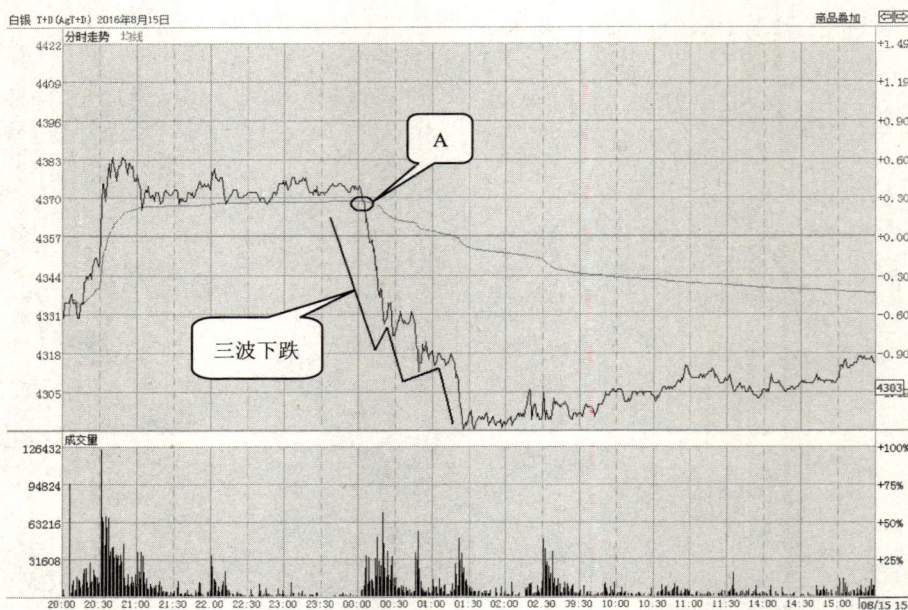

• 图 7.4　白银 T+D 的 2016 年 8 月 15 日的分时走势图

2016 年 8 月 15 日，白银 T+D 开盘略做震荡，然后出现了快速上涨，由图 7.4 可以看到，这一波上涨，也有明显的三波上涨特征。

三波上涨结束后，价格开始在高位震荡，注意价格在震荡过程中，始终在均价线上方。经过较长时间震荡之后，在 A 处价格跌破了均价线，这表明价格很可能要变空了，所以手中还有多单的朋友，要及时出局，并且可以反手做空。

价格跌破均价线后，开始快速下跌，即第一波下跌。接着价格出现了一小波反弹，但反弹很弱，然后进行了第二波快速下跌。随后价格出现了反弹，反弹仍很弱，接着又开始第三波下跌。需要注意的是，第三波下跌，成交量没有再创出大量，所以空单要及时止盈。

从其后走势来看，价格经过三波下跌之后，就开始了震荡走势，盈利模式比较复杂，不易操作。

所以三波下跌走势是最易赚钱的操作机会。

图 7.5 是白银 T+D 的 2013 年 12 月 19 日的分时走势图。

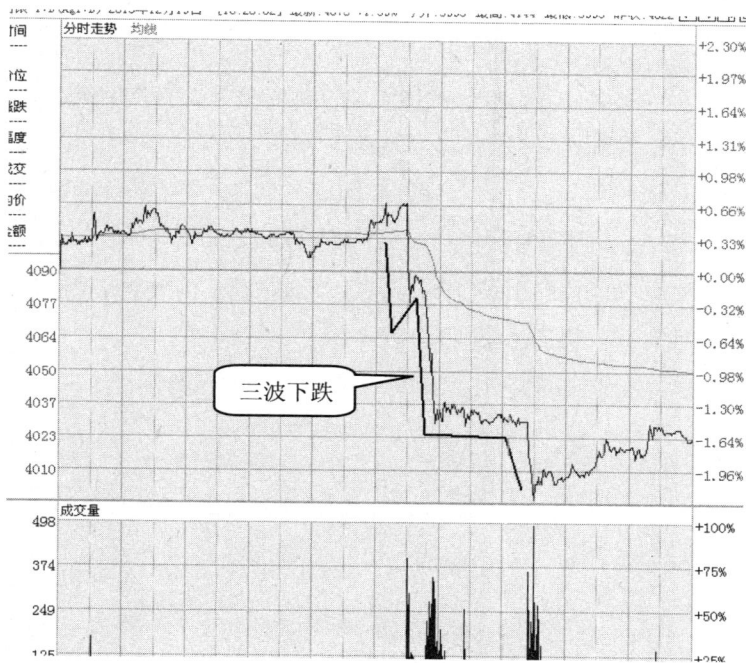

● 图 7.5　白银 T+D 的 2013 年 12 月 19 日的分时走势图

2013 年 12 月 19 日，白银 T+D 开盘后，就开始震荡盘整，直到第二天
9：00 开盘，价格再开始直线下跌，并且跌破了均价线。需要注意的是，第
一波下跌，成交量连续放大量，这意味着价格还会下跌。随后价格出现了反弹，
注意量能萎缩，所以反弹时，如果手中没有空单要及时介入。接着价格又是
直接下跌，即第二波下跌，注意第二波下跌，量能也是连续放大，这表明萎
量震荡后，价格还会有第三波下跌，所以仍可以介入空单。

从其后走势看，价格小幅反弹后，再度放量大跌，由于已完成三波下跌，
所以手中的空单要及时止盈。

7.3　分时图的幅度等长法则

分时图的幅度等长法则，是指价格在上涨或下跌行情中，先后出现的两
次上涨或下跌的波动幅度完全一样或接近一致。

> 提醒：在白银的实战交易中，不必过分追究两波上涨或下跌幅度完全一致，这是因为价格的波动千变万化，所以，只要视觉上两波的涨跌幅度基本一样即可。

分时图的幅度等长法则，对投资者最大的作用有两点：

第一，可以将前一波涨跌走势的波动幅度作为参考，来预测价格下一波行情的涨跌空间，从而使自己的持仓实现盈利最大化。

第二，在两波涨跌幅度基本一致时，分时图的幅度等长法则就提醒我们不要再盲目地追涨杀跌了，否则很容易被套。

图 7.6 是白银 T+D 的 2014 年 3 月 20 日的分时走势图。

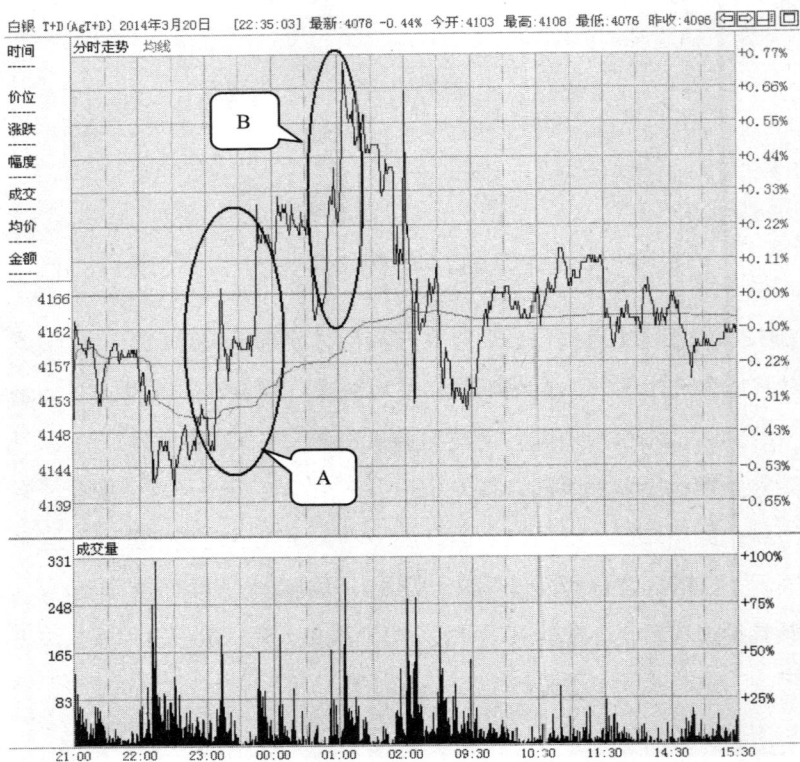

• 图 7.6 白银 T+D 的 2014 年 3 月 20 日的分时走势图

2014 年 3 月 20 日，白银 T+D 的价格开盘先是下跌，然后在低位震荡启稳，即价格的低点不断抬高，并且每次上涨，都是量能增加，而下跌都是量能萎缩，具备继续上涨动能。

价格在低位启稳后，就开始两波等长拉长，即 A 处。价格先来一波快速拉涨，需要注意的是，在拉涨的过程中，成交量连续大量，这表明上涨是良性的，价格调整后，还会上涨。

第一波上涨之后，价格出现了快速回调，注意回调的量能是缩小的，并且价格仍在均价线上方，这样价格就有再拉一波的概率，并且概率很大。所以价格启稳后要敢于进场做多，并且收益的目标位也可以计算出来，即与上一波上涨幅度基本相同即可。

在 B 处，价格又出现了两波上涨，并且符合幅度等长法则，又是一次赚钱的良机。需要注意的是，价格第一波上涨要放量，而回调调缩量，这样就敢介入第二波上涨，获胜率能达到 95% 以上。

图 7.7 是白银 T+D 的 2013 年 10 月 21 日的分时走势图。

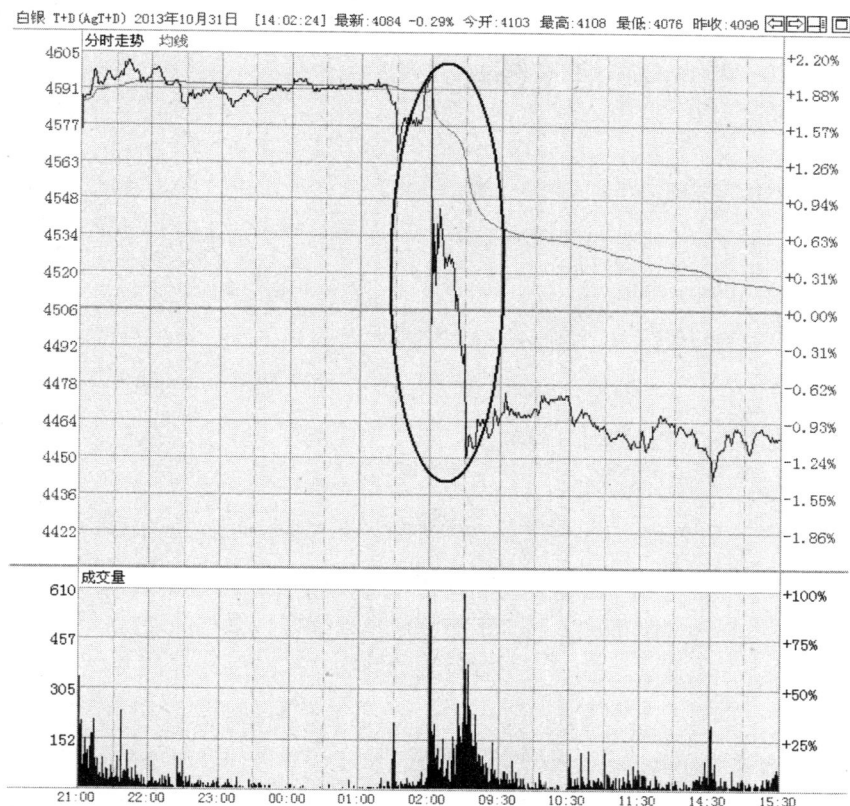

● 图 7.7 白银 T+D 的 2013 年 10 月 21 日的分时走势图

2013 年 10 月 21 日，白银 T+D 的价格开盘后先是围绕均价线窄幅震荡。大波动出现在下午 2：00 左右，价格先是一个快速拉涨，注意在拉涨时，成交量没有连续放大。接着价格就是一个快速下跌，这里的成交量放大得很大，这意味着下跌是真的，反弹后还会有第二波下跌。

由于第一波下跌的速度太快，很难有机会介入。但第一波下跌之后，价格出现了反弹，并且反弹是缩量的，这意味着价格还会下跌，所以第二波下跌，要勇敢抓住，并且短时间就会有比较不错的收益。

从空间上来看，由于分时图的幅度等长法则，第一波下跌 90 点元，那么第二波也会下跌 90 多点，所以一旦反弹无力要敢于果断介入，并且在第二波下跌初期可以继续加仓介入空单，持有到第二波下跌 90 个点左右，就要果断止盈。短短几分钟，就有近 5% 的收益。

7.4　分时图的幅度不等长法则

分时图的幅度不等长法则，是指价格在波动时，出现的波长的延长或衰竭现象。即分时图的幅度不等长法则，包括两项，分别是波长的延长和波长的衰竭。

分时图的波长延长，是指价格在涨涨跌跌过程中，后期的涨跌幅度明显超过前期价格的涨跌幅度，这种走势对投资者来说，是很好的赚钱机会。

> 提醒：波长的延长，往往是成交量出现了有效配合，即价格在继续上涨或下跌时，成交量出现了明显的连续放量，即更多的资金交易使价格进一步大幅上涨或下跌。

分时图的波长衰竭，是指价格在涨涨跌跌过程中，后期的涨跌幅度明显小于前期价格的涨跌幅度，这种走势对投资者来说，以观望为主，因为赚钱比较难。

> 提醒：波长的衰竭，往往是成交量不能有效配合，即价格在继续上涨或下跌时，成交量没有明显的放大，甚至出现了萎缩。由于进场资金明显减少，行情很难持续，即价格波动幅度将会受到限制。

图 7.8 是白银 T+D 的 2016 年 4 月 19 日的分时走势图。

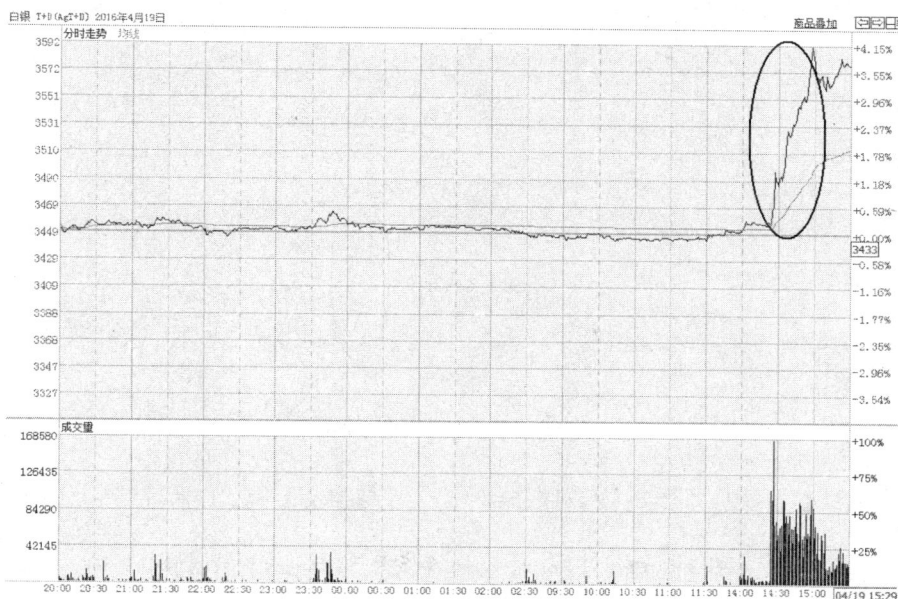

• 图 7.8 白银 T+D 的 2016 年 4 月 19 日的分时走势图

2016 年 4 月 19 日，白银 T+D 的价格开盘形成较长时间的窄幅震荡走势，然后在成交量明显放大的推动下，价格出现了连续上涨的走势。分时线突破了盘中每一个新高以后，从调整的区间来看，价格仍继续上涨。

随着价格的继续上涨，成交量继续连续放大量，这表明仍有大量资金进场做多，所以上涨幅度会继续放大，所以这一波上涨波长延长就是很正常的现象了。

需要注意的是，波长是否延长无法提前判断，只能即时得出相应的结论。只要一轮上涨行情出现了成交量明显放大，就意味着波长很可能会延长，这也意味着获利可以不断增大。

图 7.9 是白银 T+D 的 2016 年 5 月 30 日的分时走势图。

2016 年 5 月 30 日，白银 T+D 的价格开盘后，就处在 3510 到 3530 区间震荡，成交量不温不火。

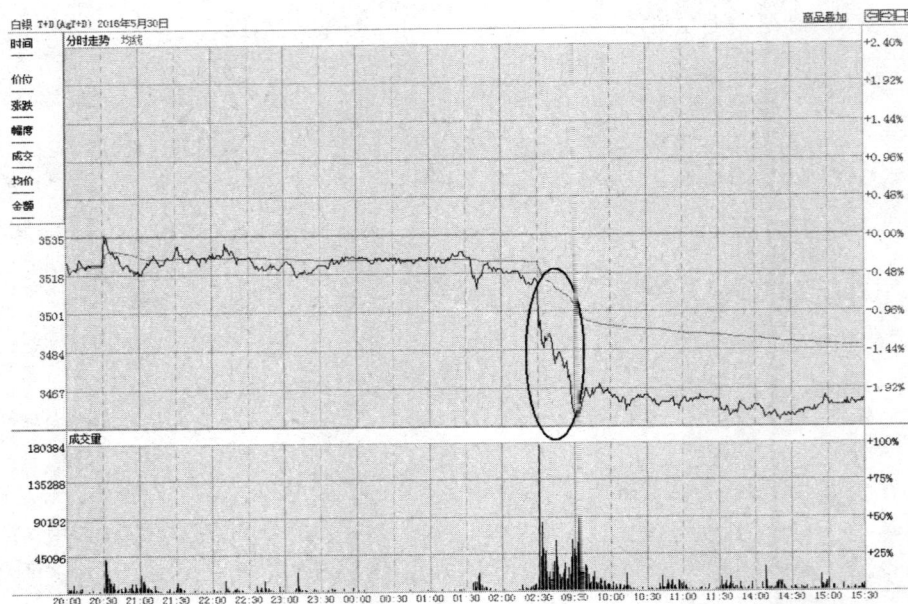

• 图 7.9 白银 T+D 的 2016 年 5 月 30 日的分时走势图

在 14:30，价格突破放量下跌，快速跌破 3510 支撑，这意味着新的下跌机会来了，我们做空赚钱的机会来了。

由于价格是放大量跌破 3510 的，这表明下跌空间打开，所以盘中反弹就要勇于介入空单。从其后走势看，价格盘中反弹是缩量，下跌仍放量，并且成交量连续放大，所以下跌波延长就是必然的，可以耐心持有手中的空单，直到成交量出现了不配合，即下跌不再放量，而上涨反而放量，这时就要及时止盈了。

图 7.10 是白银 T+D 的 2014 年 2 月 27 日的分时走势图。

2014 年 2 月 27 日，白银 T+D 的价格先是围绕均价线窄幅震荡，在23：00 时，价格出现了一波快速下跌，即 A 处。需要注意的是 A 处这一波下跌，成交量是明显放量的，这意味着价格还会下跌，所以价格出现反弹萎量，仍关注做空机会。

价格第一波下跌后，就开始小幅反弹，注意成交量是缩小的，所以还会有第二波下跌。

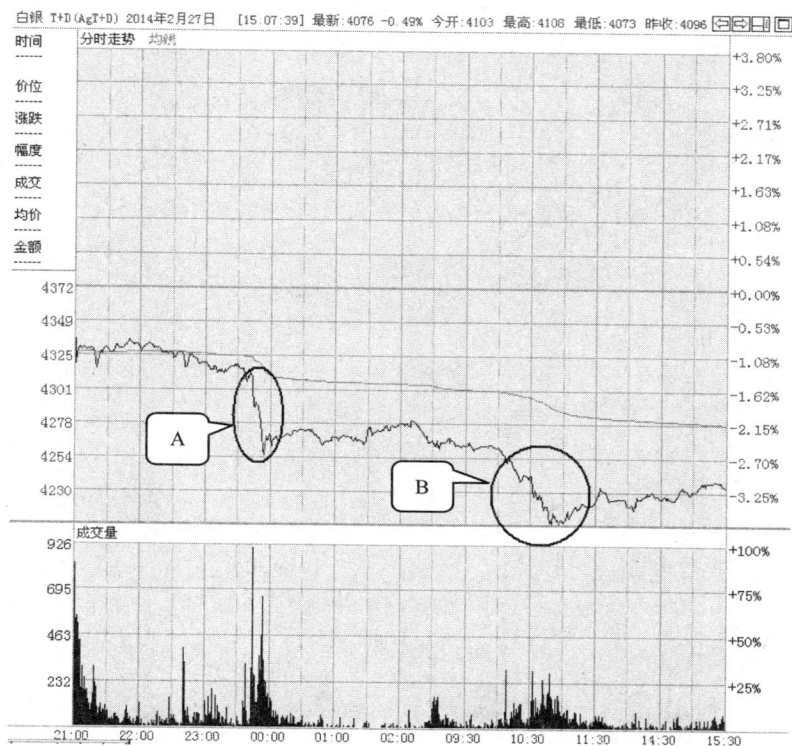

● 图 7.10　白银 T+D 的 2014 年 2 月 27 日的分时走势图

在 B 处，价格再度出现放量下跌，并且跌破了第一波的低点，所以如果手中有空单，就耐心持有，没有空单，仍可以继续介入空单。

需要注意的是，这一波价格下跌，虽然成交量也是放量的，但是量能没有第一波大，即 B 处没有 A 处大，这也意味着这一波下跌的力量没有第一波强，所以一旦有跌不动的迹象时，就要及时止盈。因为成交量不太配合了，即波长可能出现衰竭。

图 7.11 是白银 T+D 的 2014 年 3 月 13 日的分时走势图。

2014 年 3 月 13 日，白银 T+D 的价格先是窄幅震荡，然后在 A 处放量突破窄幅震荡的平台高，意味着新的一波上涨开始。由于成交量连续放量，所以要也入及时介入多单，这样短时间就会有不错的盈利。

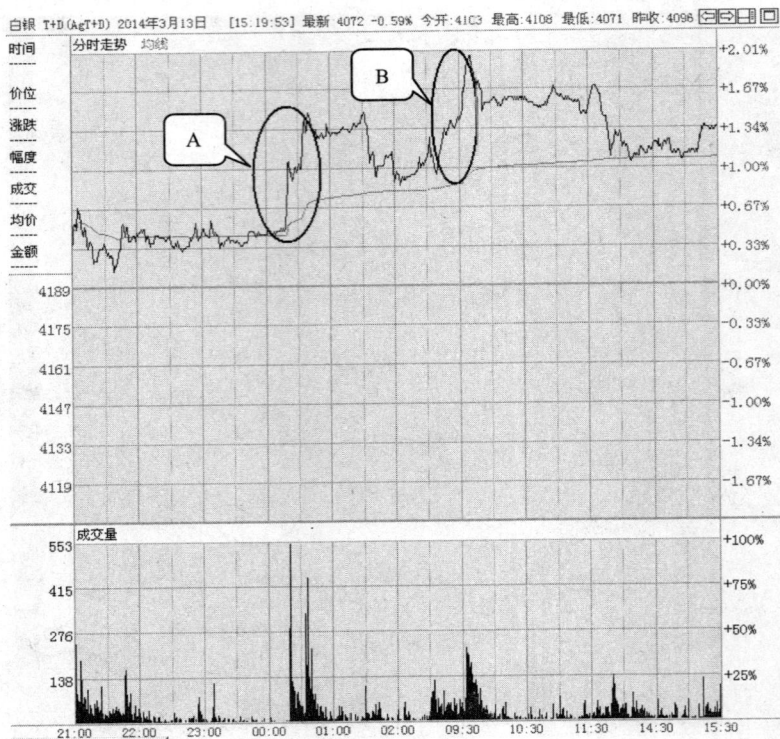

• 图 7.11　白银 T+D 的 2014 年 3 月 13 日的分时走势图

　　需要注意的是，经过 A 处上涨后，价格是缩量调整，这意味着价格启稳后，仍会有一波上涨。

　　在 B 处，价格再度放量上涨，所以仍可以及时介入多单，但在上涨过程中，投资者可以发现，这一波上涨的成交量明显没有上一波的量大，也意味着这一波上涨力量没有上一波强，所以很可能是波长衰竭，所以在价格急拉时，多单要注意及时获利了结。

　　图 7.12 是白银 T+D 的 2016 年 6 月 1 日的分时走势图。

　　2016 年 6 月 1 日，白银 T+D 的价格无论是上涨，还是下跌，成交量都非常小，这意味着价格不会有太大波动，即所有的波长都是衰竭的，所以操作起来相当难。对于这样的行情，最好是观望，或逆向思维操作，即高了就空，低了就多。

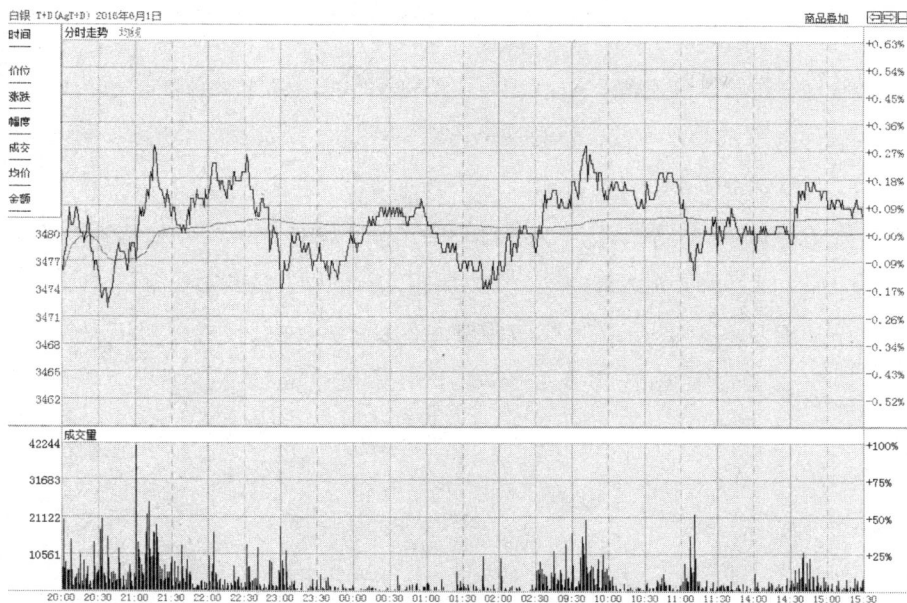

● 图 7.12 白银 T+D 的 2016 年 6 月 1 日的分时走势图

总之，对于没有成交量配合的行情，持续时间都很短，可操作性差，最好轻仓参与或观望为主。

7.5 价格继续上涨的判断技巧

当价格处在明显的上涨行情中时，投资者最关心的是，价格是否还会继续上涨。如果能继续上涨，则可以继续持有多单，让利益最大化。当然如果能判断价格还会继续上涨，仍可以继续加仓做多，进一步增加投资收益。

如何判断价格是否还会继续上涨呢？需要从三个方向入手，具体如下：

第一：关注上涨后的调整时间；

第二：关注上涨后的调整空间；

第三：关注价格调整时的量能变化。

7.5.1 利用调整时间判断价格是否会继续上涨的技巧

价格在经过一波上涨之后，出现回调是必然的。因为价格经过一波上涨，短线获利单有主动止盈的，也有逆势做空的（即本来看空或想猜顶，看价格上涨了，就做空了）。

在价格调整时，要看做多力量和做空力量的对比情况。如果做多力量很强大，那么就不会调整太长时间，因为调整太长时间，做多力量就不坚定了，所以做多主力会用很短的时间略做调整，然后继续上涨。

图 7.13 是白银 T+D 的 2016 年 6 月 6 日的分时走势图。

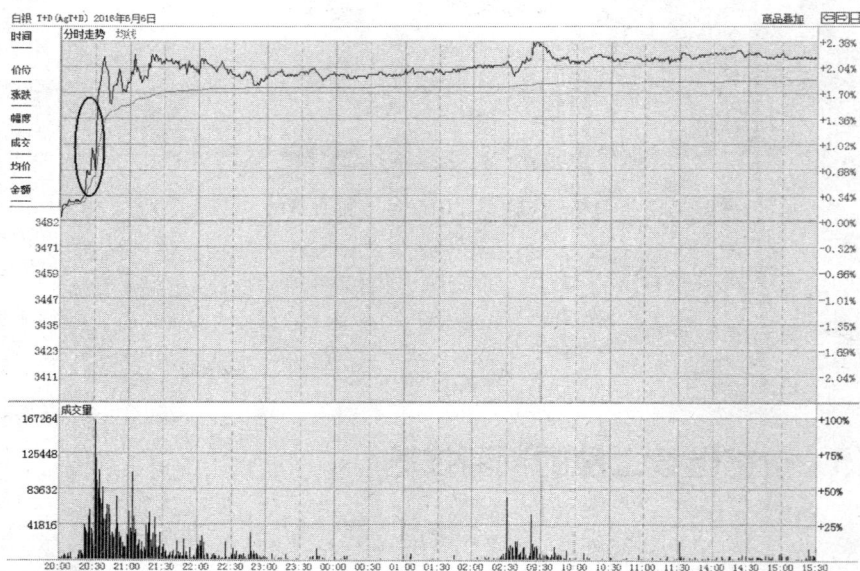

• 图 7.13　白银 T+D 的 2016 年 6 月 6 日的分时走势图

2016 年 6 月 6 日，白银 T+D 开盘略震荡，然后在均价线上方震荡上行，随后价格出现了一波上涨。随着价格上涨趋势的明确，投资者要通过整体上行形态确定价格是否有进一步上涨的力量。

价格在上涨途中，可以对价格调整时的时间进行分析，因为价格调整时间的长短，代表了多方交易的积极性和力量强弱。如果调整时间较长，说明空方有一定能力压住价格，在这种情况下，后期继续上涨的难度会比较大。如果调整时间短暂，就说明空方根本没有还手之力，多方力量超强，那么价格继续上涨的概率就很大。所以只要及时介入多单，盈利是比较容易的事。

通过图 7.13 可以看出，价格在上涨过程中，出现了三次回调，回调时间都比较短暂，这体现了多方力量强大和空方力量弱小，因此后期继续上涨的概率较大。

7.5.2 利用调整空间判断价格是否会继续上涨的技巧

价格经过一波上涨之后，出现了调整走势，如果调整时间较短，那么就可以继续看涨。但如果调整时间略长，就需要结合调整时的空间进一步分析。

调整时的空间，就是价格出现回调时的幅度大小。一般情况下，回调的幅度越小，则调整的力量越弱，价格继续上涨的概率越大。回调的幅度越大，说明调整的力量越大，价格越不易继续上涨。

图 7.14 是白银 T+D 的 2013 年 11 月 26 日的分时走势图。

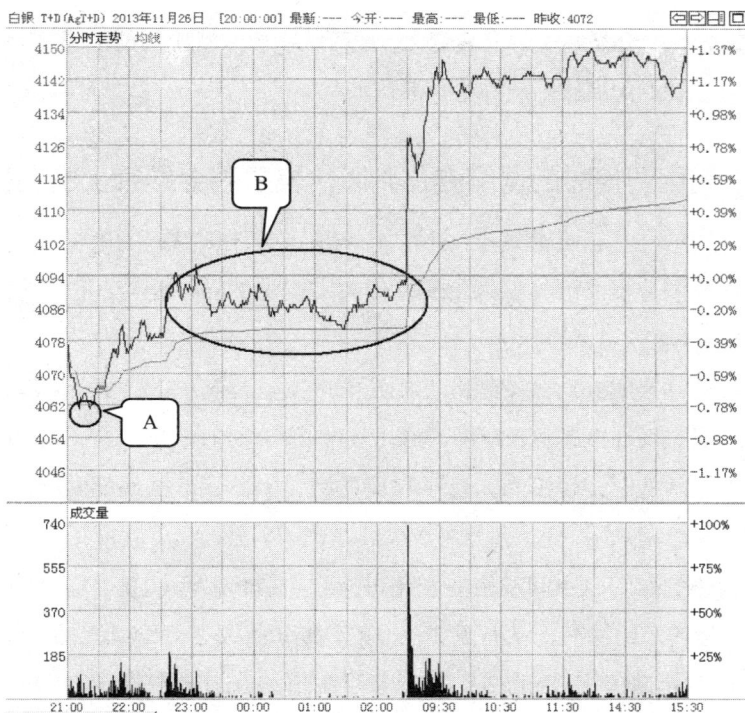

● 图 7.14　白银 T+D 的 2013 年 11 月 26 日的分时走势图

2013 年 11 月 26 日，白银 T+D 开盘一波急跌，然后在低位启稳，出现了一个小双底结构，即 A 处。接着价格上涨，站上了均价线，随后价格继续上涨，可以看出调整时间很短，所以如果在小双底结构时介入多单，可以耐心持有。当然也可以在调整时介入多单，因为调整时间短，价格仍会继续上涨。

价格经过几个小波段上涨后，价格开始较长时间调整，即 B 处。需要注意的是，价格虽然调整时间很长，但相当于上涨幅度来说，调整的幅度并不大，几乎是一个横盘调整。另外，从均价线来看，价格始终在均价线上方，所以上涨力量仍偏强。

所以，在价格快速突破横盘调整区间上边线时，仍可以继续介入多单。

总之，在对调整进行分析时，调整时的空间最能反映出多空双方的力量对比。只要调整的空间不大，哪怕调整的时间长一些，价格也能继续上涨。因为价格调整的空间小，意味着空方力量不强，也意味着做多主力是为了清洗短线多单，以便更好地上涨。

所以，通过价格调整的力度变化，便可以精确判断出后期上涨将会延续，这样一来，就不会错过后期的主升浪行情。

7.5.3　利用调整时的量能变化判断价格是否会继续上涨的技巧

在判断价格是否会继续上涨时，我们重点关注调整的时间和空间，但也不要忘记量能分析。因为量为价先，没有成交量的有效配合，价格想要继续上涨也是很难的。

在价格调整时，对成交量的要求是，成交量是萎缩的，并且缩量缩的越小越好。成交量在调整区间明显萎缩，意味着之前的做多资金，没有大规模平仓，并且调整时，也没有大资金进场做空，因此，价格后期继续上涨的概率就会很大。

将调整的时间、空间及量能变化进行综合分析，我们就可以全面了解盘中多空力量的对比情况，从而更加精准的判断价格是否会继续上涨。

图 7.15 是白银 T+D 的 2013 年 12 月 5 日的分时走势图。

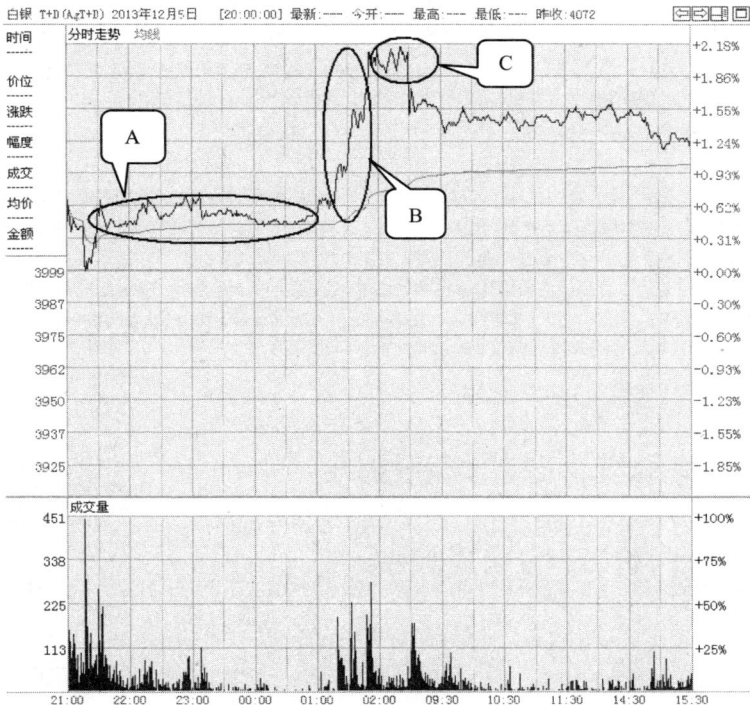

● 图 7.15　白银 T+D 的 2013 年 12 月 5 日的分时走势图

　　2013 年 12 月 5 日，白银 T+D 开盘就来两波下跌，在低位启稳后，就开始反弹上涨，并且价格站上了均价线。随后价格就开始较长时间的横盘整理，需要注意的是，价格始终在均价线上方，这对多方有利，另外，从调整空间来看，价格调整空间较小，有继续上涨的要求。最后再从成交量上看，价格成交量是萎缩的。综合判断后市价格继续上涨的概率较大，即 A 处。

　　价格较长时间震荡后，然后价格开始放量上涨，这表明新的一波上涨开始。需要注意的是，价格上涨是成交量连续放大，而回调是缩量的，并且回调的时间和空间都很小，这意味着价格仍会继续上涨，所以多单可以耐心持有，并且可以继续介入多单。

　　在明显的上涨浪中，即 B 处，价格完成了三波上涨，符合分时图的三波上涨法则。在每波调整过程中，调整的时间、空间和量能，都比较完美，都支撑价格上涨，所以投资者可以耐心持有多单，实现盈利最大化。

　　三波上涨之后，价格开始在高位震荡，需要注意的是，价格在上涨时，成交量不再放大，并且回调的时间和空间都偏大，即 C 处。所以这时如果手中还有多单，要注意及时获利了结，否则盈利很可能回吐，如果进场点位不好，还可能补套。

> 提醒：价格在上涨时，明显的连续放量，而调整时，成交量明显的萎缩，并且调整的时间和空间都很小，这是完美的价格继续上涨技术特征，价格继续上涨的概率会在 95% 以上，所以面对这种完美的技术特征，投资者要敢于大胆进场做多。当然，在价格实际波动过程中，并不会每次都出现完全的技术特征，但只要满足两个技术特征，就可以进场做多。另外，在实战过程中，有时价格波动太快，不会给我们太多的思考时间，略一犹豫，就会错失机会。所以，我们一定要多学习、多实战，将判断价格是否会继续上涨的方法培养成一种习惯的反应。

7.6　价格继续下跌的判断技巧

当价格处在明显的下跌行情之中，投资者最关心的是，价格是否还会继续下跌。如果能继续下跌，则可以继续持有空单，让利益最大化。当然如果能判断价格还会继续下跌，仍可以继续加仓做空，进一步增加投资收益。

如何判断价格是否还会继续下跌呢？这需要从三个方向入手，具体如下：

第一：关注下跌后的反弹时间；

第二：关注下跌后的反弹空间；

第三：关注价格反弹时的量能变化。

7.6.1　利用反弹时间判断价格是否会继续下跌的技巧

价格经过一波下跌之后，出现反弹是很正常的。但需要注意，每一次反弹的出现，都是多空双方的一次抗衡。反弹时间的长短意味着多方是否具有连续性抗衡的能力，反弹时间越长，说明多方的能力越大，价格后期继续下跌的概率就会越小。但如果反弹的时间很短，则说明多方力量很弱，价格后期继续下跌的概率就会越大。

反弹的时间是一个相对的概念，它是指反弹所需的时间与下跌形成时的时间的对比。如果反弹所需的时间小于下跌所需的时间，说明多方力量弱；反之，则空方力量弱。

图 7.16 是白银 T+D 的 2016 年 5 月 13 日的分时走势图。

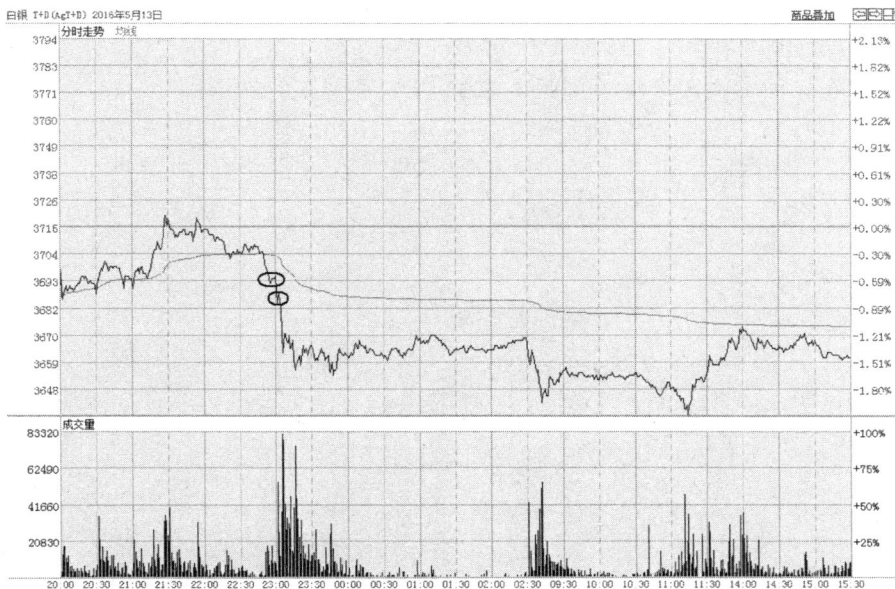

• 图 7.16 白银 T+D 的 2016 年 5 月 13 日的分时走势图

2016 年 5 月 13 日，白银 T+D 开盘略震荡，然后震荡上涨，经过几波上涨之后，价格开始震荡下跌，跌到均价线附近，再次震荡。震荡后跌破均价线。

价格跌破均价线后，继续下跌。在这里可以看到价格在下跌时，虽有反弹，但反弹的时间都比较短，并且没有站上均价线，所以仍是空头力量强大，所以如果手中有空单可以耐心持有，如果没有空单，还可以继续介入空单。

就像体育比赛一样，哪个队可以长时间控制局面，哪个队就可以赢；如果连局面都控制不了，怎么可能获胜呢？如果反弹上涨的时间远小于下跌所需要的时间，那么想改变下跌趋势是不可能的。

7.6.2 利用反弹空间判断价格是否会继续下跌的技巧

价格经过一波下跌之后，出现了反弹走势，如果反弹时间较短，那么就可以继续看跌。但如果反弹时间略长，这时就需要结合反弹时的空间进一步分析了。

反弹时的空间，就是价格出现反弹时的幅度大小。一般情况下，反弹的幅度越小，则反弹的力量越弱，价格继续下跌的概率越大。反弹的幅度越大，说明反弹的力量越大，价格越不易继续下跌。

图 7.17 是白银 T+D 的 2014 年 4 月 29 日的分时走势图。

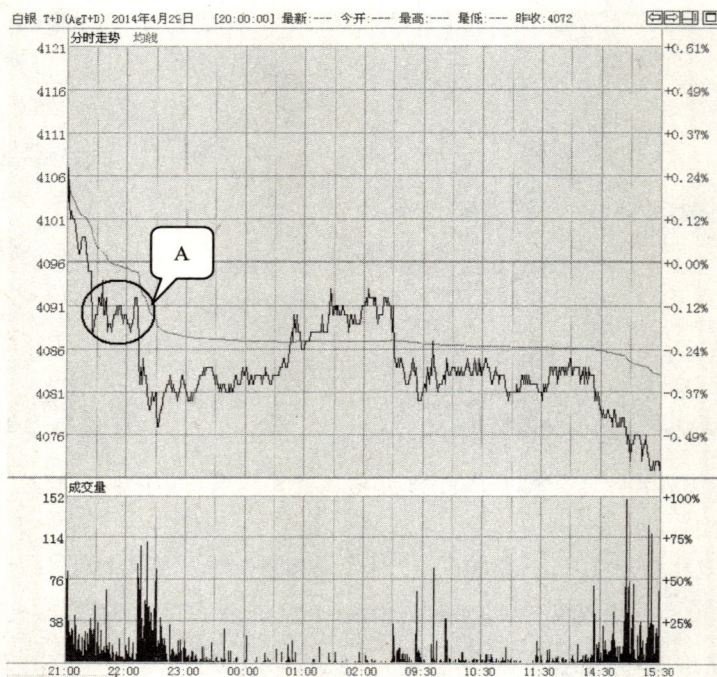

• 图 7.17　白银 T+D 的 2014 年 4 月 29 日的分时走势图

2014 年 4 月 29 日，白银 T+D 开盘就快速下跌，并且盘中的反弹时间和空间都很小，意味着价格还会继续下跌。

价格经过两波下跌之后，开始较长时间的调整，即 A 处。需要注意的是，价格虽然调整时间很长，但相对于下跌幅度来说，反弹的幅度并不大，几乎是一个横盘调整。另外，从均价线来看，价格始终在均价线下方，所以下跌力量仍偏强。

所以，在价格快速突破横盘调整区间下边线时，仍可以继续介入空单。

总之，在对反弹进行分析时，反弹的空间最能反映出多空双方的力量对比。只要反弹的空间不大，哪怕反弹的时间长一些，价格也会继续下跌。因为价格反弹的空间小，意味着多方力量不强，也意味着做空主力是为了清洗短线空单，以便更好的下跌。

7.6.3　利用反弹时的量能变化判断价格是否会继续下跌的技巧

在判断价格是否会继续下跌时，重点关注反弹的时间和空间，但也不要忘记量能分析。因为量为价先，没有成交量的有效配合，价格想要继续下跌也是很难的。

在价格反弹时，对成交量的要求是萎缩的，并且缩量缩得越小越好。成交量在反弹区间明显萎缩，意味着之前的做空资金，没有大规模平仓，并且反弹时，也没有大资金进场做多，因此，价格后期继续下跌的概率就会很大。

将反弹的时间、空间及量能变化进行综合分析，就可以全面了解盘中多空力量的对比情况，从而更加精准的判断价格是否会继续下跌。

图 7.18 是白银 T+D 的 2013 年 8 月 29 日的分时走势图。

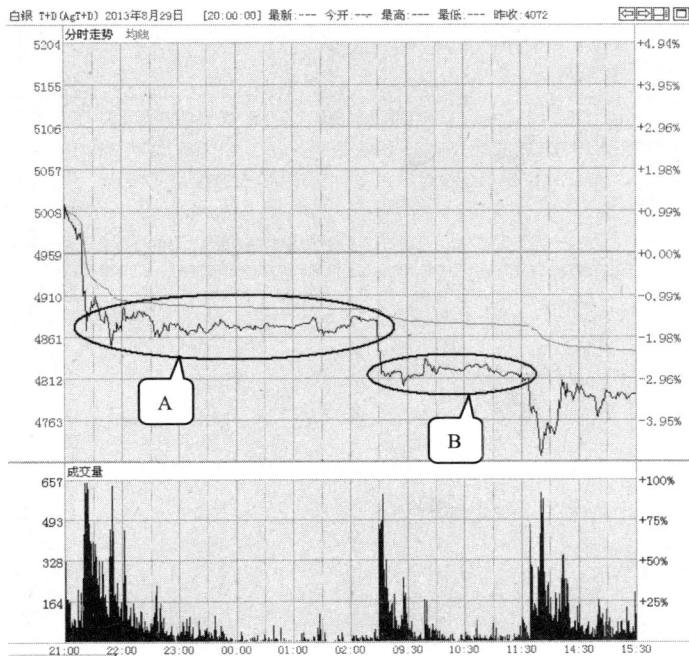

● 图 7.18　白银 T+D 的 2013 年 8 月 29 日的分时走势图

2013 年 8 月 29 日，白银 T+D 开盘略做上冲，就开始下跌，先是跌破均价线，然后就开始快速下跌。需要注意的是，这里出现了三波下跌，这三波下跌符合分时图的三波下跌法则，并且成交量出现了完美的配合。

由图 7.18 可以看到，开盘这三波下跌，反弹时间、空间都很小，并且下跌是连续放量的，而反弹是缩量的，所以持有的空单可以耐心持有到三波下跌完成。

三波下跌之后，价格开始了较长时间的横盘调整，需要注意的是，价格始终在均价线下方，这对空方有利，另外，从调整空间来看，价格调整空间较小，有继续下跌的要求。最后再从成交量上看，价格成交量是萎缩的。综合判断后市价格继续下跌的概率较大，即 A 处。

价格较长时间震荡后，然后价格开始放量下跌，由于下跌是放量，所以下跌是良性的。价格经过一波下跌之后，又开始窄幅震荡，需要注意的是，震荡时成交量是萎缩的，并且价格始终在均价线下方，这意味着价格仍会下跌，所以空单仍可以持有，没有空单的，仍可以继续介入空单，即 B 处。

随后价格再度放量下跌，可以继续持有空单，但需要注意，分时图已完成三波下跌，所以在急跌时，空单要注意止盈。

> 提醒：价格在下跌时，明显的连续放量，而反弹时，成交量明显的萎缩，于且反弹的时间和空间都很小，这是完美的价格继续下跌技术特征，价格继续下跌的概率会在 95% 以上，所以面对这种完美的技术特征，投资者要敢于大胆进场做空。当然，在价格实际波动过程中，并不会每次都出现完全的技术特征，但只要满足两个技术特征，就可以进场做空。另外，在实战过程中，有时价格波动太快，不会给我们太多的思考时间，略一犹豫，就会错失机会。所以，我们一定要多学习、多实战，将判断价格是否会继续上涨的方法培养成一种习惯的反应。

第 8 章

白银日内短线交易的分时图做多技巧

白银价格如果已形成明显的上涨趋势，投资者都希望在合适的位置进场做多，从而实现盈利，到底该在什么位置介入多单呢？本章就来详细讲一下分时图做多技巧。

本章主要内容包括：
- ➤ 分时图的双底做多技巧
- ➤ 分时图的头肩底做多技巧
- ➤ 分时图的圆弧底做多技巧
- ➤ 分时图的 V 形底做多技巧
- ➤ 分时图的低点不断抬高做多技巧
- ➤ 分时图的均价线支撑做多技巧
- ➤ 分时图的放量做多技巧
- ➤ 分时图的新高突破做多技巧
- ➤ 分时图的均价线突破做多技巧
- ➤ 分时图的晚盘开盘做多技巧

8.1 分时图的双底做多技巧

双底，又称 W 形底，因为其价格走势像 W 字母，是一种较为可靠的盘中反转形态，对这种形态的研判重点是价格在走右边的底部时，成交量是否会出现底背离特征。如果成交量不产生背离，W 形底就可能向其他形态转化，如多重底。转化后的形态即使出现涨升，其上攻动能也会较弱。这类盘中底部形态研判比较容易，形态构成时间长，可操作性强，适用于短线爱好者操作或普通投资者选择买点时使用。

双底的第二个低点，往往略高于第一个低点，也是最佳进场做多的位置。因为这是空方力量最弱的位置，即空方已无力再创出新低。所以这个位置也最容易形成连续反弹的走势，如果这个位置敢于介入，往往会获利丰厚。当然如果价格跌破第一个低点，投资者就要及时止损出局。

图 8.1 是白银 T+D 的 2013 年 7 月 3 日的分时走势图。

2013 年 7 月 3 日，白银 T+D 开盘先是一波上拉，随后价格就开始震荡下跌，经过较长时间下跌后，在 A 处出现了双底结构。需要注意的是，第二个低点没有再创新低，另外第二个低点附近，成交量是缩量的，所以第二个低点附近可以介入多单，止损放在第一个低点处。

接着价格就开始震荡上行，成交量也配合良好，即上涨是放量，下跌是缩量，所以多单可以持有，并且可以继续介入多单。

价格经过两波震荡上涨后，突破价格放量拉涨，突破了均价线，由于这里量价配合完美，多单仍可以持有。价格急拉后，随后在高位震荡，注意成交量没有继续放大，特别是创出 B 处高点，成交量有些背离，所以多单要注意减仓。

价格在 B 处创出高点后，出现了快速回调，又在 C 处形成双底结构。需要注意的是第二个低点的成交量是放量的，不是缩量的，说明这里的双底不太可靠，所以如果在这里还有多单，在接下来一波反弹中，要及时获利了结。
当然也可以在 C 处轻仓介入多单，价格反弹就及时止盈。

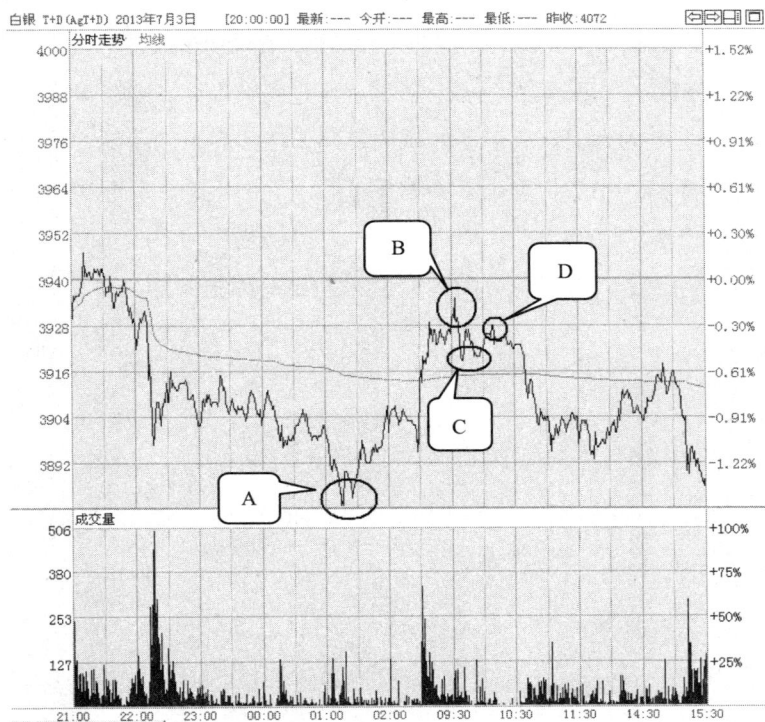

• 图 8.1　白银 T+D 的 2013 年 7 月 3 日的分时走势图

在 C 处形成双底后，价格略做反弹，注意反弹高位不理想，另外反弹时
成交量没有放大，这意味着多方力量较弱，而空方力量慢慢变强，所以多单
要及时出局，即 D 处。

从其后走势来看，D 处是次高点，然后价格就跌破了均价线，然后开始
震荡下跌了。

8.2　分时图的头肩底做多技巧

头肩底，其形状呈现三个明显的低谷，其中位于中间的一个低谷比其他

两个低谷的低位更底。对头肩底的研判重点是量比和颈线，量比要处于温和放大状态，右肩的量要明显大于左肩的量。如果在有量配合的基础上，价格成功突破颈线，则是该形态在盘中的最佳买点。参与这种形态的投资要注意价格所处位置的高低，偏低的位置往往会有较好的参与价值。

注意头肩底中，最低那个点，常常就是假突破走势。即当价格处于底部区间时，做多主力为了获利更多的低位筹码，往往会再创新低，从而让散户卖出手中的多单。当散户卖出手中的多单后，价格不跌，反而快速拉升，开始一波上涨行情。

图 8.2 是白银 T+D 的 2016 年 6 月 24 日的分时走势图。

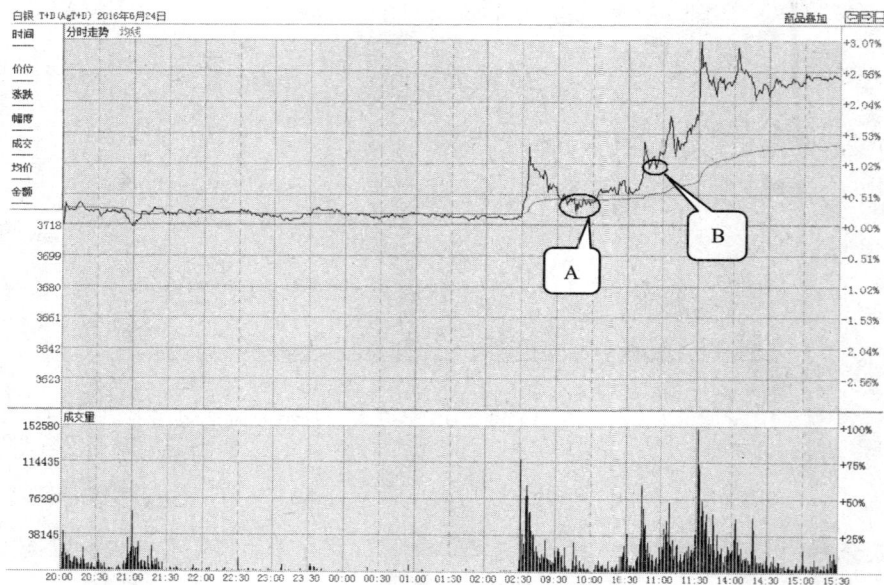

• 图 8.2　白银 T+D 的 2016 年 6 月 24 日的分时走势图

2016 年 6 月 24 日，白银 T+D 开盘就是小窄幅震荡。经过长时间的震荡后，在下午 2:30，价格突破放量上攻，这表明价格又开始上涨了。所以手中有多单的朋友，可以持有，没有多单的朋友，耐心等回调，再进多单。

从其后走势可以看到，价格快速拉涨之后，出现了回调，回调到均价线附近，出现了头肩底形态，即 A 处，所以 A 处是不错的做多位置。

随后价格开始震荡上涨，在震荡上涨过程中，分时图出现底部形态，都可以介入多单。在 B 处，出现了双底形态，所以 B 处也是不错的做多机会。

8.3 分时图的圆弧底做多技巧

圆弧底是指价格运行轨迹呈圆弧型的底部形态。这种形态的形成原因，是由于有部分做多资金正在少量的逐级温和建仓造成，显示价格已经探明阶段性底部的支撑。它的理论上涨幅度通常是最低价到颈线位的涨幅的一倍。

图 8.3 是白银 T+D 的 2016 年 7 月 28 日的分时走势图。

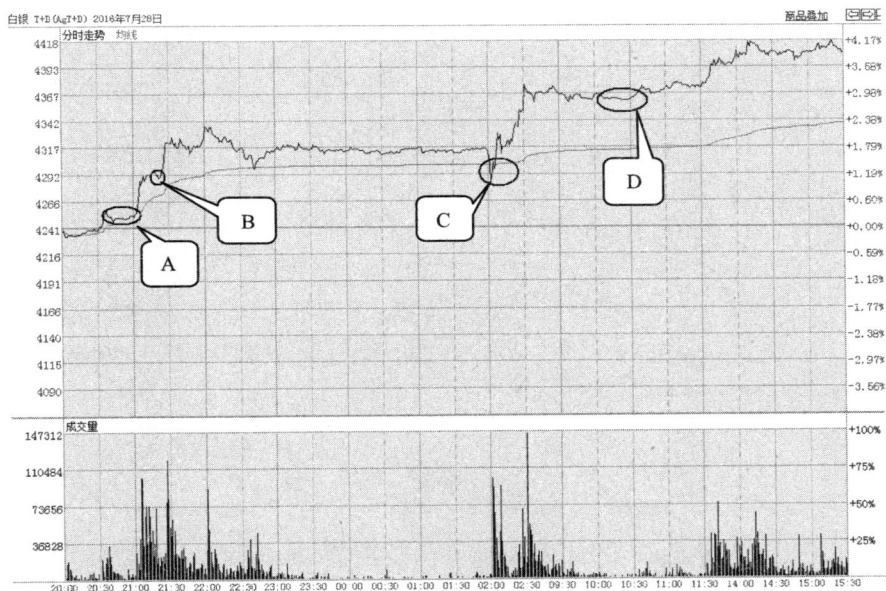

• 图 8.3 白银 T+D 的 2016 年 7 月 28 日的分时走势图

2016 年 7 月 28 日，白银 T+D 开盘略震荡，然后震荡上涨。需要注意的是，由于价格始终在均价线上方，所以多方始终控制着局面。另外，从成交量上看，上涨放量，下跌缩量，量能配合完美。

在价格震荡上涨时，也是在接近均价线附近，分时图出现了圆弧底，即 A 处，这意味着做多资金正在逐级温和建仓，所以可以及时跟进。如果这时及时跟进多单，短时间就会有不错的投资收益。

同理，B 处出现圆弧底，也是不错的做多机会。

价格经过三波上涨之后，出现回调，先是回调到均价线附近，然后开始震荡。在 C 处，价格有个假突破，即先是跌破均价线，但很快又重新回调到均价线上方，所以 C 处也是不错的做多位置。

随后价格继续上涨，在震荡上涨过程中，出现圆弧底，仍可以介入多单，即 D 处。

8.4 分时图的 V 形底做多技巧

V 形底，俗称"尖底"，形态走势像 V 形。其形成时间最短，是研判最困难，参与风险最大的一种形态。但是这种形态的爆发力最强，把握得好，可以迅速获取利润。它的形成往往是由于主力刻意打压造成的，使得价格暂时性的过度超跌，从而产生盘中的报复性上攻行情。

图 8.4 是白银 T+D 的 2013 年 11 月 14 日的分时走势图。

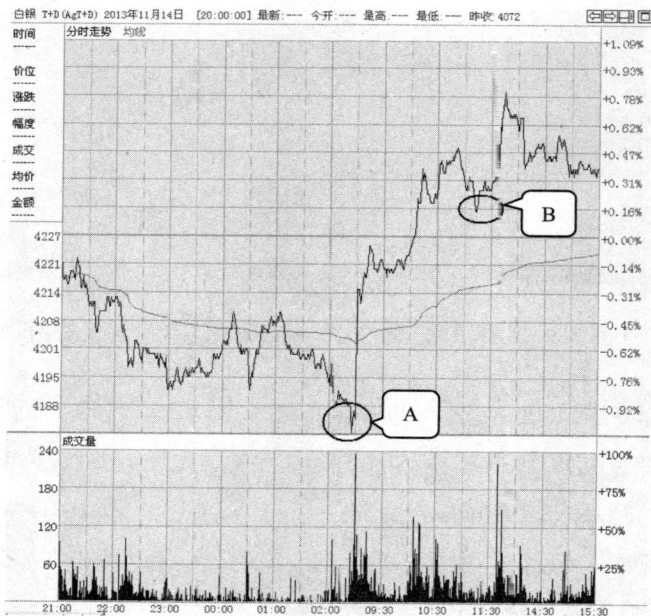

• 图 8.4　白银 T+D 的 2013 年 11 月 14 日的分时走势图

2013 年 11 月 14 日，白银 T+D 开盘后不久，就先来三波下跌，然后价格出现了较强的反弹，两波反弹之后，价格再度下跌。

需要注意的是，这一波下跌，先是急跌，然后缓跌，最后是放大量急跌。一般情况下，放量下跌，有利于价格继续下跌，但如果价格已出现急跌、缓跌、再急跌，这里再放大量下跌，就有诱空迹象了。因为在底部放大量，意味着多空对决的力量很大，往往是主力刻意打压，让多单在低位止损，所以在 A 处，有空单的朋友，要及时止盈。

当然，胆大心细的投资者，可以轻仓在 A 处介入多单，如果敢介入多单，短时间内就会获取暴利。

在 A 处出现 V 形底后，价格快速拉涨到均价线上方，随后价格就开始在均价线上方震荡上行。

在 B 处，价格再度出现 V 形底，这时仍可以介入多单，原因有四个，具体如下：

第一：从成交量上看，价格在上涨时，成交量是放量的，而在回调时，成交量是缩量的，量能配合良好，支持价格继续上涨。

第二：从调整的时间看，价格调整的时间相对于上涨来说，还是很短，支持价格继续上涨。

第三：从调整空间来看，价格仍在均价线上方，并且调整的空间并不大，也支撑上涨。

第四：从大的波形来看，价格已完成了两大波上涨，仍有第三波上涨的可能，所以浪形结构，也支持价格上涨。

从其后的走势来看，在 B 处介入多单，仍有明显的获利机会。

8.5 分时图的低点不断抬高做多技巧

低点不断抬高做多，是指盘中的走势已形成明显的上涨趋势，但分时图的波动幅度却较小，即频繁的上下震荡。如果对震荡的低点进行分析，则可以发现价格波动的低点呈现明显抬高迹象。对于投资者来说，就提供了不错的做多机会。

价格波动的低点不断抬高，意味着做多力量不断介入，虽然分时图暂没有形成强劲的上涨态势，但价格后期继续上涨的概率非常大。所以投资者可以在抬高的低点处介入多单，或在价格向上突破时，积极入场做多。

图 8.5 是白银 T+D 的 2014 年 2 月 19 日的分时走势图。

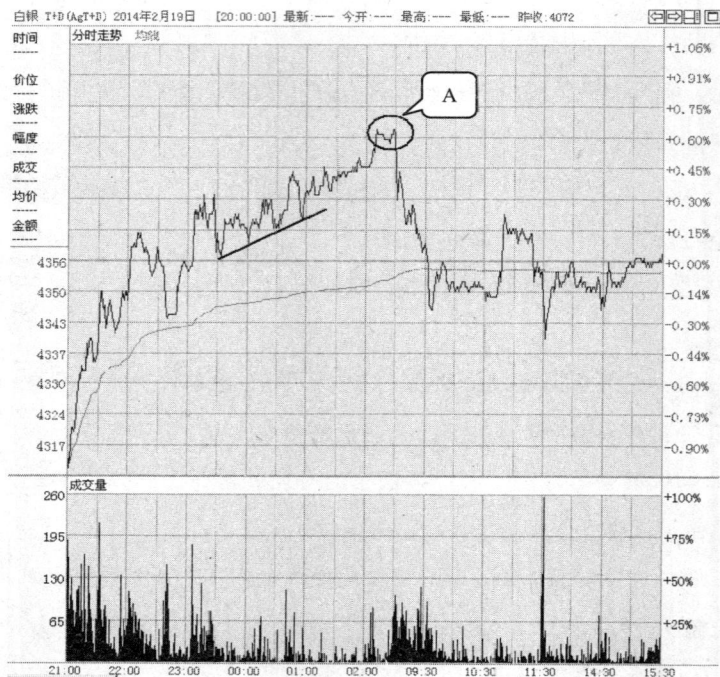

• 图 8.5　白银 T+D 的 2014 年 2 月 19 日的分时走势图

2014 年 2 月 19 日，白银 T+D 低开后，就一波一波上涨，即沿着均价线形成了明显的上涨趋势。

价格经过三波上涨之后，价格开始震荡上行，虽然上涨的速度慢下来了，但整体不断上涨的走势不断，所以可以继续逢低介入多单。

在价格震荡上涨时的规律是：调整的低点连续抬高，这意味着多方力量仍很强，空方根本无力与之对抗。在低点抬高的过程中，投资者可以入场做多操作。只要震荡的低点没有跌破，就可以持有。

从其后走势看，价格震荡上涨后，在高位形成了小双顶结构，即 A 处，并且成交量不再配合，即价格与成交量出现了背离（价格上涨，而成交量没有放大）。然后价格又放量下跌，意味着上涨波段结束，所以多单要及时获利了结，当然也可以短线介入空单。

8.6　分时图的均价线支撑做多技巧

均价线是多空分界线，即如果价格在均价线上方，投资者就可以积极进行做多操作。特别是在分时线向下暂时回落接触或靠近均价线时，只要整体盘面保持明显的多头迹象，就可以在此介入多单。

图 8.6 是白银 T+D 的 2016 年 9 月 2 日的分时走势图。

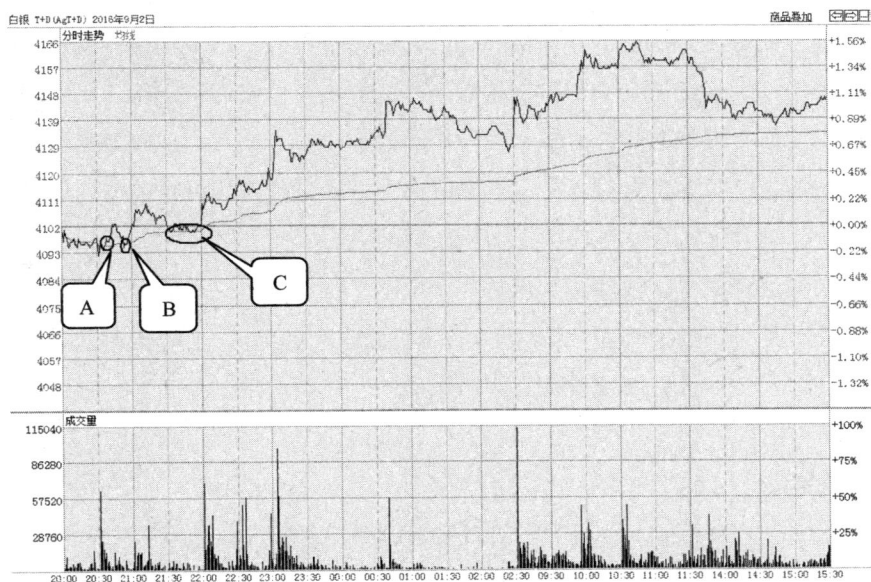

●图 8.6　白银 T+D 的 2016 年 9 月 2 日的分时走势图

2016 年 9 月 2 日，白银 T+D 开盘略震荡，随后价格站上均价线，即 A 处，这表明价格要开始上涨了。

由于价格始终在均价线上方，所以当分时线接近均价线时，就可以介入多单。更何况，在价格震荡上涨时，量价配合良好。所以 B 处和 C 处都是不错的做多位置。

从其后走势看，在均价线附近买入多单，可以在短时间内获利丰厚。

需要注意的是，价格在接近均价线附近时，成交量一定不能连续放大，否则过多的资金入场做空，就会减弱均价线的支撑作用。如果价格无量回落至均价线附近，就可以积极做多了。

8.7 分时图的放量做多技巧

在实战交易中，成交量的变化是相当重要的。因为量为价先，成交量体现了资金的操作方向和积极性，时常关注量能的经典变化形态，可以帮助投资者决策恰当的进场时机。

放量做多，是指价格在自由波动时，成交量第一次形成明显放量、分时线向上攻击时入场做多操作。这种操作方法解决了价格盘中出现上涨时的介入时机问题，很多时候，价格出现较长时间的横盘，突然出现放量上涨，成交量的放量意味着资金突然介入，价格的上行意味着资金操作的方向向上，在资金刚刚入场的时候及时跟进，这是放量买入最大的特点。

需要注意的是，放量买入也是一个风险，特别是第一次放量买入，在市场多头迹象并不是很明显的情况下，在初次放量区间介入，由于后期量能跟不上，容易使价格只形成一波上冲的走势。但只要对整体盘面进行分析，在确定多方占优势的情况下使用这种方法，实现赢利是很容易的事。

图 8.7 是白银 T+D 的 2016 年 10 月 18 日的分时走势图。

2016 年 10 月 18 日，白银 T+D 开盘就是萎量震荡，波动幅度较小。经过较长时间小幅震荡后，成交量突然出现了放量，并且是连续放量，这时的分时线并向上攻击，这就是新的买入时机，即放量买入点。

从其后走势来看，价格放量上涨第一波后，价格出现了调整，但调整是缩量的，并且调整的时间和空间不大，这意味着价格随时都有第二波上涨的可能，所以仍可以继续介入多单。

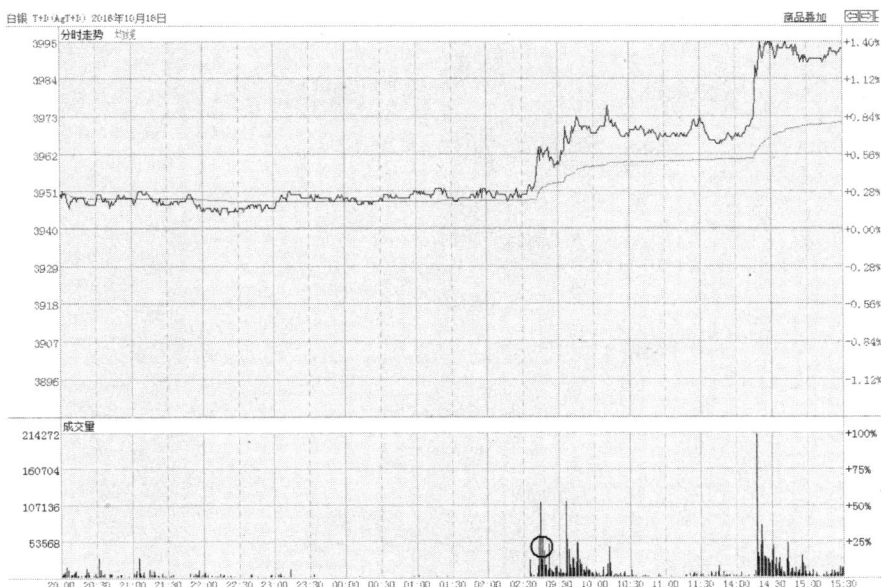

● 图 8.7　白银 T+D 的 2016 年 10 月 18 日的分时走势图

8.8　分时图的新高突破做多技巧

价格如果处在明显的上涨趋势中，那么价格的高点就会不断被突破，新的高点不断出现。每一次新高走势的出现，往往都意味着又一轮上涨行情的开始，所以投资者一定要重视新高走势。

高点突破做多，就是指价格在波动时，在成交量的推动下突破了前期盘中高点，在新高走势出现时，投资者应当积极地入场做多。

在新高突破做多时，投资者一定要注意以下两点：

第一：在突破走势出现时，成交量必须明显放大，如果没有得到资金的推动，价格很难有继续上涨的动能。

第二：要求整体盘面多头必须明显占上风，多头的力量越强越高。如果整体盘面不支撑，价格即使突破原来的高点，后期上涨的空间也不会太大。

图 8.8 是白银 T+D 的 2014 年 3 月 7 日的分时走势图。

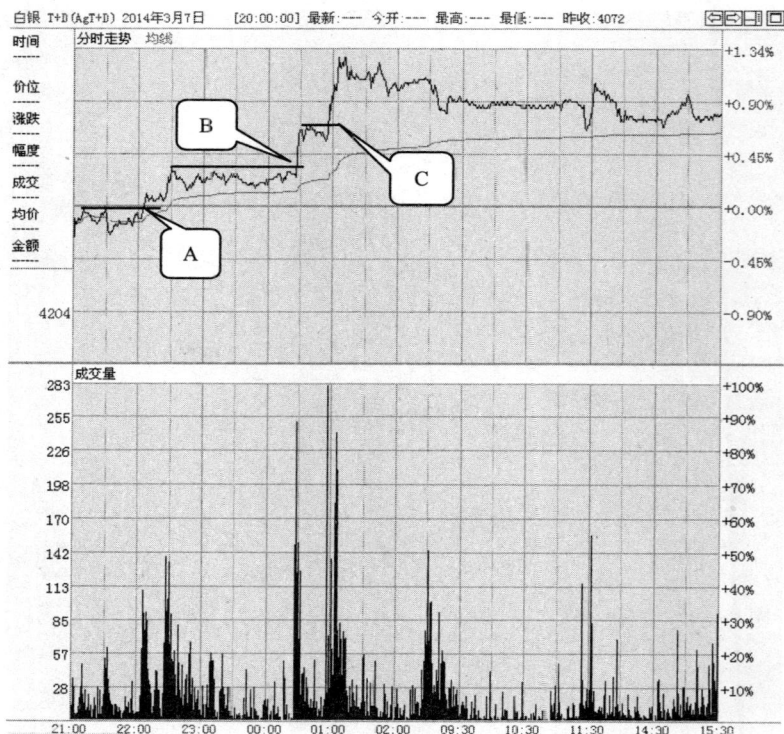

●图 8.8　白银 T+D 的 2014 年 3 月 7 日的分时走势图

2014 年 3 月 7 日，白银 T+D 开盘之后价格出现了震荡走势，由于成交量不大，所以很难出现好做单机会。

在 A 处，成交量出现了密集的放大现象，这说明资金在盘中开始积极地交易，同时分时线有力度向上形成了新高突破走势，这说明资金此时做多的态度坚决，在量价配合完美的状态下，投资者要敢于及时地跟进多单。

资金想要价格在后期出现大幅上涨，就必须克服前期高点的重重压力，只有突破走势不断延续，上涨趋势才能得以保持。价格形成新高突破比较容易确认，在新高突破走势形成时，投资者需要做的就是对整体盘面的多空性质进行确认，一旦确定当天的盘面多头迹象非常明显，出现新高时，就要大胆地做多操作。

所以 A 处是一个好的做多位置。同理，B 处和 C 处，也是不错的做多位置。

8.9　分时图的均价线突破做多技巧

均价线突破做多，是指价格在盘中波动时，始终处在均价线下方，但随后在成交量不断放量的推动下，价格不断上涨，分时线快速向上突破均价线压力。在突破均价线压力时，就是投资者入场做多的时机。

在使用均价线突破做多时，需要注意以下 3 点：

第一：要求日线级别的 K 线图处于明显的上涨趋势，这是为了避免假突破的出现，即便是价格后期暂时回落，在日线级别的 K 线图趋势向上的情况下，突破均价线开仓做多，风险不大。

第二：要求当天整体盘面空方力量不能太大，如果跌幅过大，即使价格突破均价线，也不能进多，因为这样价格很容易重新回落。

第三：在分时线向上突破均价线时，要求成交量一定要连续放大，如果成交量不是放量突破均价线，则不能进场做多。

图 8.9 是白银 T+D 的 2013 年 5 月 9 日至 8 月 15 日的 K 线图。

白银 T+D 经过几波大幅下跌后，创出 3620 低点，但创出低点这一天，价格收了一根十字星，这是见底 K 线，所以这里就不能再过度看空了。

随后价格开始震荡盘整，震荡盘整了一个多月，然后在 A 处，一根中阳线实现了向上突破，这意味着长达一个月的盘整行情结束，新的一波上涨行情开始，投资者要及时地介入多单。

从其后几天的走势来看，价格继续上涨，并且再度出现两阳夹一阴的走势，这也是看多信号，所以下一个交易日，即 8 月 16 日，可以继续逢低做多。

图 8.10 是白银 T+D 的 2013 年 8 月 16 日的分时走势图。

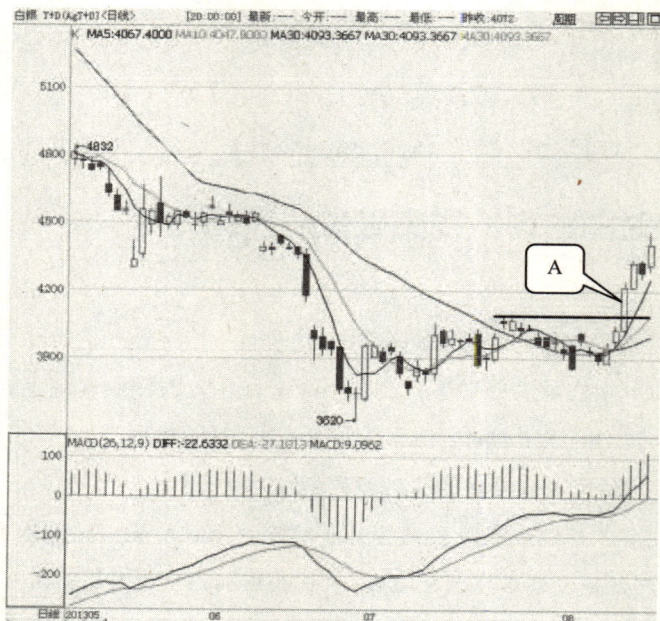

• 图 8.9　白银 T+D 的 2013 年 5 月 9 日至 8 月 15 日的 K 线图

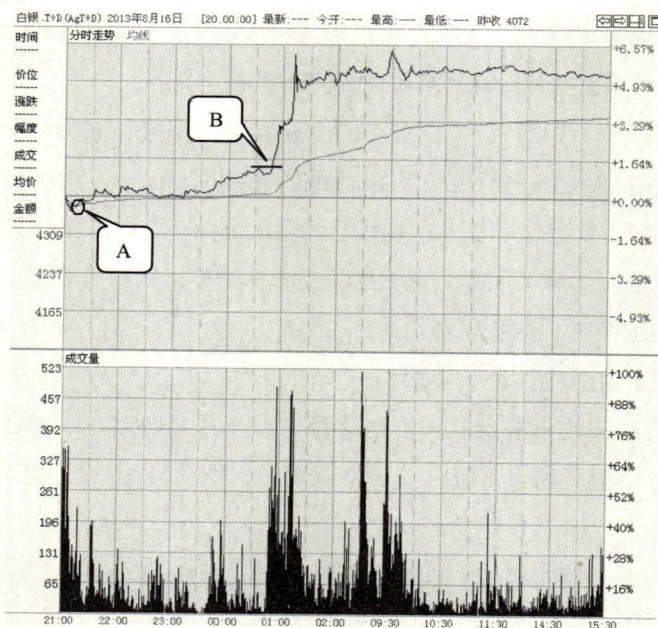

• 图 8.10　白银 T+D 的 2013 年 8 月 16 日的分时走势图

2013 年 8 月 16 日，白银 T+D 开盘来了一波急跌，但由于日 K 线图价格处于明显的上升趋势中，所以即使分时线向下跌，也不能做空，而是等着做多机会的出现。

在 A 处，价格略放量突破了均价线。由于均价线是多空分水岭，所以价格突破均价线，意味着分时图也开始看多了，所以 A 处可以介入多单。

随后价格再没有跌破均价线，意味着多方力量很强，所以介入的多单可以继续持有，并且每当价格回落到均价线附近时，都可以介入多单。

在 B 处，价格再度放量突破新高，意味着新的一波上涨开始，所以多单可以持有，并可以继续介入多单。

8.10　分时图的晚盘开盘做多技巧

做过一段时间白银投资的老投资者都会发现一个问题：很多时候价格最大幅度的波动往往发生在晚盘开盘期间，如果在这一期间进行操作，在较短的时间内便可以获利丰厚的投资收益。所以，对开盘的走势一定要给予足够的重视。

现在白银 T+D 的晚上开盘时间都是 21:00，由于白银 T+D 的走势，是跟随国际现货白银来走的，所以如果国际现货白银在白银 T+D 不开盘一段时间内，特别是白银 T+D 晚上即将开盘时，价格是上涨的，那么白银 T+D 开盘就要关注做多机会了。

如果晚上 21:00 开盘后，白银 T+D 分时线快速上行，便可以进场做多了。为了提高这种方法的成功率，要求在实战时，日线级别的 K 线趋势是明显向上的。日线级别的 K 线的上涨趋势，是对开盘期间价格的上涨起到促进的作用。

图 8.11 是白银 T+D 的 2013 年 11 月 26 日至 2014 年 2 月 18 日的 K 线图。

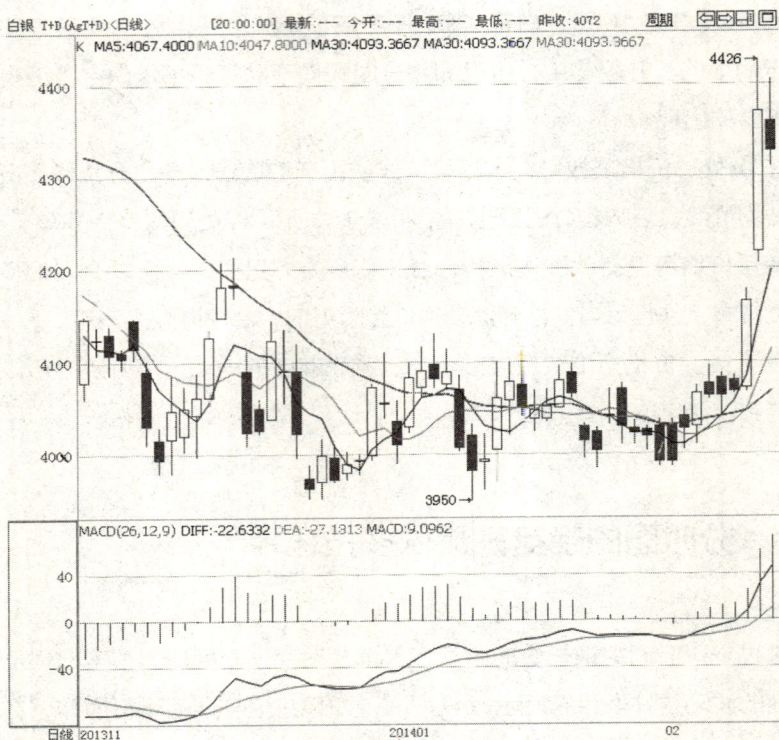

白银 T+D(AgT+D)〈日线〉　　[20:00:00] 最新:--- 今开:--- 最高:--- 最低:--- 昨收:4072　　周期

K MA5:4067.4000 MA10:4047.8000 MA30:4093.3667 MA30:4093.3667 MA30:4093.3667

MACD(26,12,9) DIFF:-22.6332 DEA:-27.1313 MACD:9.0962

●图 8.11　白银 T+D 的 2013 年 11 月 26 日至 2014 年 2 月 18 日的 K 线图

白银 T+D 从日 K 线图上看，价格处在上涨趋势中，所以下一个交易日，仍以做多为主。

白银 T+D 下午 3:30 停盘到晚上 9:00 开盘时，现货白银的价格走势，如图 8.12 所示。

现货白银在白银 T+D 下午 3:30 停盘到晚上 9:00 开盘这段时间，走出了一波下跌，然后在低位形成双底结构的走势。

现货白银在下午 3:30 后，价格略做一小波反弹，然后再度下跌，现货白银下跌到 21:30 附近，价格启稳后，形成了一个小双底结构，这表明价格下跌力量已不强，并且有见底开始上涨的迹象。所以白银 T+D 开盘要关注做多机会了，因为白银 T+D 是跟随现货白银来走的。

图 8.13 是白银 T+D 的 2014 年 2 月 19 日的分时走势图。

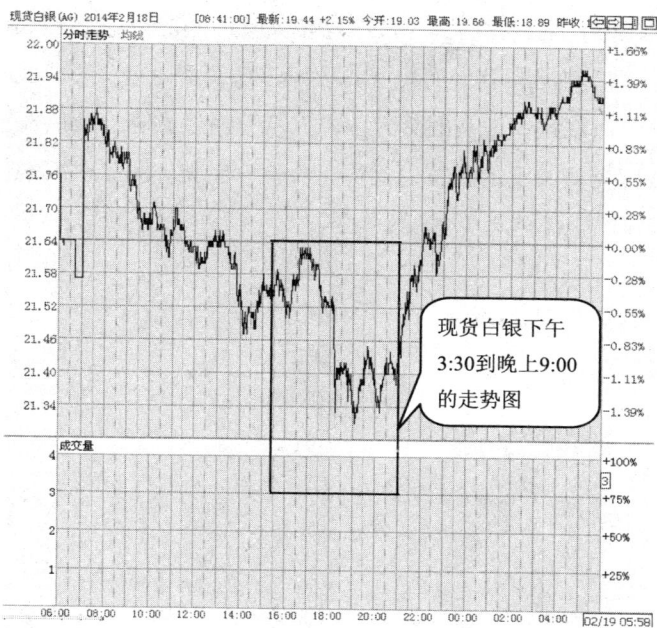

• 图 8.12　现货白银（AG）的 2014 年 2 月 18 日的分时走势图

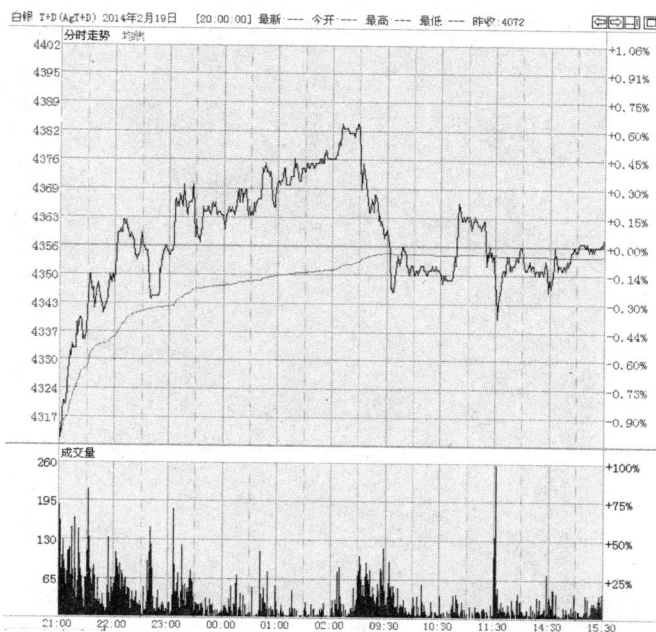

• 图 8.13　白银 T+D 的 2014 年 2 月 19 日的分时走势图

白银日内短线看盘与实战技巧

2014 年 2 月 19 日，白银 T+D 开盘略低点，原因是现货白银略低于下午 3：30 时的价格。随后价格就开始上拉，原因是现货白银已形成底部形态，也开始上涨了。所以这里要及时介入多单。从分时线来看，价格在上涨时，成交量也始终保持着放大的状态，量价配合十分完美，所以进入的多单，可以持有，并且可以继续介入多单。

第9章

白银日内短线交易的分时图做空技巧

白银价格如果已形成明显的下跌趋势，投资者都希望在合适的位置进场做空，从而实现盈利，到底该在什么位置介入空单呢？本章就来详细讲一下分时图做空技巧。

本章主要内容包括：

➤ 分时图的双顶做空技巧

➤ 分时图的头肩顶做空技巧

➤ 分时图的圆弧顶做空技巧

➤ 分时图的 V 形顶做空技巧

➤ 分时图的高点不断降低做空技巧

➤ 分时图的均价线压力做空技巧

➤ 分时图的放量做空技巧

➤ 分时图的低点跌破做空技巧

➤ 分时图的均价线跌破做空技巧

➤ 分时图的晚盘开盘做空技巧

9.1　分时图的双顶做空技巧

双顶，因其形状像英文的"M"，所以又称"M头"，这是一种较为可靠的盘中反转形态，对这种形态的研判重点是价格在走右边的顶部时，成交量是否会出现底背离特征。如果成交量不产生背离，M顶就可能向其他形态转化，如多重顶。转化后的形态即使出现跌势，其下跌动能也会较弱。这类盘中顶部形态研判比较容易，形态构成时间长，可操作性强，适用于短线爱好者操作或普通投资者选择卖点时使用。

双顶的第二个高点，往往略低于第一个高点，也是最佳进场做空的位置。因为这是多方力量最弱的位置，即多方已无力再创出新高。所以这个位置也最容易形成连续下跌的走势，如果这个位置敢于介入空单，往往会获利丰厚。

图9.1是白银T+D的2014年2月20日的分时走势图。

2014年2月20日，白银T+D开盘先是一波急冲，然后回调到均价线附近，价格再度得到支撑，接着再度上涨，第二波上涨结束后，再度回调，回调到均价线附近，价格再度上拉，注意这一波拉涨力量很小，并且在第二波高点附近再度回落，并跌破了均价线，即A处出现小双顶结构。所以第三波上冲到第二波高点附近，就是一个比较好的做空位置。

价格跌破均价线，意味着分时图中开始转空，因为均价线之下，以做空为主。价格跌破均价线，价格又来一波急跌。接着价格就开始较长时间震荡，但从震荡过程中来看，价格没有再度站稳均价线，意味着多方力量不强。另外虽然价格低点不断抬高，但成交量是萎缩，所以这里不可能有大的上涨幅度，要耐心等待成交量的放大。

在B处，价格跌破震荡平台的下方支撑线，并且是放量跌破，所以这意味着震荡行情结束，新的一波下跌开始，所以这里要敢于直接进场做空。从其后走势看，这里介入空单，短时间就会有较大的盈利。

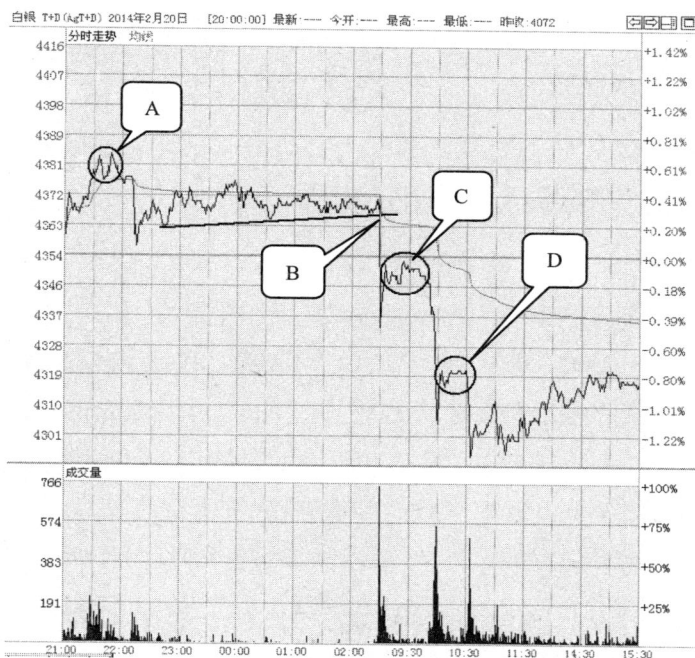

● 图 9.1 　白银 T+D 的 2014 年 2 月 20 日的分时走势图

价格快速下跌之后，出现了反弹，需要注意的是，反弹时成交量是萎缩的，并且反弹的时间和空间都不大，所以继续关注做空机会。

从反弹来看，价格反弹两波，但始终在均价线下方，并且两波反弹的形态也是一个小双顶结构，所以第二个高点附近，就是新的做空机会，即 C 处。

在 C 处，价格弱势反弹后，价格再度下跌，并且价格下跌时成交量是连续放大，这意味着第二波下跌再度开始，C 处介入空单也会有不错的盈利，当然在价格放量下跌时，也可以顺势跟进空单，短时间内也会有不错的盈利。

同理，第二波放量下跌之后，价格再度反弹，注意反弹时成交量是萎缩的，并且反弹的时间和空间都不大，所以继续关注做空机会。

从反弹来看，价格虽有几波反弹，但始终在均价线下方，所以反弹无力时，可以介入空单，即 D 处。

从其后走势来看，价格反弹后，再度放量下跌，即第三波下跌。由于这里已连续下跌三波，所以空单要注意止盈了。另外，从成交量来看，虽然每次价格下跌，成交量都是放大的，但从量能上来，第一波比第二波小，第二波比第三波小，由于量能越来越小，所以下跌连续性会越来越小，所以从量能上看，第三波下跌后，空单要及时止盈。

9.2 分时图的头肩顶做空技巧

头肩顶，其形状呈现三个明显的峰顶，其中位于中间的一个峰顶比其他两个峰顶的高位更高。对头肩顶的研判重点是量比和颈线，量比要处于温和放大状态，右肩的量要明显大于左肩的量。如果在有量配合的基础上，价格成功跌破颈线，则是该形态在盘中的最佳卖点。参与这种形态的操作要注意价格所处位置的高低，偏高的位置往往会有较好的参与价值。

注意头肩顶中，最高那个点，常常就是假突破走势。即当价格处于顶部区间时，做多主力为了获利更多的高位筹码，往往会再创新高，从而让散户卖出手中的空单。当散户卖出手中的空单后，价格不涨，反而快速下跌，开始一波下跌行情。

图 9.2 是白银 T+D 的 2014 年 1 月 8 日的分时走势图。

2014 年 1 月 8 日，白银 T+D 开盘先是一波上冲，然后回调到均价线附近，价格再度上涨，创出日内高点。随后价格再度回调，又在均价线附近价格得到支撑，再反弹，这已是第三波反弹了，注意这一波反弹没有再出新高，并且形态上出现头肩顶形态，即 A 处。

A 处的头肩顶形态，是一个做空时机。随后价格跌破了均价线，头肩顶形态成立，所以当价格跌破均价线时，是明显的做空机会。

从其后走势来看，价格跌破均价线后，价格继续下跌，并且是连续放量。

在 B 处，价格先是一波反弹，注意反弹很弱，没有站上均价线，随后再度放量下跌，并且再创新低，所以有空单的可以继续持有，没有空单的，可以继续介入空单。

从其后走势来看，价格跌破均价线后，走了三波跌势，并且三波下跌都是连续放量的，而反弹的空间很小和反弹的时间很短，所以每一次反弹，都是新的做空机会。

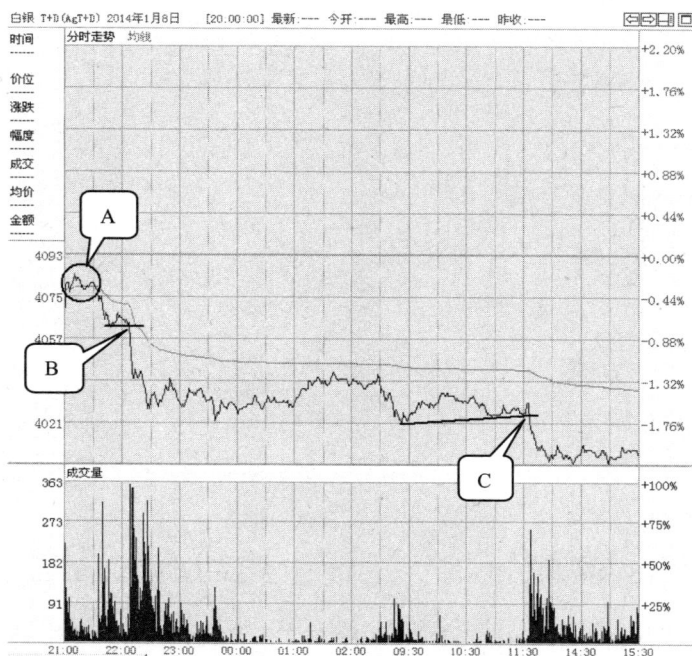

• 图 9.2　白银 T+D 的 2014 年 1 月 8 日的分时走势图

价格经过三波下跌之后，开始较长时间的震荡。由图 9.2 可以看到，在震荡过程中，成交量是缩小的，并且价格始终没有站上均价线，所以价格虽然在震荡，但始终在空头行情之中。

在 C 处，价格再度放量跌破支撑线，所以 C 处也是做空位置。

9.3　分时图的圆弧顶做空技巧

圆弧顶是指价格运行轨迹呈圆弧形的顶部形态。这种形态的形成原因，是由于有部分做空资金正在少量地逐级温和建仓造成的，显示价格已经探明阶段性顶部。它的理论下跌幅度通常是最低价到颈线位的跌幅的一倍。

图 9.3 是白银 T+D 的 2016 年 8 月 4 日的分时走势图。

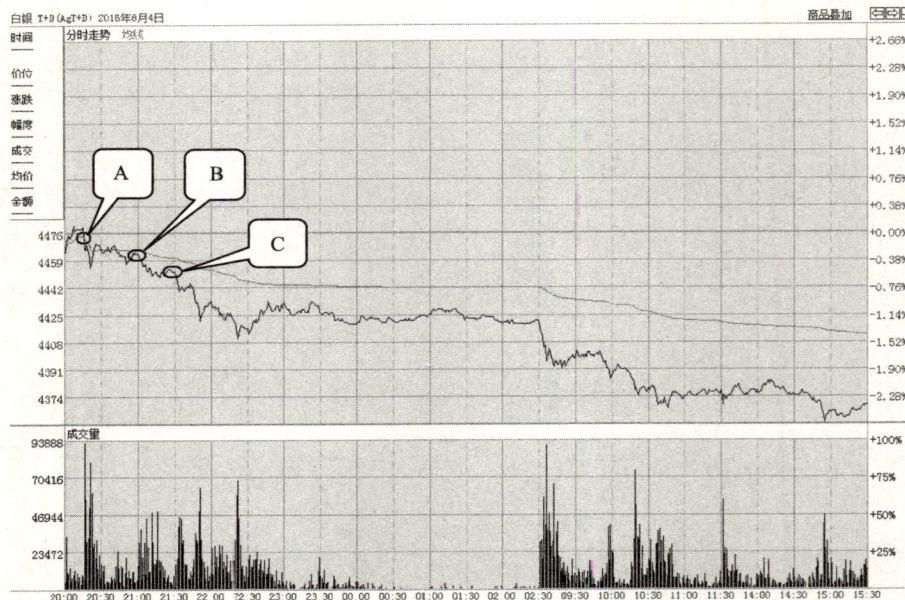

• 图 9.3　白银 T+D 的 2016 年 8 月 4 日的分时走势图

2016 年 8 月 4 日，白银 T+D 开盘出现了一波急拉，但注意成交量并不大。随后价格在高位震荡，略做震荡后，开始放量下跌，先是跌破均价线，即 A 处，这表明价格要开始下跌了。

价格快速下跌之后，出现了反弹，注意反弹时成交量不大，并且反弹到均价线附近，再度下跌，这表明价格是震荡下跌。

在震荡下跌过程中，出现反弹，反弹出现圆弧顶，都是不错的做空机会，即 B 处和 C 处。

9.4　分时图的 V 形顶做空技巧

V 形顶，俗称"尖顶"，形态走势像倒 V 形。其形成时间最短，是研判最困难，参与风险最大的一种形态。但是这种形态的爆发力最强，把握得好，可以迅速获取利润。它的形成往往是由于主力刻意打压造成的，使得价格暂时性的过度超涨，从而产生盘中的报复性下跌行情。

图 9.4 是白银 T+D 的 2013 年 12 月 18 日的分时走势图。

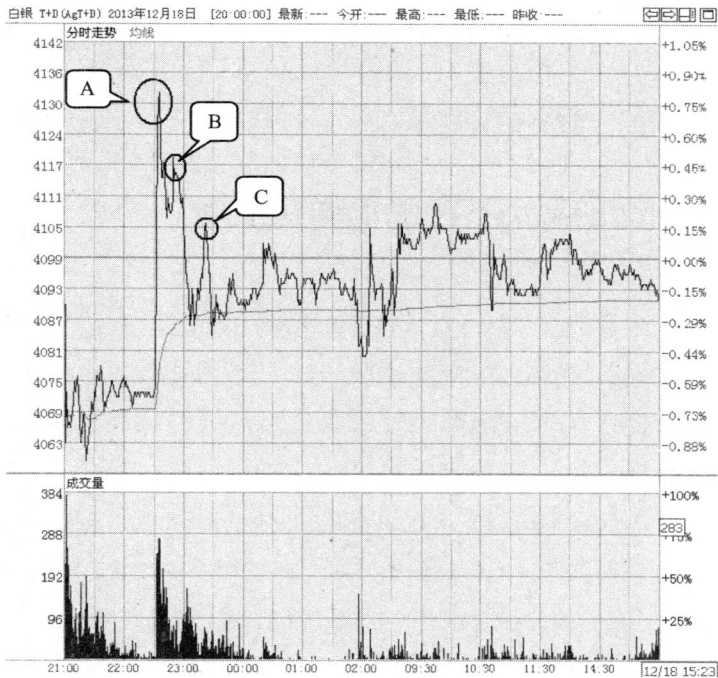

●图 9.4　白银 T+D 的 2013 年 12 月 18 日的分时走势图

2013 年 12 月 18 日，白银 T+D 开盘一波急跌，然后在低位震荡，但价格始终在均价线上方，随后价格放量上涨，由于涨幅太快，所以回落是必然，所以 A 处做空是最佳位置，注意 A 处就是一个 V 形顶。

A 处见顶后，价格快速下跌，注意成交量是缩量的，所以短线空单要见好就收。

价格在 A 处见顶后，经过两波下跌后，再度反弹，注意反弹的量能是减少的，所以反弹后仍可以做空。这一波反弹，在 B 处再度出现 V 形顶，所以 B 处仍是不错的做空位置。

B 处见顶后，价格再度快速下跌，并且下跌是连续放量，下跌到均价线附近，价格得到支撑，所以空单要注意止盈。

价格在均价线附近启稳后，又开始反弹，又形成了一个 V 形顶，即 C 处。所以 C 处也是不错的做空位置。

C 处见顶后，价格再度下跌，注意这一次下跌的成交量是萎缩的，所以当价格跌到均价线附近，价格再度启稳，所以在均价线附近，空单要注意止盈。

价格经过三波下跌后，开始宽幅震荡，由于成交量不大，所以获利机会不明显，以观望为主。

9.5　分时图的高点不断降低做空技巧

高点不断降低做空，是指盘中的走势已形成明显的下跌趋势，但分时图的波动幅度却较小，即频繁的上下震荡。如果对震荡的高点进行分析，则可以发现价格波动的高点呈现明显降低迹象。这对于投资者来说，就提供了不错的做空机会。

价格波动的高点不断降低，意味着做空力量不断介入，虽然分时图暂没有形成强劲的杀跌态势，但价格后期继续下跌的概率非常大。所以投资者可以在降低的高点处介入空单，或在价格向下突破时，积极入场做空。

图 9.5 是白银 T+D 的 2016 年 2 月 25 日的分时走势图。

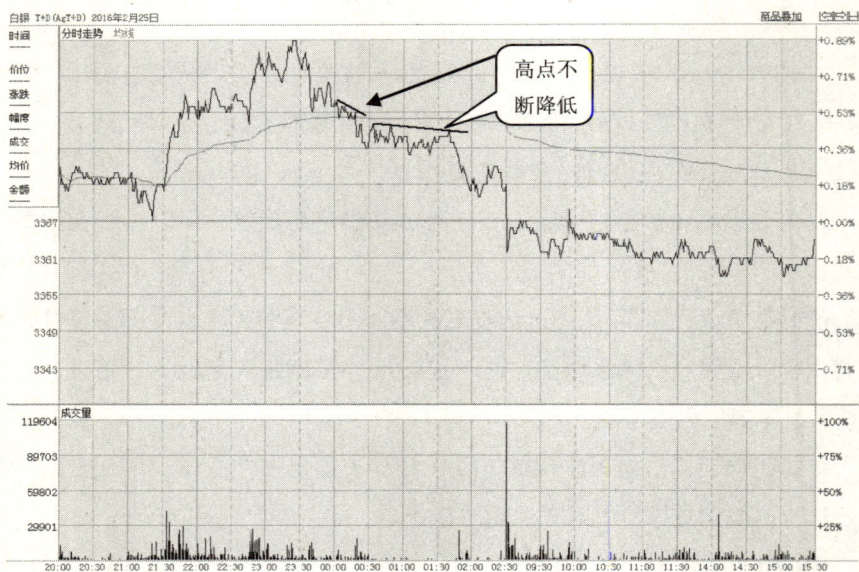

• 图 9.5　白银 T+D 的 2016 年 2 月 25 日的分时走势图

2016 年 2 月 25 日，白银 T+D 开盘围绕均价线震荡，震荡后有一个快速下跌，但价格很快再度拉起，站上均价线，这表明下跌是假，上涨是真。

随后价格开始快速上拉，第一波上涨速度最快，随后震荡，震荡后再度上涨，完成三波上涨之后，多单要注意止盈。

三波上涨结束后，价格就开始震荡下跌，价格跌到均价线附近，价格有所启稳，但在这里投资者会发现，价格的高点在不断降低，这表明下跌力量仍有继续下跌的要求。

随后价格跌破均价线，然后价格在均价线下方震荡。需要注意的是，价格的高点仍在不断降低，这表明价格震荡后，仍会继续下跌。从其后走势可以看出，价格震荡后，再度大幅下跌，空单会有丰厚的盈利。

9.6　分时图的均价线压力做空技巧

均价线是多空分界线，即如果价格在均价线下方，投资者就可以积极进行做空操作。特别是在分时线向上暂时反弹接触或靠近均价线时，只要整体盘面保持明显的空头迹象，就可以在此介入空单。

图 9.6 是白银 T+D 的 2014 年 4 月 3 日的分时走势图。

2014 年 4 月 3 日，白银 T+D 一开盘就围绕均价线震荡，经过两波震荡后，价格开始在均价线下方运行，并且成交量都很小，所以每当价格反弹到均价线附近时，都可以介入空单，即 A 处和 B 处都是不错的做空机会。

价格在 C 处，有一波反弹，但成交量很小，在接近均价线时，又是一个不错的做空位置。随后价格放量下跌，在这里可以看到，下跌了两小波后，就跌不动了，所以空单要及时止盈。

随后价格再度缩量反弹，在 D 处，价格接近均价线时，又是反弹无力，所以仍可以介入空单。

同理，E 处也可以介入空单。

需要注意的是，价格在接近均价线附近时，成交量一定不能连续放大，否则过多的资金入场做多，就会减弱均价线的压力作用。如果价格无量反弹至均价线附近，就可以积极做空了。

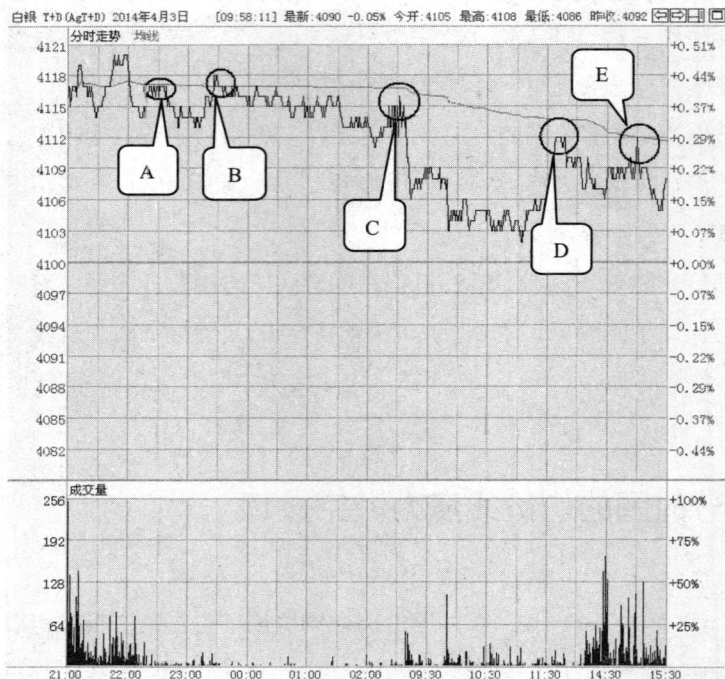

● 图 9.6　白银 T+D 的 2014 年 4 月 3 日的分时走势图

9.7　分时图的放量做空技巧

在实战交易中，成交量的变化是相当重要的。因为量为价先，成交量体现了资金的操作方向和积极性，时常关注量能的经典变化形态，可以帮助投资者决策恰当的进场时机。

放量做空，是指价格在自由波动时，成交量第一次形成明显放量、分时线向下杀跌时入场做空操作。这种操作方法解决了价格盘中出现下跌时的介入时机问题，很多时候，价格出现较长时间的横盘，突然出现放量下跌，成交量的放量意味着资金突然介入，价格的下行意味着资金操作的方向向下，在资金刚刚入场的时候及时跟进，这是放量做空最大的特点。

需要注意的是，放量做空也是一个风险，特别是第一次放量做空，在市场空头迹象并不是很明显的情况下，在初次放量区间介入，由于后期量能跟不上，容易使价格只形成一波杀跌的走势。但只要对整体盘面进行了分析，在确定空方占优势的情况下使用这种方法，实现利是很容易的事。

图 9.7 是白银 T+D 的 2016 年 2 月 29 日的分时走势图。

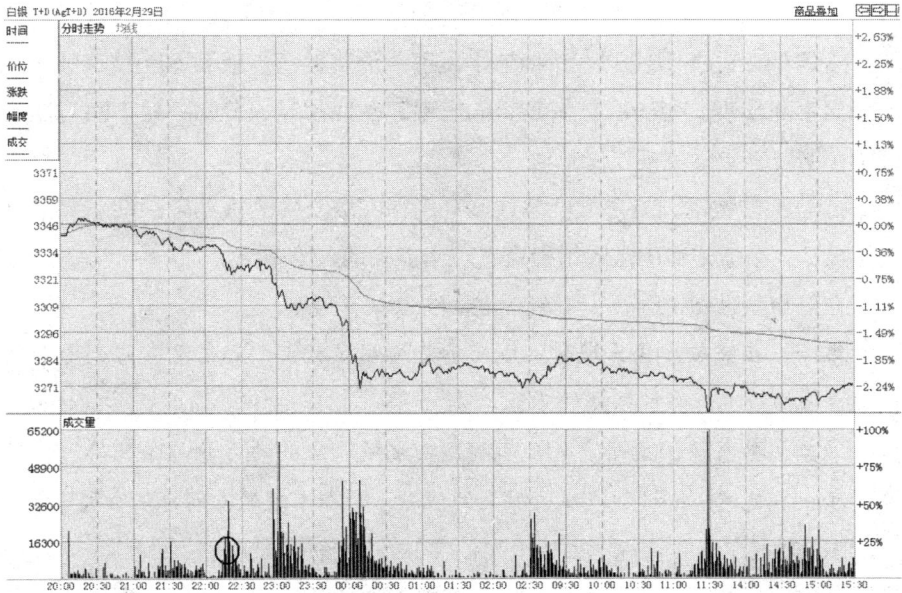

● 图 9.7　白银 T+D 的 2016 年 2 月 29 的分时走势图

2016 年 2 月 29，白银 T+D 开盘出现了两波上涨，然后价格就震荡跌破均价线。随后价格就开始沿着均价线震荡下跌，但成交量一直没有放出来。

价格震荡缓跌后，突破放量下跌，这意味着新的资金入场做空了，即新的一波下跌开始了，所以在放量下跌时，投资者可以第一时间跟进空单，短线时间内就会有不断的盈利。

从其后走势看，价格第一波入量下跌后，价格开始震荡反弹，但反弹的量能是萎缩的，反弹的时间虽然略长，但反弹的空间很小，所以继续下跌仍是大概率事件，所以手中的空单仍可以持有，并且可以继续介入空单。

9.8　分时图的低点跌破做空技巧

价格如果处在明显的下跌趋势中，那么价格的低点就会不断被跌破，新的低点不断出现。每一次新低走势的出现，往往都意味着又一轮下跌行情的开始，所以一定要重视新低走势。

低点跌破做空，就是指价格在波动时，在成交量的推动下跌破了前期盘中低点，在新低走势出现时，投资者应当积极地入场做空。

在低点跌破做空时，投资者一定要注意以下两点：

第一：在突破走势出现时，成交量必须明显放大，如果没有得到资金的推动，价格很难有继续杀跌的动能。

第二：要求整体盘面空头必须明显占上风，空头的力量越强越好。如果整体盘面不支撑，价格即使跌破原来的低点，后期下跌的空间也不会太大。

图 9.8 是白银 T+D 的 2013 年 12 月 19 日的分时走势图。

2013 年 12 月 19 日，白银 T+D 开盘围绕均价线窄幅震荡，由于成交量很小，所以操作机会也很小。

在 A 处，成交量出现了密集的放大现象，这说明资金在盘中开始积极地交易，同时分时线有力度向上形成了新低杀跌走势，这说明资金此时做空的态度坚决，在量价配合完美的状态下，投资者要敢于及时地跟进空单。

资金想要价格在后期出现大幅下跌，就必须克服前期低点的重重支撑，只有突破走势不断延续，下跌趋势才能得以保持。价格形成新低杀跌走势比较容易确认，在新低杀跌走势形成时，投资者需要做的就是对整体盘面的多空性质进行确认，一旦确定当天的盘面空头迹象非常明显，出现新低时，就要大胆地做空操作。

所以 A 处是一个好的做空位置。

在 A 处，价格放量创出新低后，价格略做反弹，注意反弹是缩量的，并且反弹的空间很小，时间也很短，所以后市仍会下跌。手中的空单继续持有，继续介入空单。

在 B 处，价格再度放量下跌，并创出新低，仍可以继续跟进空单。

同理，C 处也是不错的跟进空单位置。

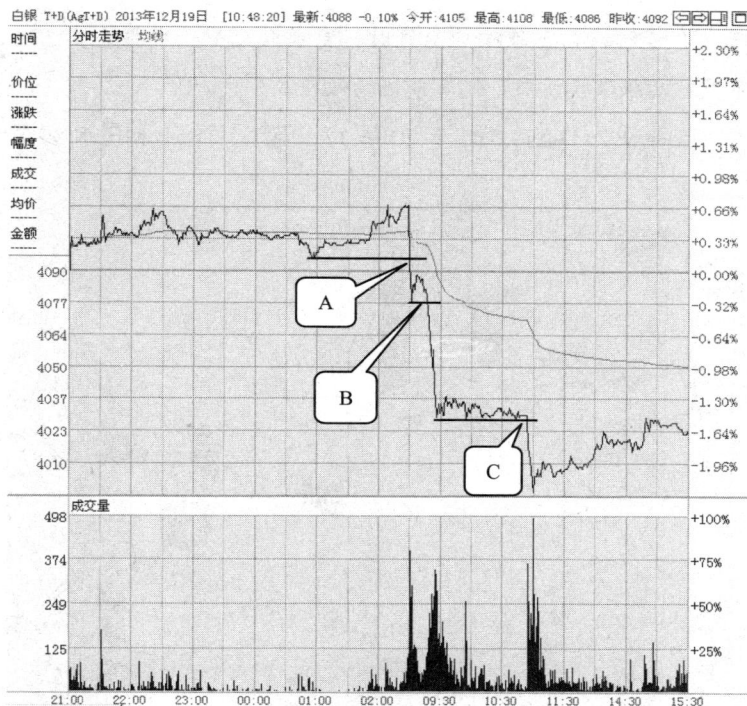

• 图 9.8　白银 T+D 的 2013 年 12 月 19 日的分时走势图

9.9　分时图的均价线跌破做空技巧

均价线跌破做空，是指价格在盘中波动时，始终处在均价线上方，但随后在成交量不断放量的推动下，价格不断下跌，分时线快速向下跌破均价线支撑。在跌破均价线支撑时，就是投资者入场做空的时机。

在使用均价线跌破做空时，需要注意以下 3 点：

第一：要求日线级别的 K 线图处于明显的下跌趋势，这是为了避免假突破的出现，即便是价格后期暂时反弹，在日线级别的 K 线图趋势向下的情况下，跌破均价线开仓做空，风险不大。

第二：要求当天整体盘面多方力量不能太大，如果涨幅过大，即使价格跌破均价线，也不能进空，因为这样价格很容易重新反弹上涨。

第三：在分时线向下跌破均价线时，要求成交量一定要连续放大，如果成交量不是放量跌破均价线，则不能进场做空。

图 9.9 是白银 T+D 的 2013 年 10 月 17 日至 11 月 18 日的 K 线图。

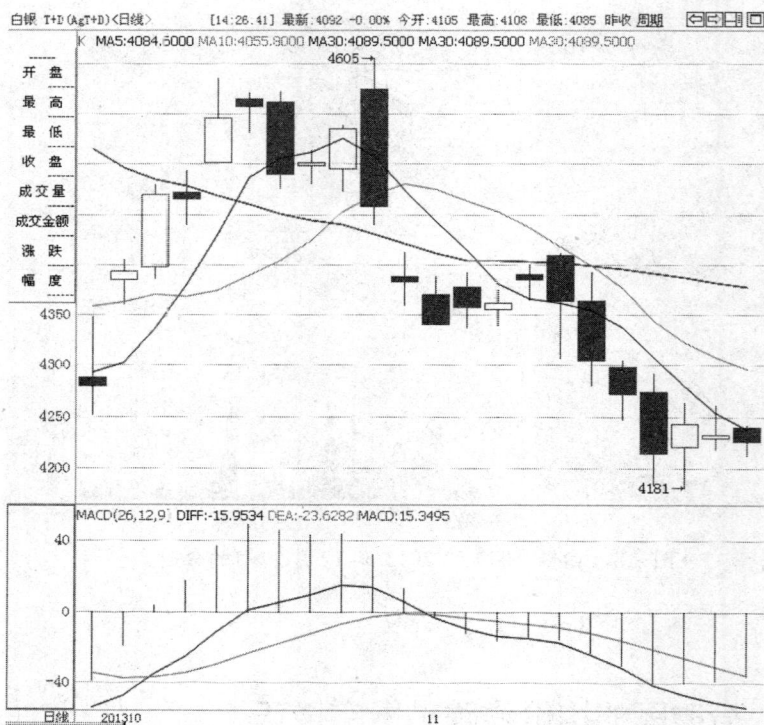

• 图 9.9　白银 T+D 的 2013 年 10 月 17 日至 11 月 18 日的 K 线图

白银 T+D 经过一波反弹，创出 4605 高点。注意在创出高点这一天，价格收了一根中阴线，并且跌破了 5 日和 10 日均线，这意味着新的一波下跌开始。

随后价格又跌破 30 日均线，然后价格在 30 日均线下方横向盘整 5 个交易日，价格再度下跌，并且价格是沿着 5 日均线下跌，所以盘中反弹继续做空。

直到 2013 年 11 月 18 日，白银 T+D 的价格仍在明显的空头行情之中，所以下一个交易日，继续关注逢高做空机会。

图 9.10 是白银 T+D 的 2013 年 11 月 19 日的分时走势图。

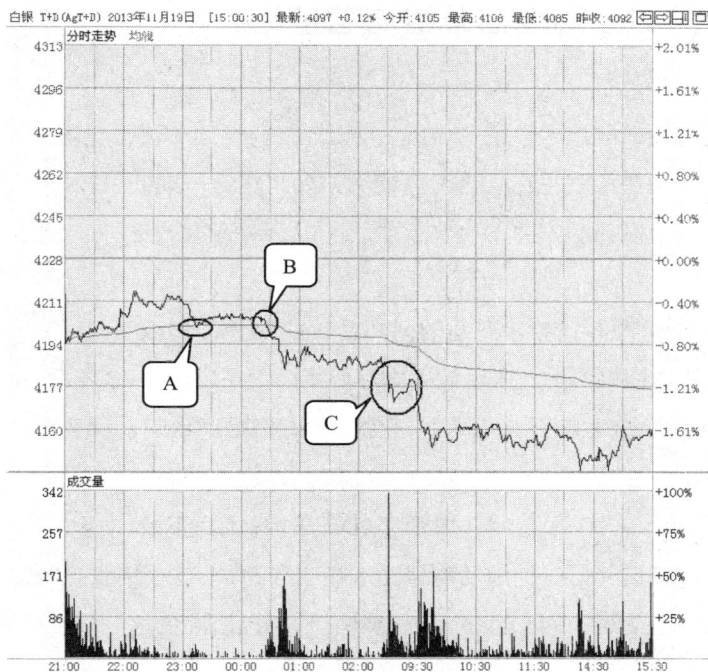

• 图 9.10　白银 T+D 的 2013 年 11 月 19 日的分时走势图

2013 年 11 月 19 日，白银 T+D 开盘先是急跌，然后沿着均价线来了三波上涨，创出日内高点。随后价格震荡走低，在回落到均价线附近，即 A 处，价格再度得到支撑，如果手中有短线空单，要注意止盈。

在 A 处，价格得到支撑后，又开始反弹，注意反弹很弱，并且成交量很小，这说明多方力量已不强。

价格弱势反弹后，在 B 处，价格跌破了均价线，并且是放量跌破均价线的，这表明有新的资金入场做空，所以手中有多单要及时离场。由于是放量跌破的，所以手中有空单，可以持有，没有空单的可以介入空单。

从其后走势看，价格跌破均价线后，就开始震荡走低，并且价格始终在均价线下方，这意味着空方力量强大，所以空单可以耐心持有。

在 C 处，价格再度反弹下跌，而反弹是萎量的，这意味着价格还会下跌，所以空单继续持有，没有空单的，可以在反弹时介入空单。

9.10　分时图的晚盘开盘做空技巧

做过一段时间白银投资的老投资者都会发现一个问题：很多时候价格最大幅度的波动往往发生在晚盘开盘期间，如果在这一期间进行操作，在较短的时间内便可以获利丰厚的投资收益。所以，对开盘的走势一定要给予足够的重视。

现在白银 T+D 的晚上开盘时间都是 9:00，由于白银 T+D 的走势，是跟随国际现货白银来走的，所以如果国际现货白银在白银 T+D 不开盘的一段时间内，特别是白银 T+D 晚上即将开盘时，价格是下跌的，那么白银 T+D 开盘就要关注做空机会了。

如果晚上 9:00 开盘后，白银 T+D 分时线快速下跌，便可以进场做空了。为了提高这种方法的成功率，要求在实战时，日线级别的 K 线趋势是明显向下的。日线级别的 K 线的下跌趋势，对开盘期间价格的下跌起到促进的作用。

图 9.11 是白银 T+D 的 2013 年 8 月 20 日至 11 月 4 日的 K 线图。

白银 T+D 从日 K 线图上看，价格处在下跌趋势中，所以下一个交易日，仍以做空为主。

白银 T+D 下午 3:30 停盘到晚上 9:00 开盘时，现货白银的价格走势，如图 9.12 所示。

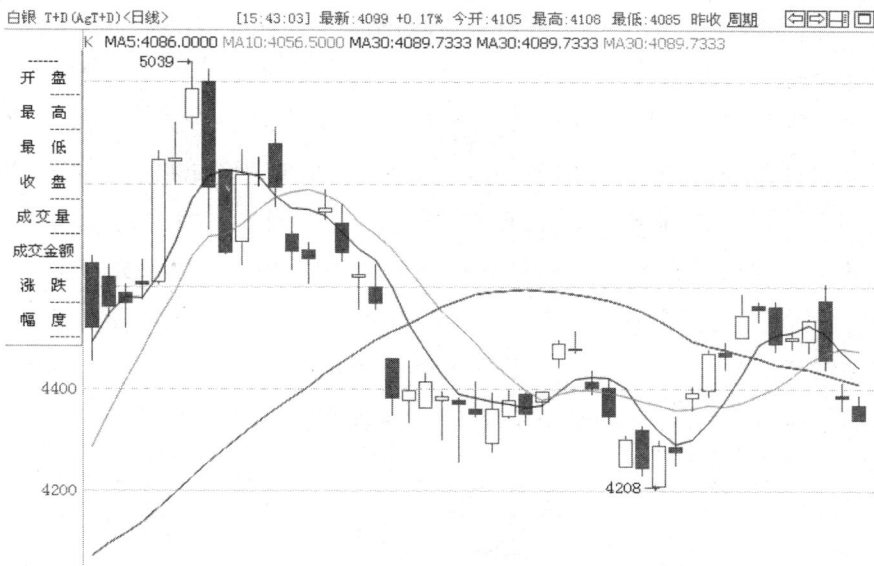

• 图 9.11　白银 T+D 的 2013 年 8 月 20 日至 11 月 4 日的 K 线图

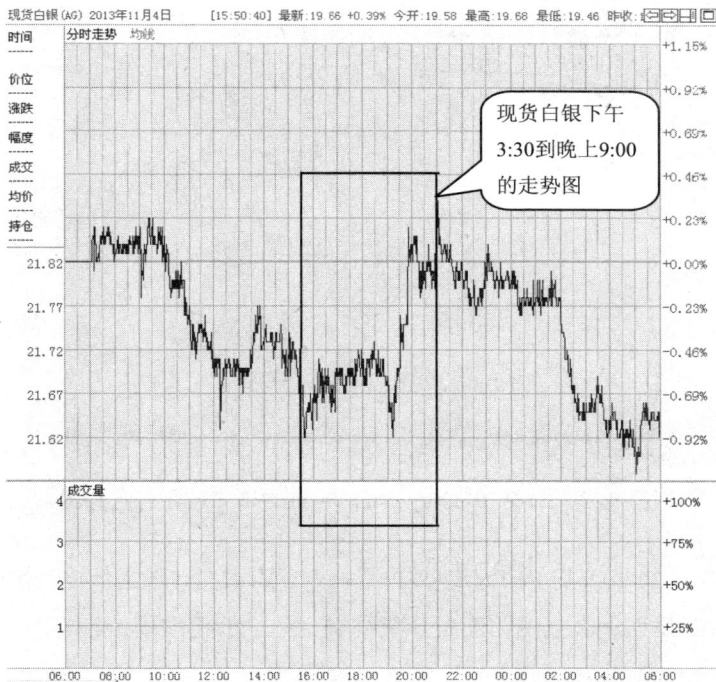

• 图 9.12　现货白银（AG）的 2013 年 11 月 4 日的分时走势图

现货白银在白银 T+D 下午 3:30 停盘到晚上 9:00 开盘这段时间，走出了一波上涨行情。

现货白银下午 3:30，价格正好创出一个低点，随后价格开始反弹，注意反弹的力量很弱，接着价格再度下跌，又在下午 3:30 附近的低点再启稳，然后开始一波强劲的反弹。这一波反弹创出了新高，并且是在 21:00 创出高点，但从其后走势看，价格虽然创出新高，但很快又跌了回来，并逐波下跌。

所以，白银 T+D 开盘一定会高开，考虑到现货白银会回调下跌，所以要关注做空机会，因为白银 T+D 是跟随现货白银来走的。

图 9.13 是白银 T+D 的 2013 年 11 月 5 日的分时走势图。

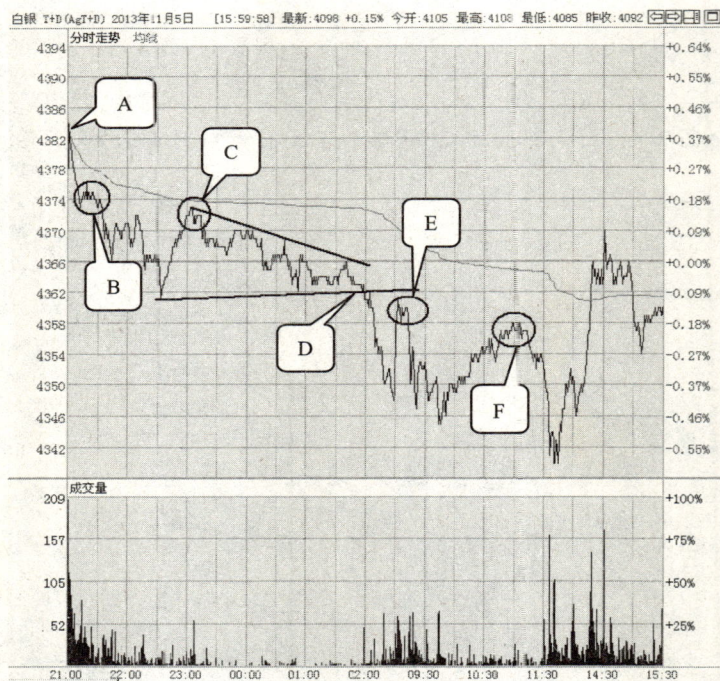

• 图 9.13　白银 T+D 的 2013 年 11 月 5 日的分时走势图

2013 年 11 月 5 日，白银 T+D 开盘高开，即 A 处。随后价格就快速下跌，注意下跌时是连续放量的，而反弹是缩量，并且价格在均价线下方，所以在 B 处，可以介入空单。

B 处反弹无力后，价格再度下跌，从其后走势看，价格共完成了三波下跌。

价格完成三波下跌后，空单要注意止盈。接着价格就开始反弹，价格缩量反弹到均价线附近，即 C 处，所以 C 处也是不错的做空机会。

随后价格开始震荡下跌，即高点不断下降，所以手中的空单可以持有，并且可以在反弹的高点附近继续介入空单。

白银 T+D 的价格缓跌后，在 D 处，价格再创新低，并且是连续放量跌破的，这意味着新的资金进场做空了，所以 D 处仍可以介入空单。

从其后走势来看，在 D 处介入空单，短时间就会有不错的盈利。价格快速下跌后，又快速反弹，反弹到前期低点附近，即 E 处，又是新的做空位置。

同理，F 处也是不错的做空机会，原因是反弹是缩量的，另外价格仍在均价线下方。

第 10 章

白银日内短线交易的 K 线
实战技巧

K 线的作用很大, 利用 K 线就能判断白银价格的运行趋势, 结合其他分析技术, 可以准确地把握买入和卖出的战机, 从而成为白银市场中的赢家。

本章主要内容包括:

- ➤ K 线的绘制方法
- ➤ K 线的优缺点
- ➤ K 线应用注意事项
- ➤ 早晨之星实战做多技巧
- ➤ 平底实战做多技巧
- ➤ 锤头线实战做多技巧
- ➤ 两红夹一黑实战做多技巧
- ➤ 塔形底实战做多技巧

- ➤ 黄昏之星实战做空技巧
- ➤ 平顶实战做空技巧
- ➤ 射击之星实战做空技巧
- ➤ 两黑夹一红实战做空技巧
- ➤ 塔形顶实战做空技巧
- ➤ 60 分钟图的 EXPMA+K 线短
  线赚钱技巧

10.1 初识 K 线

　　K 线是价格历史走势的记录，将每日的 K 线按照时间顺序排列起来，就是一张 K 线图。通过对 K 线图进行分析，可以辨别市场行情的多空能量变化，可以预测市场未来的发展方向。

10.1.1　K 线的绘制方法

　　K 线是根据价格在某一时段的四个价位绘制而成，分别是开盘价、收盘价、最低价和最高价。K 线是一条柱状的线条，由实体和影线组成。在实体上方的影线叫上影线；在实体下方的影线叫下影线。实体分阳线和阴线，当收盘价高于开盘价时，实体部分一般是红色或白色，称为阳线；当收盘价低于开盘价时，实体部分一般是蓝色或黑色，称为阴线，如图 10.1 所示。

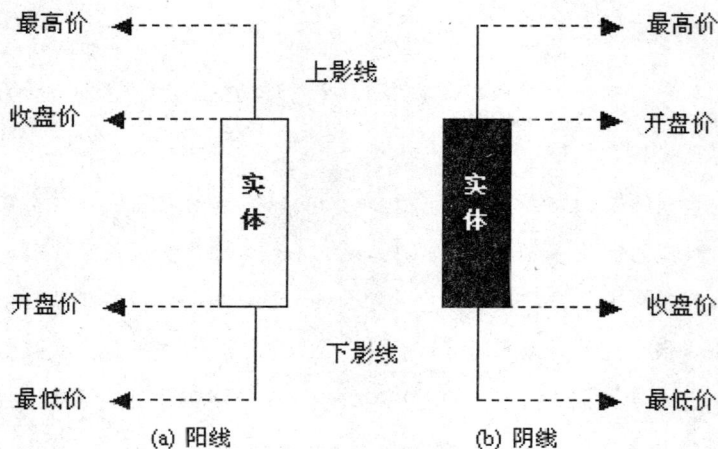

● 图 10.1　K 线图形及意义

10.1.2　K 线的优缺点

K 线的优点是，能够全面透彻地观察到市场的真正变化。从 K 线图中，既可以看到价格（或大市）的趋势，也可以了解到每日行情的波动情形。

K 线的缺点有两项，具体如下：

（1）绘制方法十分繁复，是众多走势图中最难制作的一种。由于计算机的普及，这一点已被解决。

（2）阴线与阳线的变化繁多，对初学者来说，在掌握分析方面会相当困难。

10.1.3　K 线应用注意事项

初学 K 线，不能只看表面现象，K 线在不同的位置，不同的时间，所表达的信息是不同的。根据作者多年的实战经验，总结出在运用 K 线时要注意的具体事项，具体如下：

（1）市场中没有百发百中的方法，利用 K 线分析股市也仅仅是经验性的方法，不能迷信。

（2）分析 K 线必须结合关键位置上的表现，即要看股价在支撑位、压力位、成交密集区、有意义的整数区、绝对高位、相对高位、绝对低位、相对低位等关键位置的表现形式。

（3）K 线分析方法必须与其他方法相结合，用其他分析方法已经做出了买卖决策后，再用 K 线或 K 线组合选择具体的出入市时机。

（4）注意对关键 K 线的分析，即对大阳线、大阴线及重要的 K 线组合的分析，另外还要关注重要 K 线的成交量。

（5）分析 K 线，要看一系列 K 线的重心走向，也就是 K 线均价的走向。

（6）根据自己的实战经验，加深认识和理解 K 线和 K 线组合的内在和外在的意义，并在此基础上不断修改、创造和完善一些 K 线组合，做到"举一反三，触类旁通"。

10.2 K 线实战做多技巧

K 线实战做多技巧共有 5 个，分别是早晨之星实战做多技巧、平底实战做多技巧、锤头线实战做多技巧、两红夹一黑实战做多技巧、塔形底实战做多技巧。

10.2.1 早晨之星实战做多技巧

早晨之星，又称启明星，市场开始处于下降趋势中，第一个交易日是一根大阴线；第二个交易日是一根小阳线或小阴线；第三个交易日是根阳线，它将市场推进到第一个交易日阴线的价格变动范围之内。

在理想形态中，第二个交易日与第一个交易日的图形之间形成向下的跳空缺口，而第三个交易日的阳线与第二个交易日的小阳线或小阴线之间出现一个向上的跳空缺口，早晨之星如图 10.2 所示。

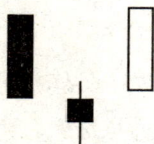

•图 10.2 早晨之星

早晨之星形成的心理分析：市场原本在已经确定的下降趋势中运行，一根大阴线的出现支持了这种趋势，这样市场将在这一行为的带动下继续走熊；但第二个交易日市场向下跳空开盘，全天价格波动不大，最后价格又回到收盘价，这表明市场主力对未来的发展趋势犹豫不决；第三个交易日市场高开，并且买盘踊跃，继续向上推高价格，市场趋势反转信号出现。

图 10.3 是 2016 年 5 月 2 日至 7 月 4 日的现货白银（AG）的日 K 线图。

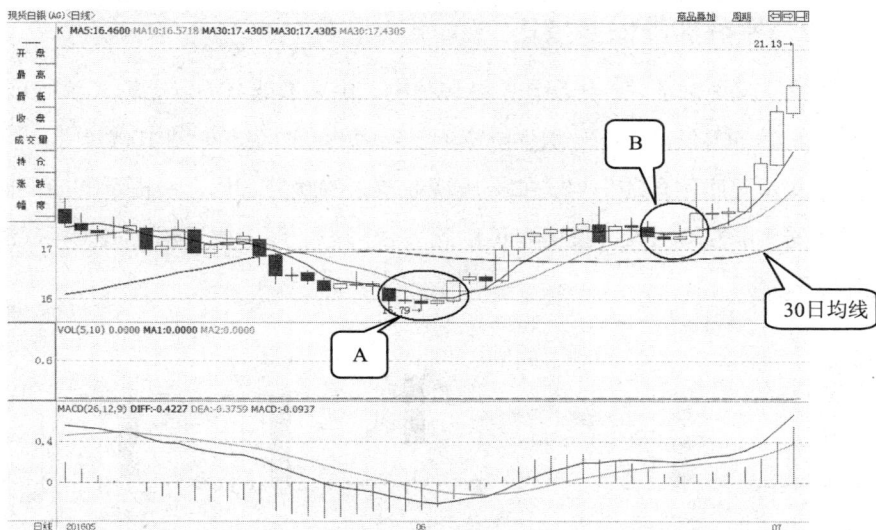

● 图 10.3　2016 年 5 月 2 日至 7 月 4 日的现货白银（AG）的日 K 线图

现货白银的价格经过几十个交易日的下跌，创出 15.79 美元 / 盎司的低点，但需要注意的是，价格创出该低点时，价格却收了一根带有上下影线的见底 K 线，即 A 处。

在 A 处，出现了变形的早晨之星见底 K 线组合，即先是中阴线下跌，然后连续收小阴小阳线，然后一根中阳线向上突破，这表明下跌行情已结束，后市开始震荡上涨行情。所以在 A 处，空单要注意逢低及时出局，并且可以逢低介入多单。

从其后走势可以看出，价格中阳线站上 5 日和 10 日均线之后，就开始沿着 5 日均线开始上涨，所以多单可以沿着 5 日均线持有，也可以在价格回落到 5 日均线附近继续介入多单。

价格经过 9 个交易日上涨之后，再度震荡。需要注意的是，价格虽在震荡，价格 30 日均线始终在下方，并且方向略向上，这表明多头始终控制着方向，所以如果出现见底 K 线组合，仍可以继续介入做多，即 B 处的早晨之星，是新的做多机会。

从其后走势可以看出，在 B 处介入多单，短短几个交易日，就会有不断的盈利。

10.2.2　平底实战做多技巧

平底，又称钳子底，出现在下跌趋势中，由 2 根或 2 根以上的 K 线组成，但这些 K 线的最低价在同一水平位置上。平底的标准图形如图 10.4 所示。

平底是见底回升的信号，如果出现在较大的跌势之后，所提示的商品价格反转的可能性就很大。投资者见到此 K 线形态，可考虑适量买进。平底的变化图形如图 10.5 所示。

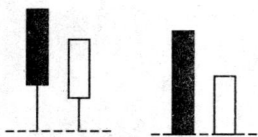

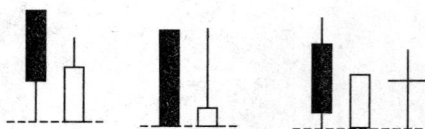

●图 10.4　平底　　　　　●图 10.5　平底的变化图形

图 10.6 是 2010 年 6 月 16 日至 10 月 5 日的现货白银（AG）的日 K 线图。

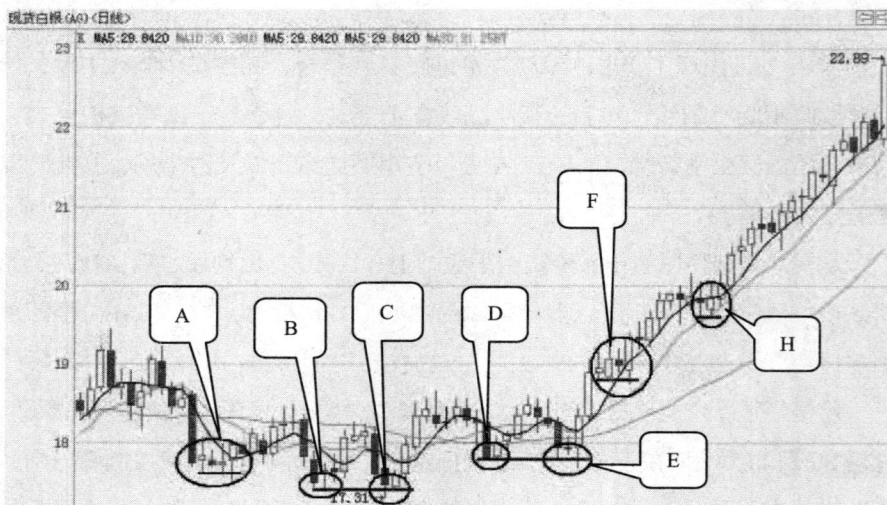

●图 10.6　2010 年 6 月 16 日至 10 月 5 日的现货白银（AG）的日 K 线图

现货白银从 19.44 开始下跌，经过 9 天下跌，下跌到 17.6 附近，然后低位震荡盘整，连续三天，都在这个位置盘整，即在 A 处形成了平底。平底的出现，表明下跌动力不强，有反弹的要求，空单可以先出局观望，短线多单可以轻仓进场，止损于平底的最低点附近，即 17.6 附近。

A 处平底出现后，价格开始反弹，连续反弹 7 天，反弹力量很弱，这表明多头力量不强，还有进一步下跌的可能，所以抄底多单要注意保护盈利或直接获利出局。

随后价格再次下跌，连续下跌 2 天，下跌到 17.5 附近，即虽跌破了 A 处平底，但还是在 A 处平底附近止跌。所以在 B 处平底，短线空单要保护好盈利或直接出局。另外，可以在 B 处平底附近，轻仓试多，止损于 17.5 附近。

B 处平底出现后，价格出现了反弹，反弹力量也很弱，随后再次下跌。再次下跌到 17.5 附近，又出现了平底，即 C 处，所以在 C 处，仍可轻仓试多。

C 处平底出现后，价格连续阳线上涨，上涨了 4 天后出现了回调，但要注意这次回调没有回调到 17.5，而是回调到 17.8 附近就止跌了，并且又出现了平底信号，即 D 处。

随后价格又开始反弹，又是连续阳线上涨 4 天，再次回调，又回调到 17.8 附近，出现了止跌信号，即在 E 处出现了平底。

在这里需要注意的细节是，D 处和 E 处出现的平底都在是 17.8 附近，要高于 17.5，这表明下跌行情可能结束，因为低点在不断抬高。

E 处出现平底后，银价就开始大阳线上攻，多头力量相当强劲，并且均线开始由粘合变成了发散，这些都是震荡行情结束，趋势行情到来的标志。

如果你在 E 处平底附近抄底做了多单，可以沿着 5 日均线或 10 日均线持有，即收盘价格不跌破 5 日均线可以持有，这样可以实现盈利的最大化。

两根大阳线向上突破后，价格又开始平台整理，即 F 处又出现了平底。注意 F 处出现的平底是一个明显的做多信号，因为均线系统已形成明显的多头排列，所以在 F 处做多是风险小，收益大的做多信号，要敢于做多。

随着价格的上涨，又在 H 处出现了平底，这个平底与 F 处的平底类似，也是一个风险小，收益大的做多信号，要敢于做多。

10.2.3　锤头线实战做多技巧

锤头线，出现在下跌趋势中，阳线或阴线的实体很小，下影线大于或等于实体的两倍，一般没有上影线，即使有，也短得可以忽略不计。锤头线的标准图形如图 10.7 所示。

通常，在价格大幅下跌后，出现锤头线，则价格止跌回升的可能性较大，其效果与以下 3 点有关：

（1）锤头实体越小，下影线越长，止跌作用就越明显；

（2）价格下跌时间越长、幅度越大，锤头线见底信号就越明确；

（3）锤头线有阳线锤头与阴线锤头之分，作用意义相同，但阳线锤头力度要大于阴线锤头。

（4）如果锤头线与早晨十字星一起出现，见底信号更可靠。

激进型投资者见到下跌行情中的锤头线，可以试探性地做多；稳健型投资者可以多观察几天，如果价格能放量上升，可以适量做多。锤头线的变化图形如图 10.8 所示。

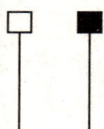

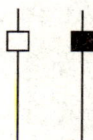

●图 10.7　锤头线　　　　　　　●图 10.8　锤头线的变化图形

图 10.9 是 2016 年 3 月 2 日至 9 月 6 日的现货白银（AG）的日 K 线图。

在 A 处，现货白银出现一根中阴线杀跌，但收盘却收了一根带有较长下影线的 K 线，这表明下方已出现做多力量。

随后价格在低位震荡，但没有再出新低，这表明做空力量开始变弱，做多力量在不断聚集。在 B 处，出现了锤头线做多信号，所以如果手中还有空单，要及时出局，并且在 B 处可以做多。

从其后走势可以看出，价格先是站上所有均线，然后沿着均线出现一波明显的上涨行情。

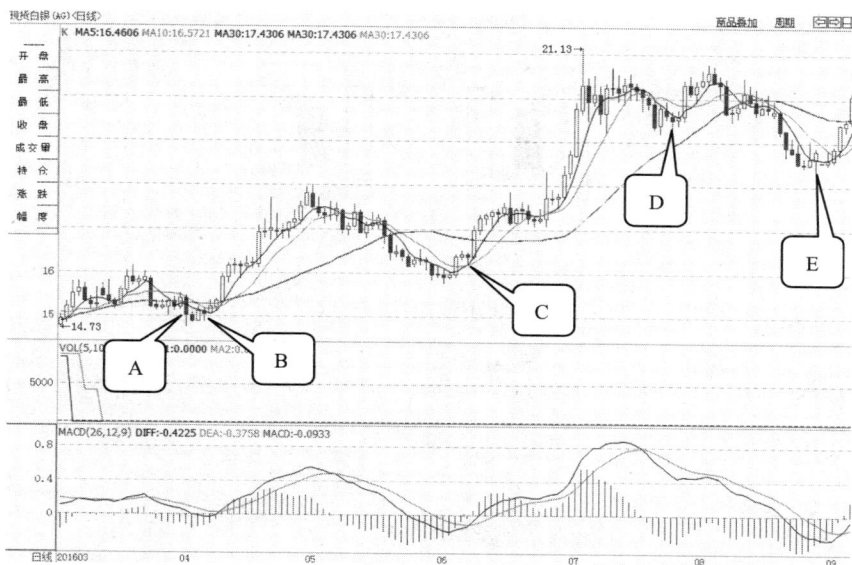

● 图 10.9　2016 年 3 月 2 日至 9 月 6 日的现货白银（AG）的日 K 线图

价格连续上涨之后，再度回调，经过十几个交易日的回调后，价格再度上涨，先是一根中阳线站上 5 日和 10 日均线，这表明价格又要开始上涨了。随后在 C 处，出现了锤头线做多信号，所以 C 处是新的做多机会。

从其后走势来看，这里出现一波较大幅度的上涨行情，先是沿着均线小幅上涨，最后连续快速拉涨。

价格大涨之后，开始在高位震荡，在震荡过程中出现锤头线做多信号，仍可以介入多单，但一定要注意，震荡行情时间不会太长，并且一旦价格涨不动，就要及时获利出局，所以 D 处和 E 处的锤头线，也可以介入多单。

10.2.4　两红夹一黑实战做多技巧

两红夹一黑的特征是：左右两边是阳线，中间是阴线，3 根 K 线的中轴基本上是处在同一水平位置上，两根阳线的实体一般比阴线实体长。两红夹一黑的图形如图 10.10 所示。

如果两红夹一黑出现在跌势中，则暗示价格会暂时止跌，或有可能见底回升；在上涨趋势中，特别是在上升初期，表示价格经过短暂的休整，还会继续上涨。

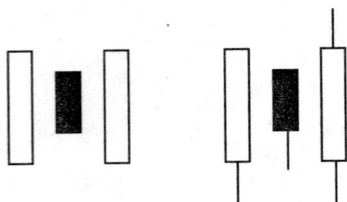

● 图 10.10　两红夹一黑

图 10.11 是 2008 年 11 月 27 日至 2009 年 3 月 3 日的现货白银（AG）
的日 K 线图。

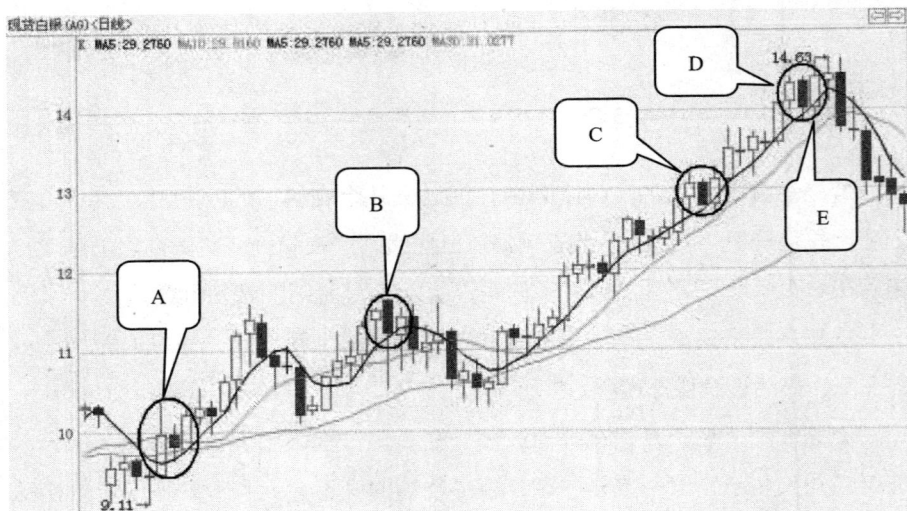

● 图 10.11　2008 年 11 月 27 日至 2009 年 3 月 3 日的现货白银（AG）的日 K 线图

在 A 处，价格出现了两红夹一黑的 K 线组合，在这里要明白，价格刚刚
见底上涨，两红夹一黑信号的出现，表明上涨还会继续，所以随后要继续逢
低做多，并且要敢于重仓做多。

在 B 处，价格连续上涨 6 天后，又出现两红夹一黑 K 线组合。在这里要
注意的是，价格已上涨 6 天，并且上涨到前期高点附近，所以要多单以保护
盈利为主，即多单减仓为主。如果价格强势，有效突破前期高点后再把仓位
补回来。从其后走势来看，价格出现了回调，但回调后又开始了新的一波上涨。

所以在这里多单减仓后，可以在回调到 30 日均线附近再把多单补回来。

在 C 处，价格在上涨途中出现了两红夹一黑 K 线组合，首先这里均线系统良好，所以可以持有多观察几天，如果随后价格继续上涨，多单就要耐心持有，如果价格出现不好走势，多单要注意获利了结。从其后走势看，两红夹一黑 K 线组合出现后，价格继续上涨，并且是沿着 5 日均线上行的，所以多单可以继续持有。

在 D 处，价格又出现了两红夹一黑 K 线组合，在这里特别小心，原因是，价格已有较大涨幅，并且这一波已上涨 28 个交易日，无论时间和空间都到位了。当然也需要耐心再观望一下，从其后走势看，两红夹一黑 K 线组合出现后，价格又上涨了一天，收盘是一根带有上下影线的小阳线，这表明多空开始有分歧，但最终还是多方略胜一筹。但接着价格没有继续上涨，而是收了一根中阴线，即 E 处。这根中阴线跌破了 5 日和 10 日均线，这表明这一波上涨行情结束，随后进入较长时间的调整，所以多单要及时出局，并且可以逢高建立空单。

10.2.5　塔形底实战做多技巧

塔形底，因其形状像一个倒扣的塔顶而命名，其特征是：在一个下跌行情中，商品价格在拉出长阴线后，跌势开始趋缓，出现了一连串的小阴小阳线，随后窜出一根大阳线，这时升势确立。塔形底的图形如图 10.12 所示。

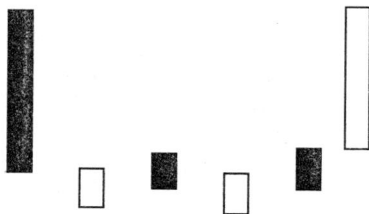

●图 10.12　塔形底

一般来说，价格在低位形成塔形底后，并且有成交量的配合，往往会有一段较大的涨势出现。投资者见此 K 线组合后，应抓准机会，跟进做多。

图 10.13 是 2015 年 11 月 17 日至 2016 年 4 月 29 日的现货白银（AG）的日 K 线图。

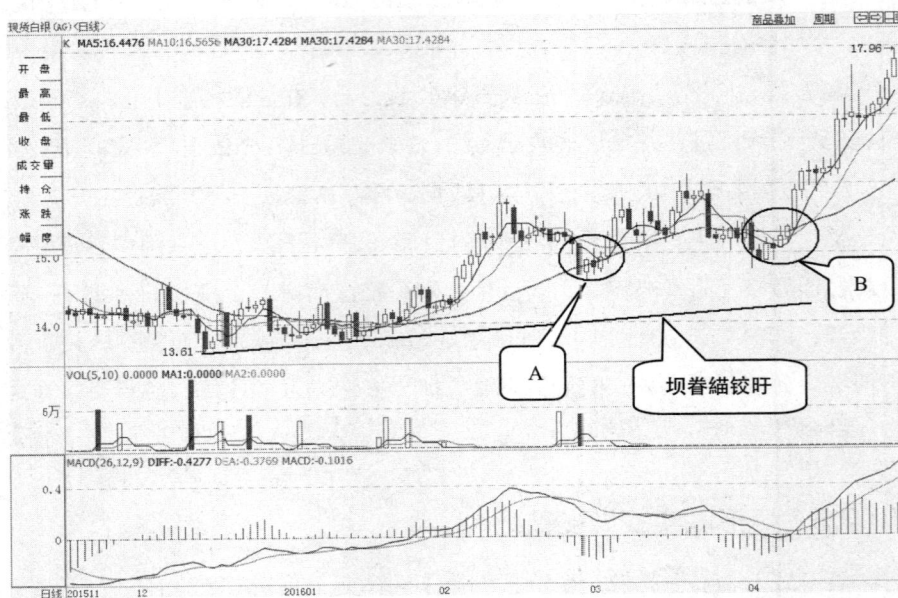

• 图 10.13　2015 年 11 月 17 日至 2016 年 4 月 29 日的现货白银（AG）的日 K 线图

现货白银经过长时间的下跌之后，创出 13.61 美元 / 盎司低点，随后价格开始震荡上涨。

在价格震荡上涨过程中，价格始终在上升趋势线上方，所以每次出现做多信号，都要敢于介入多单。

在 A 处，价格先是一根大阴线杀跌，但随后三天，价格连续在 30 日均线附近震荡，然后又拉出大阳线，这是塔形底，所以这里可以做多。

从其后走势来看，这一波上涨力量并不强，经过两波上涨之后，再度回调，然后又在 B 处出现塔形底，所以 B 处是新的做多位置。

从其后走势来看，B 处做多的朋友，短短十几个交易日，就可以获利翻倍收益。

10.3　K 线实战做空技巧

K 线实战做空技巧共有 5 个，分别是黄昏之星实战做空技巧、平顶实战做空技巧、射击之星实战做空技巧、两黑夹一红实战做空技巧、塔形顶实战做空技巧。

10.3.1　黄昏之星实战做空技巧

黄昏之星，出现在上升势趋中，是由 3 根 K 线组成，第 1 根 K 线是一根实体较长的阳线；第 2 根 K 线是实体较短的阳线或阴线，如果是阴线，则其下跌力度要强于阳线；第 3 根 K 线是一根实体较长的阴线，并深入到第 1 根 K 线实体之内。黄昏之星的标准图形如图 10.14 所示。

黄昏之星是价格见顶回落的信号，预测价格下跌可靠性较高，有人统计有 80% 以上。所以投资者见到该 K 线组合，应及时减持多单，并逢高建立空单。黄昏之星常见的变化图形如图 10.15 所示。

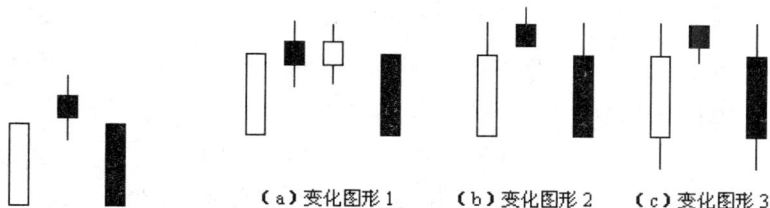

（a）变化图形 1　　（b）变化图形 2　　（c）变化图形 3

●图 10.14　黄昏之星　　　　●图 10.15　黄昏之星常见的变化图形

黄昏之星的技术意义是：盘中做多的能量，在拉出一根大阳线或中阳线后就戛然而止，随后出现一个冲高回落的走势，这反映了多方的最后努力失败了，然后从右边出现一根大阴线或中阴线，将左边的阳线吞吃，此时空方已完全掌握了局势，行情开始走弱。如果价格重心开始下移，那么就是明显的见顶信号，即接下来是慢慢或快速的大幅回调。

图 10.16 是 2016 年 6 月 9 日至 11 月 29 日的现货白银（AG）的日 K 线图。

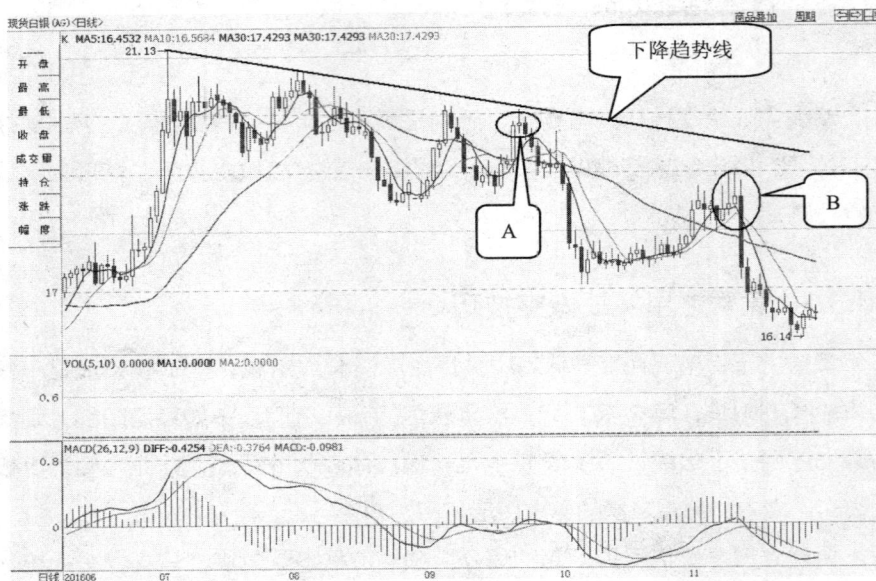

• 图 10.16　2016 年 6 月 9 日至 11 月 29 日的现货白银（AG）的日 K 线图

现货白银经过快速上涨之后，创出 21.13 美元／盎司高点，然后价格开始在高位震荡，并绘制出下降趋势线。

随后价格开始震荡下跌，注意高点不断降低，调整的低点也在不断降低，这表明价格有下跌趋势。

在 A 处，价格经过几天反弹之后，反弹到下降趋势线附近，出现了黄昏之星见顶 K 线，所以这里是极好的做空位置，当然也是多单止盈的位置。

同理，B 处，价格反弹后出现黄昏之星见顶 K 线，也是不错的做空位置。

10.3.2　平顶实战做空技巧

平顶，又称钳子顶，出现在涨势行情中，由 2 根或 2 根以上的 K 线组成，但这些 K 线的最高价在同一水平位置上。平顶的标准图形如图 10.17 所示。

平顶是见顶回落的信号，它预示价格下跌的可能性大，特别是与吊颈线、射击之星等其他见顶 K 线同时出现时。投资者见到此 K 线形态，多单只有"三十六计，走为上计"，即快快躲开这个是非之地。平顶的变化图形如图 10.18 所示。

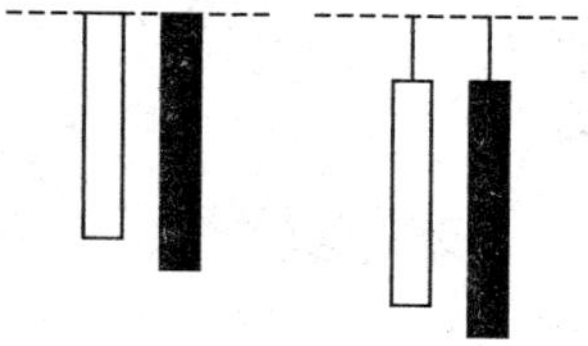

● 图 10.17　平顶

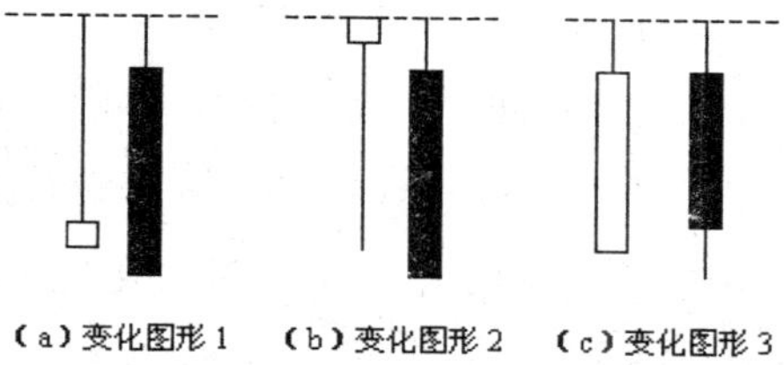

● 图 10.18　平顶的变化图形

（a）变化图形 1　（b）变化图形 2　（c）变化图形 3

> 提醒：平顶就是一根无形的直线封锁线，它像一道不可逾越的屏障，迫使价格掉头下行。

图 10.19 是 2014 年 12 月 24 日至 2015 年 3 月 11 日的现货白银（AG）的日 K 线图。

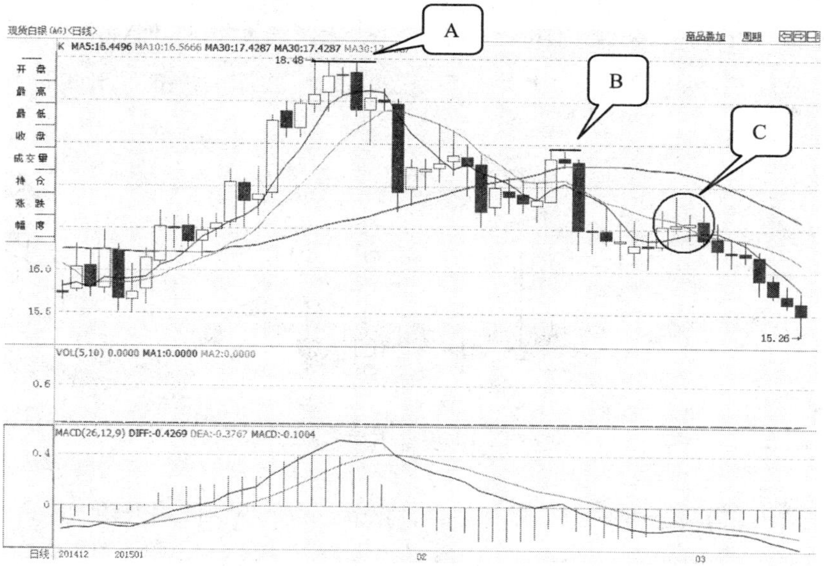

● 图 10.19　2014 年 12 月 24 日至 2015 年 3 月 11 日的现货白银（AG）的日 K 线图

现货白银的价格经过十几个交易日的上涨之后，创出 18.48 美元／盎司高点。随后价格开始在高位震荡，这时出现了平顶，即 A 处，所以多单在 A 处要注意减仓。

随后价格跌破 5 日均线，这表明价格要开始下跌，所以多单要及时出局观望。接着价格开始沿着 5 日均线下跌，所以如果手中有空单，可以沿着 5 日均线持有。没有空单的朋友，可以以 18.48 为止损，关注做空机会。

随后价格出现了大阴线杀跌，然后又出现了反弹，虽然反弹 4 个交易日，但反弹很弱，没有站上 10 日均线，再度下跌。

经过十几个交易日下跌之后，出现了反弹，但在 B 处再度出现平顶，所以 B 处是新的做空位置。

价格在 B 处反弹见顶后，再度下跌，经过几个交易日下跌之后，再度反弹，但反弹仍很弱，并且在 C 处出现了黄昏之星见顶 K 线。所以 C 处是新的做空位置。

10.3.3 射击之星实战做空技巧

射击之星，因其像弓箭发射的样子而得名，另外，人们还根据其特点给它起了一些混名，如扫帚星、流星。射击之星其特征是：在上涨行情中，并且已有一段升幅，阳线或阴线的实体很小，上影线大于或等于实体的两倍，一般没有下影线，即使有，也短得可以忽略不计。射击之星的图形如图 10.20 所示。

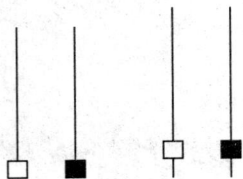

• 图 10.20　射击之星

射击之星是一种明显的见顶信号，它暗示着价格可能由升转为跌，投资者如不及时出逃，就会被流星、扫帚星击中。

图 10.21 是 2015 年 9 月 30 日至 12 月 14 日的现货白银（AG）的日 K
线图。

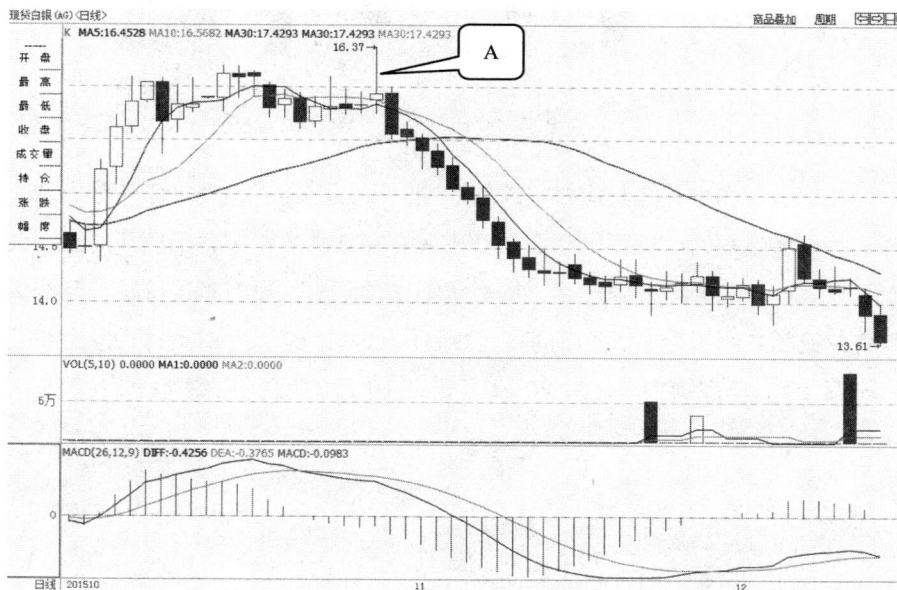

•图 10.21　2015 年 9 月 30 日至 12 月 14 日的现货白银（AG）的日 K 线图

现货白银连续 4 个交易日上涨之后，开始在高位震荡，经过较长时间震
荡之后，在 A 处出现了射击之星。这是一个很不好的信号，由于震荡时间较长，
所以多单要及时获利了结。当然也可以以 16.37 为止损点，逢高建立空单。

射击之星出现后，第二天价格就收了一根中阴线，跌破了 5 日和 10 日均
线，这表明上涨行情结束，所以如果手中还有多单，就要及时出局了；高位
空单可以持有，并且还可以顺势跟着做空。

价格随后就开始小阴线下跌，这样空单就可以耐心持有，这样会有丰厚
的投资回报。

10.3.4　两黑夹一红实战做空技巧

两黑夹一红的特征是：左右两边是阴线，中间是阳线，两根阴线的实体
一般要比阳线实体长。两黑夹一红的图形如图 10.22 所示。

• 图 10.22　两黑夹一红

在下跌行情中，尤其是在下跌的初期阶段，出现两黑夹一红 K 线组合，表明价格经过短暂整理后，还会继续下跌。在上涨行情中，出现两黑夹一红 K 线组合，表明价格升势已尽，很有可能见顶回落。投资者无论是在升势或跌势中见此 K 线组合，都要保持高度警惕，及时减仓多单，并逢高建立空单。

图 10.23 是 2012 年 2 月 20 日至 5 月 16 日的现货白银（AG）的日 K 线图。

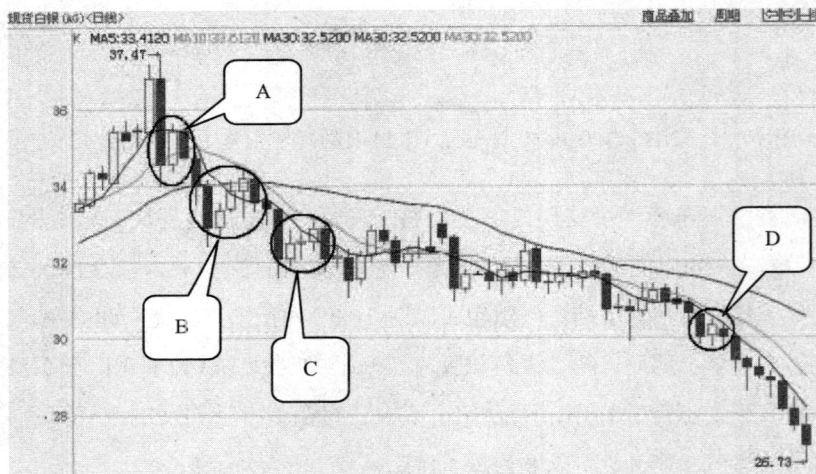

• 图 10.23　2012 年 2 月 20 日至 5 月 16 日的现货白银（AG）的日 K 线图

现货白银经过几波上涨，创出 37.47 高点，但在创出高点这一天，价格收了一根大阴线，这意味着上涨行情很可能已结束，后市将迎来震荡下跌行情。

第二个交易日，价格出现了反弹，第三个交易日，价格再度下跌，收了一根阴线，这样在 A 处，就出现了两黑夹一红 K 线组合，这是一个做空信号，所以高位空单可以持有，并且可以继续加仓做空。

随后价格又连续下跌两天，价格再度反弹，注意虽然反弹三天，但反弹的力量不强，然后又是一根中阴线杀跌，即 B 处又出现了变形的两黑夹一红 K 线组合，所以可以继续做空。

同理，C 处也出现了变形的两黑夹一红 K 线组合，所以仍可以继续看空。

价格经过一波震荡下跌之后，开盘横盘整，但从均线来看，仍在明显的空头行情之中，所以继续逢高做空。

价格横盘整理后，价格再度下跌，新的一波下跌行情开始，在 D 处，价格再度出现两黑夹一红 K 线组合，所以空单可以耐心持有，并且可以继续加仓做空。

10.3.5　塔形顶实战做空技巧

塔形顶的特征是：在上涨趋势中，首先拉出一根较有力度的大阳线或中阳线，然后出现一连串向上攀升的小阳线或小阴线，之后上升速度减缓，接着出现一连串向下倾斜的小阴线或小阳线，最后出现一根较有力度的大阴线或中阴线，这样塔形顶就形成了。塔形顶的图形如图 10.24 所示。

当价格在上涨时，出现塔形顶 K 线形态，投资者就要高度警惕，并及时抛空出局。塔形顶的变化图形如图 10.25 所示。

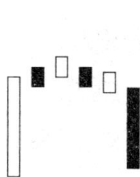

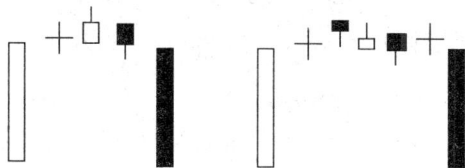

●图 10.24　塔形顶　　　　　图 10.25　塔形顶的变化图形

提醒：塔形顶的左右两根实体较长的大阳大阴线之间，聚集的 K 线越多，其见顶信号越强；左右两根 K 线的实体越长，特别是右边的阴线实体越长，信号就越强。

根据多年实战经验，投资者一旦发现见顶信号，应及早作好撤退准备或先卖出一部分筹码，接下来紧盯盘面，如果看到后面的 K 线走势将见顶信号进行确认，多单就应果断出局，并逢高建立空单。

图 10.26 是 2013 年 8 月 7 日至 12 月 2 日的现货白银（AG）的日 K 线图。

● 图 10.26　2013 年 8 月 7 日至 12 月 2 日的现货白银（AG）的日 K 线图

现货白银经过几波上涨之后，创出 25.12 美元 / 盎司高点。需要注意的是，价格在创出高点这一天，却收了一根带有长长上影线的吊顶线，这表明上方压力很大，手中有多单的朋友，要注意止盈了。

随后价格开始震荡下跌，价格经过几小波下跌之后，出现了反弹，反弹出现了塔形顶，即 A 处。

塔形顶是一个比较可怕的见顶信号，一旦下跌，则下跌空间将会较大，所以多单一定要及时离场出局，并且可以顺势跌进空单。

从其后的走势看，顺势做空的朋友，都会有翻倍的投资收益。

10.4　60 分钟图的 EXPMA+K 线短线赚钱技巧

下面我们来讲解一下如何利用 60 分钟图的 EXPMA+K 线，来进行短线操作，实现利润最大化。

图 10.27 是现货白银 2014 年 5 月 27 日 9 时至 6 月 4 日 4 时的 60 分钟
K 线图。

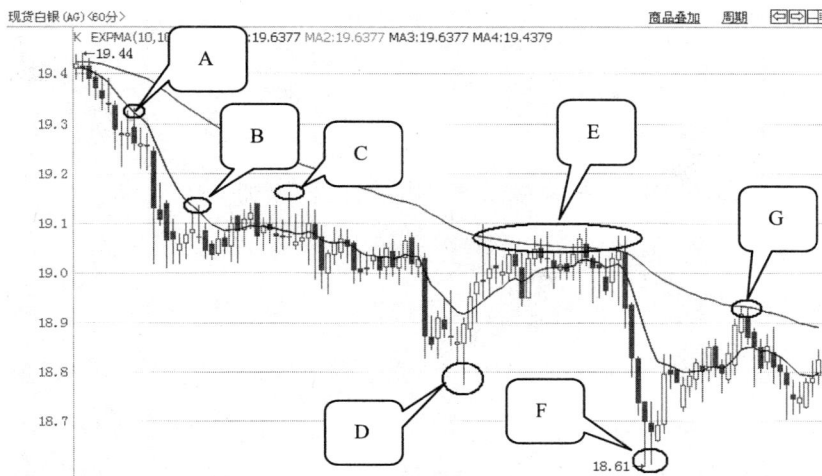

● 图 10.27　现货白银 2014 年 5 月 27 日 9 时至 6 月 4 日 4 时的 60 分钟 K 线图

如果 EXPMA 处于明显的空头行情之中，那么每当价格反弹短期
EXPMA 附近时，出现见顶 K 线，就是不错的做空位置。所以 A 处和 B 处，
都可以介入空单。

另外，只要价格处在长期 EXPMA 下方，价格出现见顶 K 线，就可以逢
高介入空单，即 C 处可以介入空单。

随后价格震荡下行，一根中阴线跌破震荡平台的低点，需要注意的是，
价格跌破震荡平台低点后，价格没有出现加速下跌，反而连续出现带有下影
线的 K 线，这表明价格仍有反弹要求。所以在 D 处，价格收了一根带有长长
下影线的中阳线时，空单就要及时离场。

在 D 处价格见底后，价格就开始反弹，反弹到长期 EXPMA 附近，连续
出现见顶 K 线，所以 E 处可以逢高布局空单。

价格在 E 处见顶后，价格来一波快速下跌，创出 18.61 低点，注意在创
出低点时，价格连续收见底 K 线，所以在 F 处，空单要注意止盈。

随后价格再度反弹，反弹到长期 EXPMA 附近，价格再度出现平顶结构，

即 G 处，所以 G 处是不错的做空位置。

按下键盘上的"→"键，向右移动 K 线图，如图 10.28 所示。

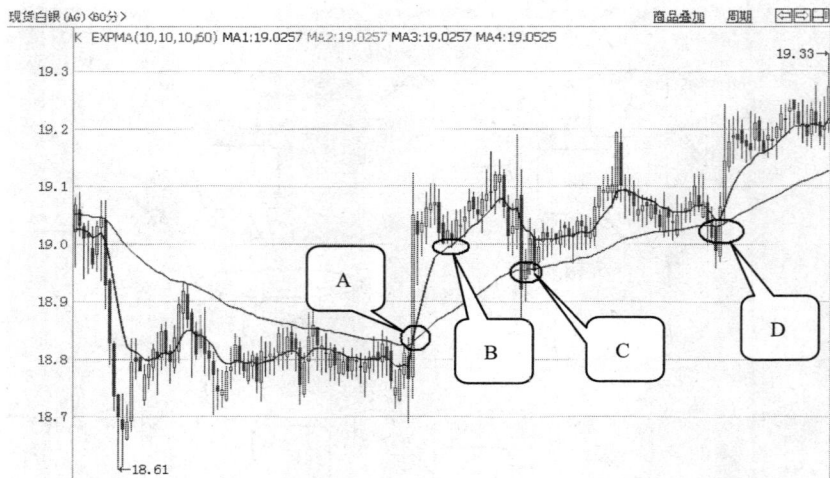

● 图 10.28　现货白银 2014 年 5 月 30 日 15 时至 6 月 11 日 21 时的 60 分钟 K 线图

现货白银在低位反复震荡之后，一根大阳线向上突破，同时站上短期 EXPMA 和长期 EXPMA，即 A 处，这意味着价格要震荡上涨了，所以要及时改变交易策略，由前期的逢高做空，改变成逢低做多。

价格大阳线拉涨后，价格开始震荡上行，当价格回调到短期 EXPMA 附近时，是不错的做多机会，即 B 处。

在价格上涨的初期，往往会有一些假突破，即价格可能会快速跌破长期 EXPMA，但很快又收回，这也是明显的做多信号，即 C 处和 D 处，也是不错的做多位置。

第 11 章

白银日内短线交易的 EXPMA 实战技巧

EXPMA 指标对均线进行了取长补短，同时又具备了 KDJ 指标和 MACD 指标的"金叉"和"死叉"等功能。因此该指标具有较高的成功率和准确性，对于价格的抄底和逃顶提供了较好的点位，是投资者采用中短线决策的好帮手。

本章主要内容包括:

11.1 初识 EXPMA

指数平均数（EXPMA），其构造原理是对白银收盘价进行算术平均，并根据计算结果来进行分析，用于判断价格未来走势的变动趋势。

11.1.1 EXPMA 概述

EXPMA 指标简称 EMA，中文名字：指数平均数指标或指数平滑移动平均线，一种趋向类指标。

从统计学的观点来看，只有把移动平均线（MA）绘制在价格时间跨度的中点，才能正确地反映价格的运动趋势，但这会使信号在时间上滞后，而 EXPMA 指标是对移动平均线的弥补，EXPMA 指标由于其计算公式中着重考虑了价格当天（当期）行情的权重，因此在使用中可克服 MACD 其他指标信号对于价格走势的滞后性。同时也在一定程度中消除了 DMA 指标在某些时候对于价格走势所产生的信号提前性，是一个非常有效的分析指标。

EXPMA 的计算公式如下：

$$EXPMA = \frac{当日收盘价 \times 2 - 上日 EXPMA \times (N-1)}{N+1}$$

11.1.2 EXPMA 的参数设置

现货白银（AG）的日 K 线图和 EXPMA 指标，如图 11.1 所示。

在日 K 线图中，除了 K 线，还有均线，现在把均线删除，然后添加 EXPMA 指标。

• 图 11.1　现货白银（AG）的日 K 线图和 EXPMA 指标

　　鼠标指向均线，然后单击，就可以选择均线，再右击，在弹出菜单中选择"删除指标"命令，如图 11.2 所示。

• 图 11.2　右击菜单

单击"删除指标"命令，就可以删除均线，这样只显示 K 线，没有均线了，如图 11.3 所示。

● 图 11.3　只显示 K 线的 K 线图

利用键盘输入"EX"，这时就会显示"智能键盘"对话框，就可以看到 EXPMA 指标，如图 11.4 所示。

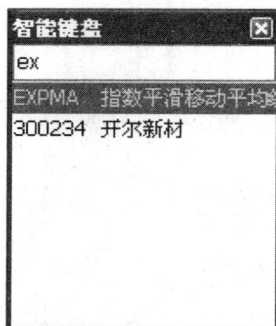

● 图 11.4　智能键盘对话框

在智能键盘对话框中，选择"EXPMA"，然后回车，就可以看到 EXPMA 指标，如图 11.5 所示。

• 图 11.5　显示 EXPMA 指标

鼠标指向 EXPMA 指标，然后单击，就可以选择 EXPMA 指标，再右击，在弹出菜单中单击"指标参数"命令，弹出"EXPMA 指标参数"对话框，如图 11.6 所示。

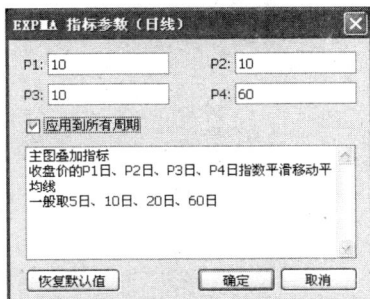

• 图 11.6　EXPMA 指标参数对话框

把 P1、P2 和 P3 都设为 10，把 P4 设置为 60，然后选中"应用到所有周期"复选框，然后单击"确定"按钮，就可以看到 EXPMA 的两条线，一条是短期 EXPMA（紫色），另一条是长期 EXPMA（蓝色），如图 11.7 所示。

• 图 11.7　EXPMA 的两条线

> 提醒：选中"应用到所有周期"复选框，这样不仅日 K 线图显示两条 EXPMA 线，周 K 线图、月 K 线图、60 分钟 K 线图、15 分钟 K 线图，都只显示两条 EXPMA 线。

在日 K 线图中，如果短期 EXPMA 在长期 EXPMA 上方，而 K 线在短期 EXPMA 上方，这就是明显的多头行情，以逢低做多为主，如图 11.8 所示。

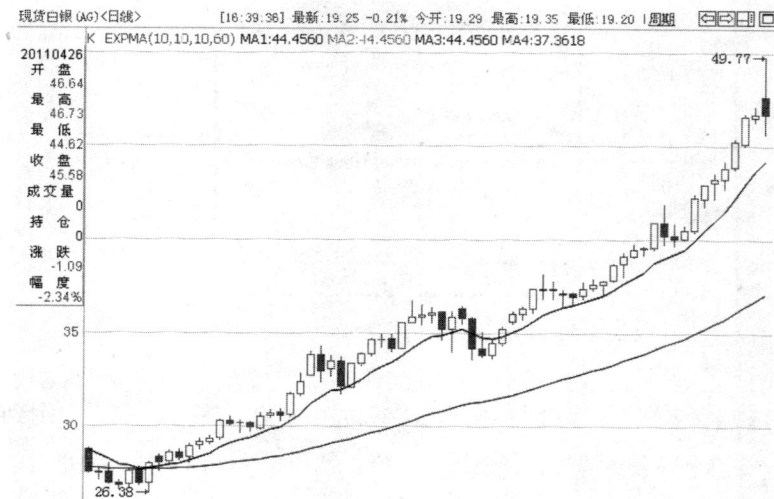

• 图 11.8　多头行情以逢低做多为主

在日 K 线图中，如果短期 EXPMA 在长期 EXPMA 下方，而 K 线在短期 EXPMA 下方，这就是明显的空头行情，以逢高做空为主，如图 11.9 所示。

• 图 11.9　空头行情以逢高做空为主

11.2　60 分钟图的 EXPMA 赚钱技法

如果利用日 K 线图的 EXPMA 来进行操作的话，往往需要等较长时间，这需要投资者有足够的耐心。有过实战经验的投资者都知道，明明自己在开盘之前制订好了操盘计划，可开盘后，在价格波动时，往往控制不住自己，就进场了。所以我们只能利用日 K 线图的 EXPMA 来判断方向，具体的进场点位，就需要利用 60 分钟图的 EXPMA 来操作了。

11.2.1　EXPMA 金叉做多技巧

在 60 分钟的 K 线图中，如果短期 EXPMA 线从下向上穿过长期 EXPMA，这是一个买进做多信号。

图 11.10 是现货白银 2014 年 1 月 29 日 23：00 时至 2 月 7 日 8：00 时的 60 分钟 K 线图。

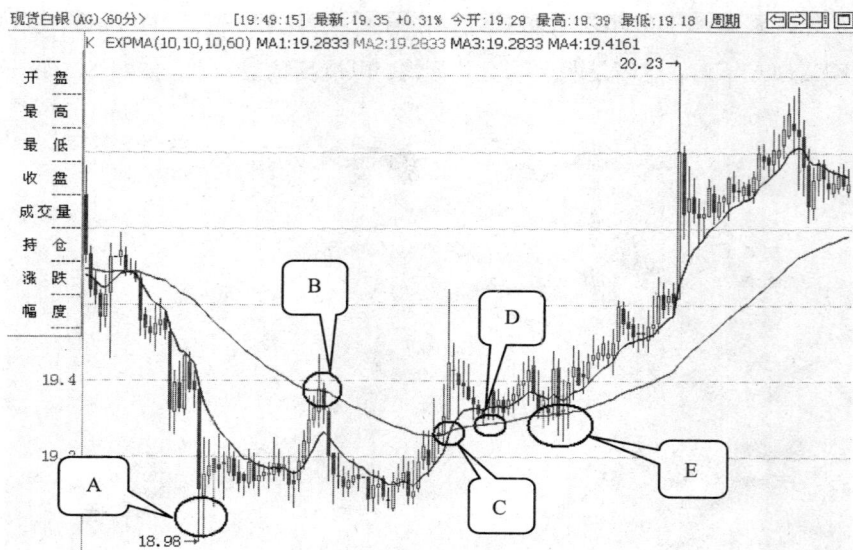

● 图 11.10　现货白银 2014 年 1 月 29 日 23：00 时至 2 月 7 日 8：00 时的
60 分钟 K 线图

现货白银经过一波大幅下跌，创出 18.98 低点。在创出低点时，价格收了一根带有下影线的中阴线，这表明有资金进场抄底了。

接下来，价格又收了一根带有长长下影线的中阳线，这表明下方支撑很强，即 A 处。

随后价格开始窄幅震荡，窄幅震荡后，价格开始强势反弹，连续拉 5 根阳线，上涨到长期 EXPMA 附近，所以如果介入抄底多单，一定要及时获利了结，即 B 处。

在长期 EXPMA 附近受压后，价格又快速下跌，这里连续出现 5 根阴线，注意最后两根阴线，下跌力量就很小了，所以如果在 B 处进空单了，空单要在下跌无力量时，注意止盈。

价格这一波下跌，没有再创新低，这意味着 18.98 附近支撑很强，所以可以以 18.98 为止损，介入多单。

随后价格不断震荡上涨，注意，在 C 处，价格站上了长期 EXPMA，并且短期 EXPMA 上穿长期 EXPMA，这意味着 60 分钟 K 线图，由前期空头行情变成了多头行情了。所以 C 处是一个进场做多的位置。

随后 60 分钟图的 EXPMA 形成了多头行情，所以要及时改变前期逢高做空思维，而采取逢低做多思维。

价格大阳线突破长期 EXPMA 后，价格出现了回调，注意回调到长期 EXPMA 附近，即 D 处，价格就跌不动了，所以 D 处是又一个进场做多位置。

同理，E 处也是不错的进场做多位置。

11.2.2　EXPMA 多头行情中的短期 EXPMA 附近做多技巧

在 60 分钟的 K 线图中，如果短期 EXPMA 在长期 EXPMA 上方，即价格处在多头行情之中，当价格回调到短期 EXPMA 附近，就是介入多单的时机。

图 11.11 是现货白银 2014 年 2 月 12 日 16:00 时至 2 月 17 日 11:00 时的 60 分钟 K 线图。

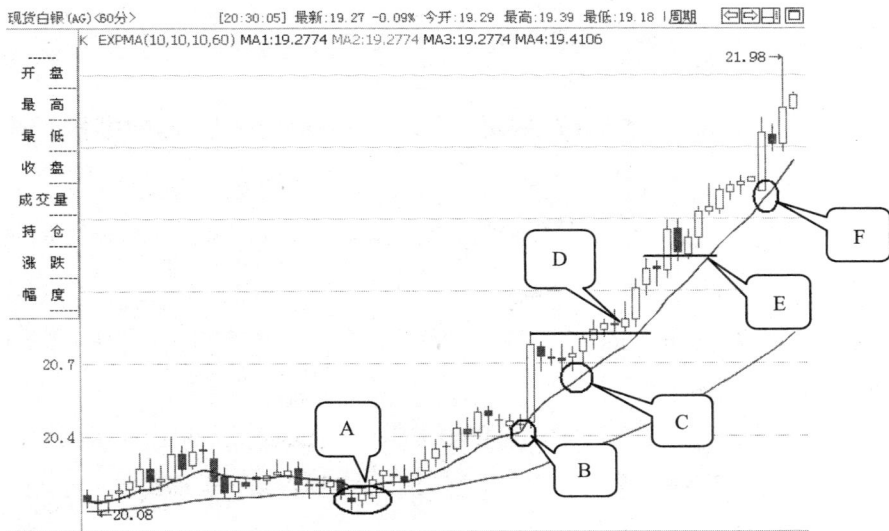

● 图 11.11　现货白银 2014 年 2 月 12 日 16:00 时至 2 月 17 日 11:00 时的
60 分钟 K 线图

现货白银从 EXPMA 指标来看，价格处在明显的多头行情之中。在 A 处，价格盘中跌破了长期 EXPMA，但很多价格又收到 EXPMA 的短期 EXPMA 和长期 EXPMA 线上，这意味着价格跌破长期 EXPMA，是一个假跌破，是一个诱空动作，所以这里应该进场做多。

随后价格就开始沿着短期 EXPMA 上涨，所以每当价格回落到短期 EXPMA 附近时，就可以介入多单。当价格远离短期 EXPMA 时，就可以减仓多单，当价格回落到短期 EXPMA 附近时，再介入多单。

在 B 处，价格连续小阴线回调到短期 EXPMA 附近，所以是比较好的介入多单位置。

在 B 处介入多单后，价格立即大幅拉涨，由于价格已远离短期 EXPMA，所以多单要注意减仓。

接着价格再度小幅回调，再度回调到短期 EXPMA 附近，又是一个介入多单的机会，即 C 处。

在 C 处介入多单后，价格开始小阳线上涨，并且价格再创新高，所以高点突破后，高点附近就变成支撑了。所以 D 处，即短期 EXPMA 附近，也是前期高点附近，又是介入多单的时机。

同理，E 处和 F 处，都是好的介入多单位置。

11.2.3　EXPMA 多头行情中的短期 EXPMA 假跌破做多技巧

在 60 分钟的 K 线图中，如果短期 EXPMA 在长期 EXPMA 上方，即价格处在多头行情之中。如果价格跌破短期 EXPMA，但很快又站上短期 EXPMA，就是介入多单的时机。

图 11.12 是现货白银 2014 年 1 月 8 日 18：00 时至 1 月 15 日 00：00 时的 60 分钟 K 线图。

现货白银经过一波下跌之后，创出 19.31 低点，然后价格出现了反弹，价格震荡反弹后，在 A 处，价格站上了长期 EXPMA 线，价格由空头行情变成多头行情。

价格变成多头行情之中，价格就开始沿着短期 EXMPA 上涨。在 B 处，价格在盘中跌破了短期 EXPMA，但很快又收了回来，所以 B 处是新的做多位置。

随后价格继续沿着短期 EXMPA 上涨，经过几波上涨后，价格在 C 处跌破短期 EXMPA，所以多单要第一时间止盈出局。

现货白银 (AG) 〈60分〉　　[20:59:30] 最新:19.18 -0.56% 今开:19.29 最高:19.39 最低:19.10 周期

K　EXPMA(10,10,10,60) MA1:19.2609 MA2:19.2609 MA3:19.2609 MA4:19.4076

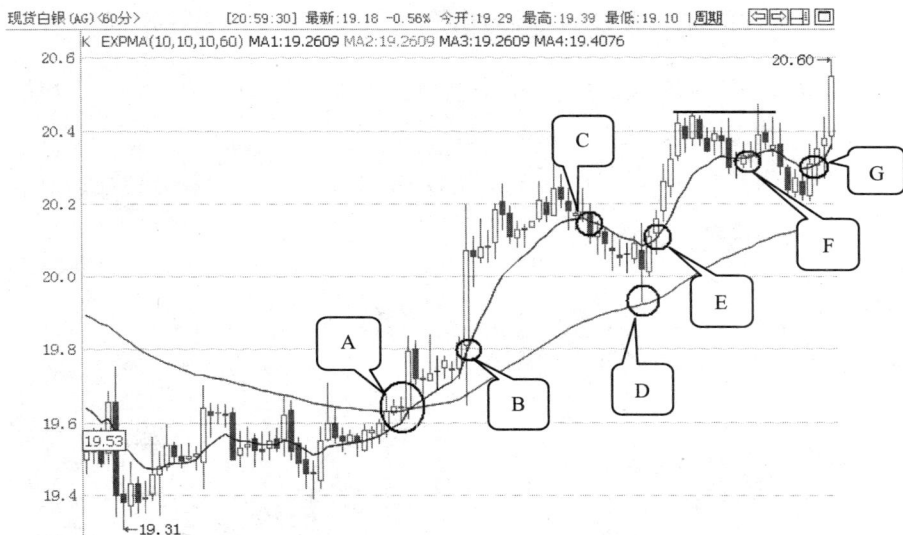

● 图 11.12　现货白银 2014 年 1 月 8 日 18:00 时至 1 月 15 日 00:00 时的

60 分钟 K 线图

在 C 处跌破短期 EXMPA 后，价格继续回调，回调到长期 EXPMA 附近，即 D 处，价格又得到支撑，这是一个轻仓介入多单的位置。

接着价格开始上涨，站上了短期 EXMPA，即 E 处，这又是一个多单进场位置，因为短期 EXMPA 跌破又收回，意味着新的一波上涨开始。

接着价格开始上涨，并且涨势较长，连续收 5 根中阳线，所以在 E 处介入多单，短时间就会有不错的盈利。

随后价格就开始震荡，在 F 处，价格跌破短期 EXMPA 后，又很快收在短期 EXMPA 之上，所以 F 处是一个介入多单的位置。

在 F 处会发现，这一波上涨很弱，没有再创新高，所以多单要及时出局。

随后价格再度回调，这一波又跌破短期 EXMPA，但价格仍在长期 EXPMA 上方，所以仍不看空。

接着价格又重新站上短期 EXMPA，即 G 处，所以 G 处又是一个新的做多位置。

从其后走势看，价格站上短期 EXMPA 后，价格继续上涨，短时间就会有不错的投资收益。

11.2.4　EXPMA 死叉做空技巧

在 60 分钟的 K 线图中，如果短期 EXPMA 线从上向下穿过长期 EXPMA，这是一个卖出做空信号。

图 11.13 是现货白银 2014 年 3 月 12 日 15：00 时至 3 月 18 日 21：00 时的 60 分钟 K 线图。

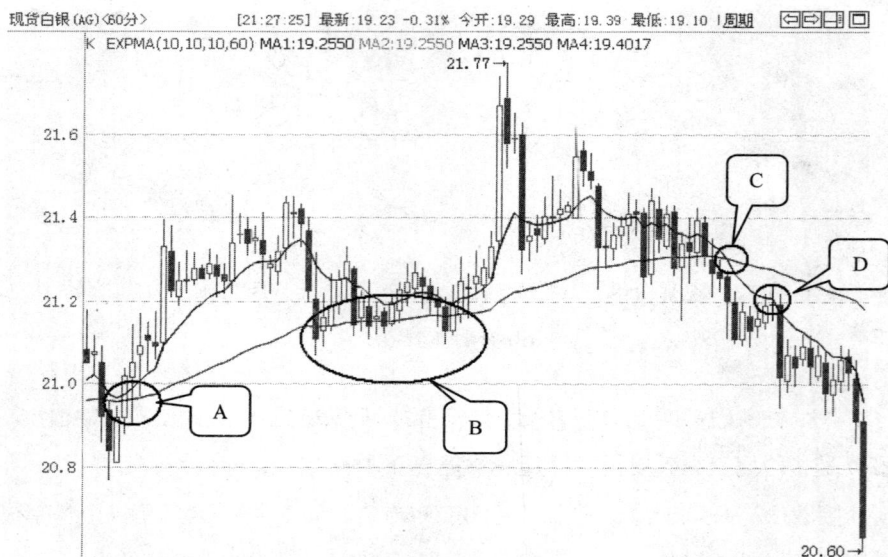

● 图 11.13　现货白银 2014 年 3 月 12 日 15：00 时至 3 月 18 日 21：00 时的
60 分钟 K 线图

在 A 处，现货白银先是跌破 EXPMA 的支撑，但很快又收回，这意味着跌破 EXPMA，是一个假突破，所以 A 处可以做多。

在 A 处，价格站上 EXPMA 后，价格开始沿着短期 EXPMA 上涨，所以多单可以持有，直到价格跌破短期 EXPMA。

价格经过几小波上涨后，价格跌破了短期 EXPMA，所以多单要及时止盈出局。随后价格又在长期 EXPMA 附近得到支撑，即 B 处。

在 B 处可以看到，价格连续三次跌破长期 EXPMA，又重新收回来，这意味着价格仍有上涨动力，所以仍可以逢低介入多单。

在 B 处，价格得到支撑后，价格又开始一波上涨，最高上涨到 21.77，但随后价格快速下跌,回调到短期 EXPMA 附近时,价格得到支撑,再度上涨,但这一波上涨很弱,价格没有再创新高。

随后价格不断震荡下跌,最终跌破了长期 EXPMA,并且短期 EXPMA 下穿长期 EXPMA,这样 EXPMA 进入空头行情之中,这样要及时改变做单思维,即由前期的逢低做多,改为逢高做空,即 C 处。

短期 EXPMA 下穿长期 EXPMA,即 C 处,是一个进场做空位置。

随后价格震荡下跌,每当价格反弹短期 EXPMA 附近,价格就会再度下跌,所以 D 处也是不错的做空位置。

11.2.5 EXPMA 空头行情中的短期 EXPMA 附近做空技巧

在 60 分钟的 K 线图中,如果短期 EXPMA 在长期 EXPMA 下方,即价格处在空头行情之中,当价格反弹到短期 EXPMA 附近,就是介入空单的时机。

图 11.14 是现货白银 2013 年 12 月 10 日 19:00 时至 2013 年 12 月 13 日 14:00 时的 60 分钟 K 线图。

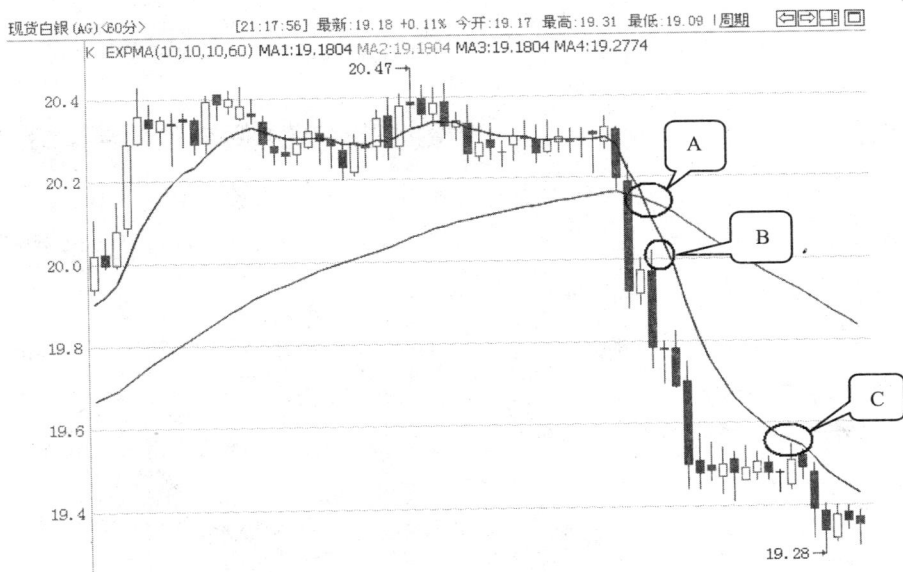

• 图 11.14　现货白银 2013 年 12 月 10 日 19:00 时至 2013 年 12 月 13 日 14:00 时的

60 分钟 K 线图

现货白银，经过一波上涨后，开始在高位震荡，震荡过程中，再创出20.47 高点。注意在创出 20.47 高点时，价格收了一根十字线，这意味着多空打个平手，但由于是个阴十字线，暂对空方有利，所以如果手中还有多单，最好减仓或及时止盈出局观望。

随后价格仍在高位震荡，然后连续放量杀跌，即连续出现两根中阴线。这时，短期 EXPMA 下穿长期 EXPMA，EXPMA 形成了空头行情。

所以，在 A 处，短期 EXPMA 下穿长期 EXPMA 时，是一个介入空单的时机。

价格出现两根中阴线后，出现了反弹，但反弹的力量很弱，当价格反弹到短期 EXPMA 附近时，可以再介入空单，即 B 处。所以 B 处又是一个新的介入空单时机。

随后价格又开始快速下跌，连续收了5根阴线，所以如果在 B 处介入空单，短时间就会有不错的投资收益。

经过 5 根阴线杀跌后，价格开始横盘震荡，当价格再度反弹到短期EXPMA 附近时，又是新的介入空单机会，即 C 处。

从其后走势看，在 C 处介入空单，短时间也会有不错的盈利机会的。

11.2.6 EXPMA 空头行情中的短期 EXPMA 假突破做空技巧

在 60 分钟的 K 线图中，如果短期 EXPMA 在长期 EXPMA 下方，即价格处在空头行情之中。如果价格反弹突破短期 EXPMA，但很快又跌破短期EXPMA，就是介入空单的时机。

图 11.15 是现货白银 2014 年 3 月 14 日 19:00 时至 3 月 25 日 4:00 时的 60 分钟 K 线图。

在 A 处，现货白银的价格跌破了 EXPMA 的所有支撑，即价格同时跌破短期 EXPMA 和长期 EXPMA，同时，短期 EXPMA 下穿长期 EXPMA，形成死叉，所以 A 处，是一个很好的空单介入位置。

随后行情进入空头行情之中，所以每当价格反弹到短期 EXPMA 附近，就是新的做空位置，即 B 处就是新的介入空单的位置。

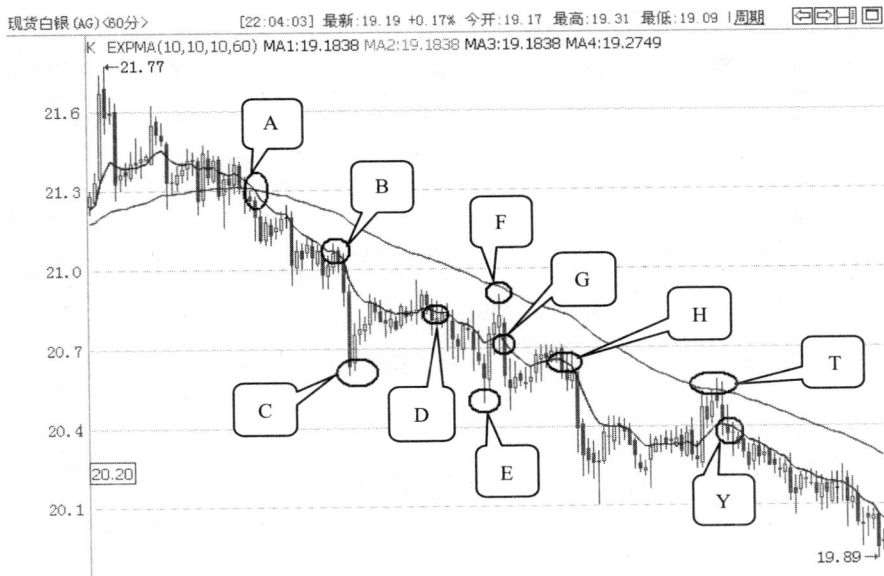

● 图 11.15   现货白银 2014 年 3 月 14 日 19:00 时至 3 月 25 日 4:00 时的

60 分钟 K 线图

为了获得更大的投资收益，当价格远离短期 EXPMA 时，又有底部 K 线信号，空单可以先止盈，当价格反弹到短期 EXPMA 附近，再介入空单。

在 B 处介入空单后，价格又快速下跌，即连续三根阴线下跌，并且最后一根阴线是大阴线，短时间内就会有不错的投资收益。

大阴线后，价格已离短期 EXPMA 比较远了，这时价格没有继续下跌，反而收了一根中阳线，即 C 处。这意味着价格要反弹，所以空单可以先止盈，当价格反弹到短期 EXPMA 附近时，再介入空单。

C 处短线见底后，价格就开始反弹，先是反弹到短期 EXPMA 附近，可以再介入空单，但从其后走势来看，价格略下跌，再度反弹，虽然反弹的力量不强，但价格站上了短期 EXPMA，由于短期 EXPMA 和长期 EXPMA 的方向仍是向下的，并且，价格站上短期 EXPMA 后，很快再度跌破短期 EXPMA，即在 D 处，价格再度跌破，这意味着 EXPMA 有一个假突破，所以可以继续在 D 处介入空单。

在 D 处介入空单后，价格就开始震荡下跌，连续下跌两波后，在 E 处，价格再度收了一根带有长长下影线的见底 K 线，并且价格已离短期 EXPMA 较远，所以空单要注意止盈。

接着价格就出现了较强的反弹，这一波反弹先是站上短期 EXPMA，然后继续反弹，又反弹到长期 EXPMA 附近，这里也是一个明显的压力，即 F 处，所以可以在 F 处介入空单。

在长期 EXPMA 附近，价格受压后，价格就开始快速下跌，并且很快跌破了短期 EXPMA。当价格跌破短期 EXPMA 时，即 G 处，就可以介入空单。

同理，H、T 处和 Y 处，都是介入空单的好位置。

11.3 15 分钟图的 EXPMA 赚钱技巧

在白银实战交易中，有时为了找更好的介入位置和止盈止损位置，往往 60 分钟 K 线图的时间周期长了，更多的投资者会使用 15 分钟 K 线图来找介入位置和止盈止损位置。下面讲解一下，如何利用 15 分钟 K 线图来找好的介入位置和止盈止损位置。

首先要利用日 K 线图和 60 分钟 K 线图来确定操作方向。如果日 K 线图的 EXPMA 在空头行情之中，并且 60 分钟 K 线图的 EXPMA 也在空头行情之中，那么就可以利用 15 分钟 K 线图找好的做空介入位置。

图 11.16 是现货白银 2014 年 3 月 18 日至 5 月 9 日的日 K 线图。

从日 K 线图来看，价格在空头行情之中，因为价格在长期 EXPMA 下方，并且连续收了三根带有上影线的 K 线，即 A 处。

由于价格在 A 处，连续收见顶 K 线，所以可以找好的做空介入位置。如果利用日 K 线来介入，很难找到好的介入位置。如果利用 15 分钟 K 线图来找介入位置，就相对容易多了。

图 11.17 是现货白银 2014 年 5 月 7 日 8:00 时至 5 月 8 日 9:30 时的 15 分钟 K 线图。

● 图 11.16　现货白银 2014 年 3 月 18 日至 5 月 9 日的日 K 线图

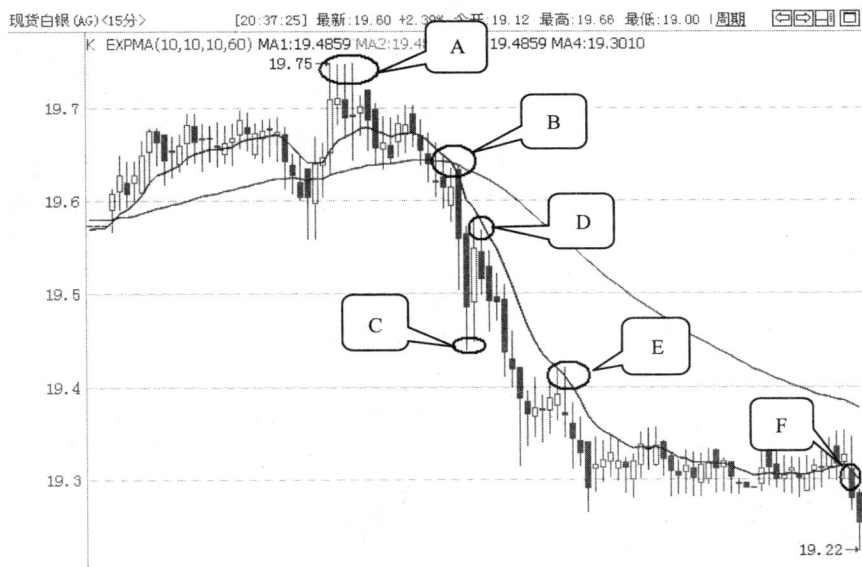

● 图 11.17　现货白银 2014 年 5 月 7 日 8:00 时至 5 月 8 日 9:30 时的

15 分钟 K 线图

由于日 K 线图中处在空头行情之中，所以在利用 15 分钟也只能找做空机会。

在 A 处，价格刨出 19.75 高点后，接下来连续 3 根 K 线的高点，都没有突破 19.75，所以可以在 19.75 附近介入空单，即在 A 处，可以介入空单，止损 0.2 个点即可。

在 A 处介入空单后，价格震荡下行，虽然在长期 EXPMA 附近暂时得到支撑，但很快就跌破了长期 EXPMA，即 B 处。所以在 A 处介入的空单可以持有，并且可以在 E 处再介入空单。

在 B 处介入空单后，价格又连续下跌两根中阴线，即 C 处。由于这里有启稳信号，所以在 C 处，空单可以先止盈，当价格反弹到短期 EXPMA 附近时，就可以介入空单，所以 D 处，就可以介入空单。

接着价格再度连续下跌，连续收 6 根阴线，所以在 D 处介入空单，短时间就有较大的收益。

随后价格就有反弹，但反弹力量仍不强，反弹到短期 EXPMA 附近，又是介入空单机会，即 E 处。

接着价格再度下跌，连续收 4 根阴线。随后价格就开始较长时间震荡，虽然有站上短期 EXPMA，但始终在长期 EXPMA 下方，所以高位空单仍可以继续持有。

在 F 处，价格再度跌破短期 EXPMA，所以又是一个新的介入空单位置。

11.4 EXPMA+ 分时图短线赚钱技巧

利用日 K 线图的 EXPMA 来确定做单的方向，即确定是逢高做空，还是逢低做多。有了做单思路后，就要找具体的介入位置，虽然 60 分钟和 15 分钟的 EXPMA 可以找到不错的介入位置，但还有一个寻找介入位置最好的方法，就是分时图做单方法。下面来具体讲解一下，如何利用 EXPMA 来确定做单的方向，再利用分时图找介入位置。

11.4.1　EXPMA+ 分时图短线做空技巧

图 11.18 是现货白银 2013 年 10 月 16 日至 11 月 27 日的日 K 线图。

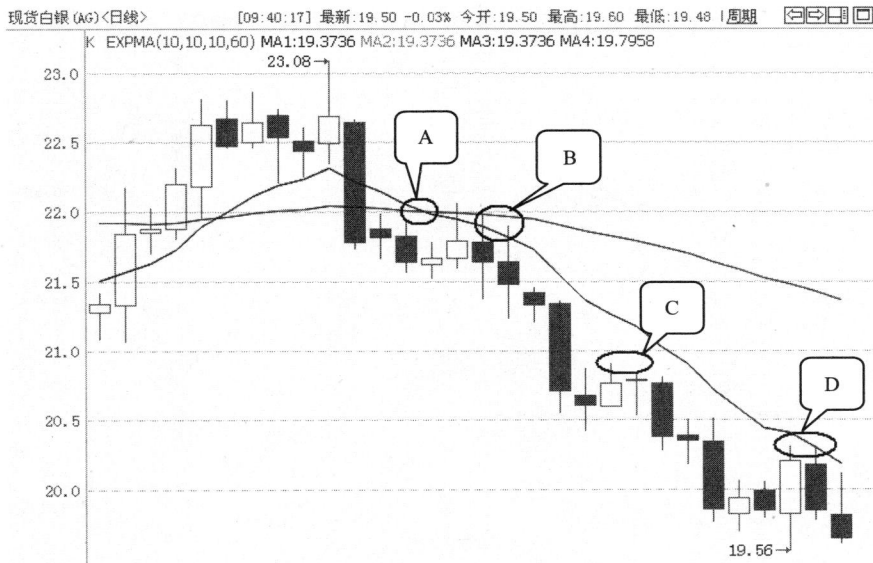

• 图 11.18　现货白银 2013 年 10 月 16 日至 11 月 27 日的日 K 线图

现货白银经过一波反弹后，创出 23.08 高点，注意在创出高点这一天（10 月 30 日），价格是一个平台假突破，并且收了一个带有长长上影的见顶 K 线，所以有多单的，要注意止盈。

随后价格就开始大阴线下跌（10 月 31 日），这根大阴线，跌破了短期 EXPMA，也跌破了长期 EXPMA，这意味着多头行情要结束了，后市将转变空头行情。

接着价格在 EXPMA 下方震荡几天，短期 EXPMA 下穿长期 EXPMA，即 A 处，这样 EXPMA 变成了空头行情，所以要及时转变思维，由前期的逢低做多，改为逢高做空。

从图 11.18 的日 K 线图来看，每当价格反弹到短期 EXPMA 附近时，就是不错的做空机会，即 B 处是不错的做空时机会。

同理，在 C 处，价格经过连续几天下跌后，价格出现了弱势反弹，连续反弹三天，所以 C 处也是不错的做空位置，这是因为反弹无力必下跌。

同理，D 处也是不错的做空位置，因为价格反弹到短期 EXPMA 附近。

当 EXPMA 变成空头行情之后，就可以利用分时图的做空信号来大胆进场做空了。

图 11.19 是现货白银的 2013 年 11 月 8 日的分时走势图。

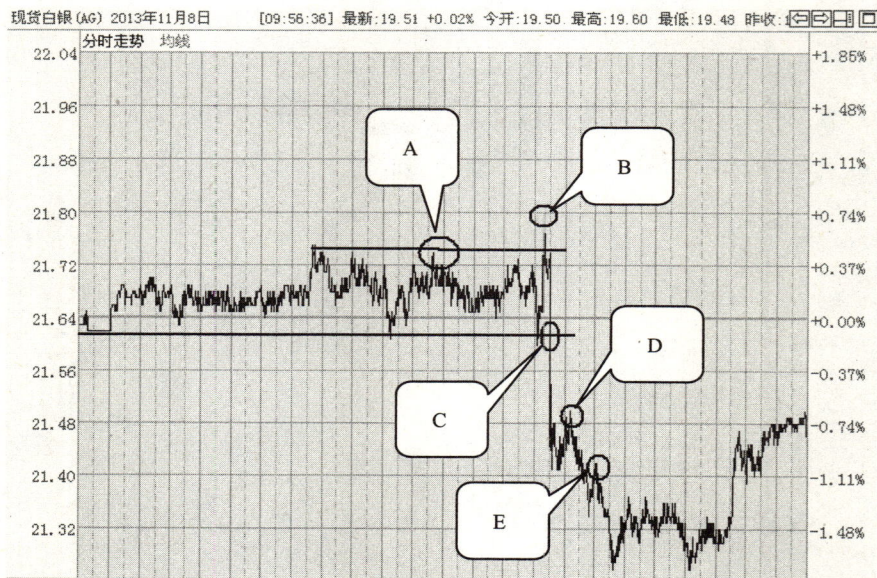

• 图 11.19　现货白银的 2013 年 11 月 8 日的分时走势图

2013 年 11 月 8 日，现货白银的价格已处在空头行情之中，做单思维是逢高做空。价格开盘就是较长时间的窄幅震荡，分时图的压力在 27.75 附近，所以每当价格反弹到 27.75 附近时，就可以介入空单。所以 A 处可以介入空单。

从图 11.19 的日 K 线来看，价格的压力在 21.85 附近，所以在 B 处，虽然价格向上突破了 27.5 平台上边线，空单也不要太紧张，仍可以继续持有，可以在 B 处介入空单，因为大的方向仍是向下的。

B 处见日内高点后，价格就开始快速下跌，并且在 C 处，跌破了窄幅震荡的下边线支撑，这意味着日内下跌行情来了，所以没有空单的可以快速介入空单，手中有空单的耐心持有。

由于在 C 处，下跌速度很快，很多投资者是无法及时介入的，那么就耐心等分时图的反弹，当反弹无力量时，可以介入空单，所以 D 处和 E 处，是不错的空单介入机会。

从其后走势看，价格连续下跌几波后，在 21.25 附近，形成了一个双底结构，所以空单可以先止盈，下个交易日，再寻找新的介入空单机会。

图 11.20 是现货白银的 2013 年 11 月 18 日的分时走势图。

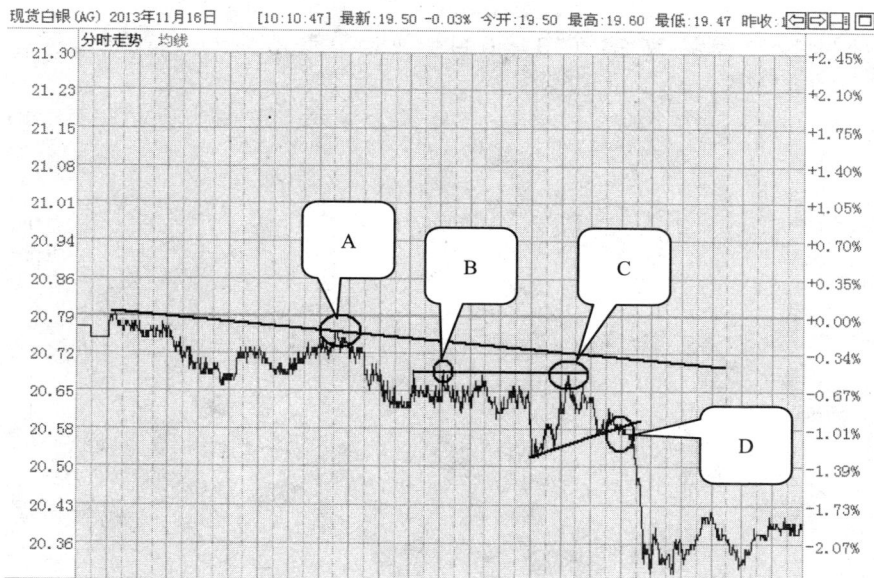

•图 11.20　现货白银的 2013 年 11 月 18 日的分时走势图

2013 年 11 月 18 日，现货白银的价格已处在空头行情之中，做单思维是逢高做空。价格开盘后，略做反弹，就开始一波一波下跌，注意价格的高点是不断降低的，低点也是不断降低的，所以分时图的下降趋势也很明显。这样每次盘中反弹的高点，都是不错的做空时机。

在 A 处，价格连续反弹两波，又反弹到次高点附近，所以 A 处是不错的做空时机。

在 B 处，价格连续横盘，在横盘的高点附近，就可以介入空单。

在 C 处，价格又反弹到 B 处高点附近，反弹无力，所以可以介入空单。

在 D 处，价格跌破了下方支撑线，意味新的一波下跌开始，所以高位空单持有，并且可以继续介入空单。

从其后走势来看，价格跌破下方支撑线后，开始快速下跌，所以在 D 处，介入空单，短时间就会有不错的投资收益。

总之，如果日 K 线图的 EXPMA 处在空头行情之中，分时图的每一次上涨或反弹，都是好的介入空单时机。

11.4.2　EXPMA+ 分时图短线做多技巧

图 11.21 是现货白银 2013 年 6 月 11 日至 8 月 27 日的日 K 线图。

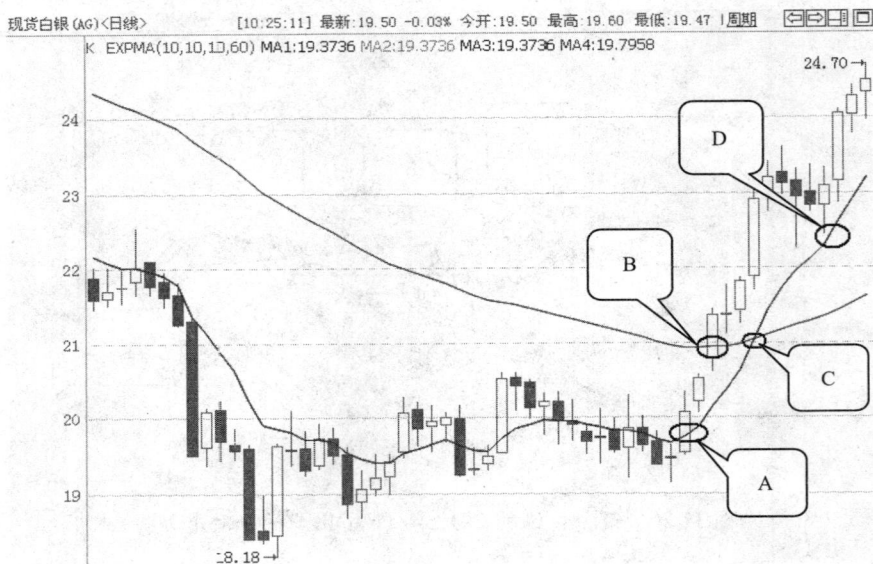

现货白银(AG)〈日线〉　　　[10:25:11] 最新:19.50 -0.03% 今开:19.50 最高:19.60 最低:19.47 | 周期
K EXPMA(10,10,1,60) MA1:19.3736 MA2:19.3736 MA3:19.3736 MA4:19.7958

• 图 11.21　现货白银 2013 年 6 月 11 日至 8 月 27 日的日 K 线图

现货白银经过一波大幅下跌之后，创出 18.18 低点，但创出低点这一天（6 月 28 日），价格收了一根大阳线，这意味着价格有启稳迹象，所以手中有空单的，要注意止盈。

随后一个多月的时间，价格就开始窄幅震荡，8 月 8 日，价格又拉出一根中阳线，价格站上了短期 EXPMA，即 A 处。

从其后走势看，价格开始沿着短期 EXPMA 开始上涨，在 B 处，价格又站上了长期 EXPMA（8 月 12 日），这意味着价格有望转多，所以要及时改变思维，由前期的逢高做空，改为逢低做多。

随后价格的不断上涨，短期 EXPMA 上穿长期 EXPMA，即 C 处，EXPMA 转为多头行情。

这样，后市每当价格回调到短期 EXPMA 附近时，就是好的做多机会，即 D 处是不错的做多位置。

图 11.22 是现货白银的 2013 年 8 月 18 日的分时走势图。

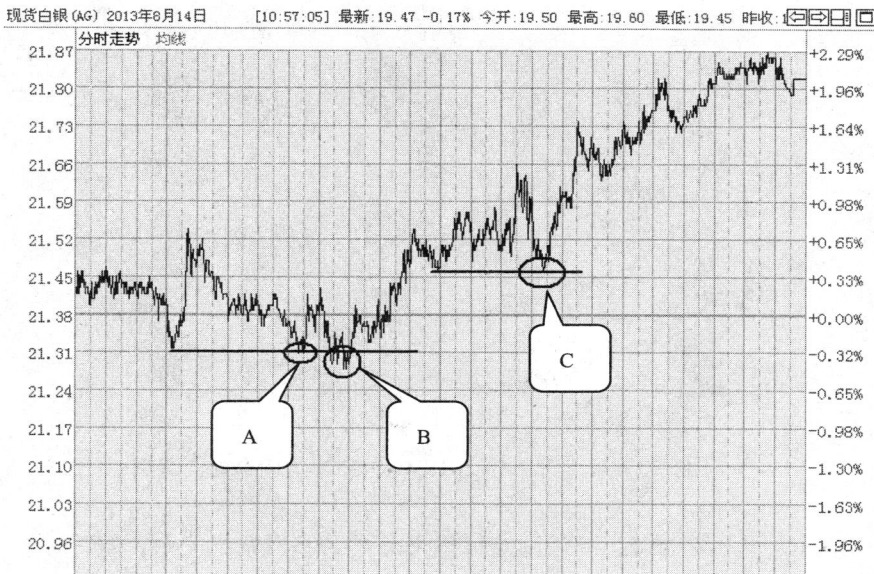

• 图 11.22　现货白银的 2013 年 8 月 18 日的分时走势图

2013 年 8 月 18 日，现货白银的价格已处在多头行情之中，做单思维是逢低做多。现货白银开盘窄幅震荡后，来了一波下跌，由于日 K 线在多头行情之中，所以每次回调都是做多机会。所以第一波急跌，可以轻仓介入多单。

随后价格就快速拉升，但接着就开始慢慢回调，又回调到急跌的低点附近，即 A 处，所以这又是一个介入多单机会。

但价格上涨力量仍不强，超短线可以止盈，做中线的，仍可以持有。

随后价格再度回调，注意有跌破 A 处低点迹象，但很快又收回去了，所以多单继续持有，并且可以继续介入多单，即 B 处是不错的做多位置。

从其后走势来看，B 处的低点就是日内低点，随后价格就开始一波一波上涨，每次回调的低点不断抬高，高点也不断抬高，即日内也出现了明显的上涨趋势,所以日内每次回调都是介入多单的机会,即C处是不错的做多位置。

图 11.23 是现货白银的 2013 年 8 月 22 日的分时走势图。

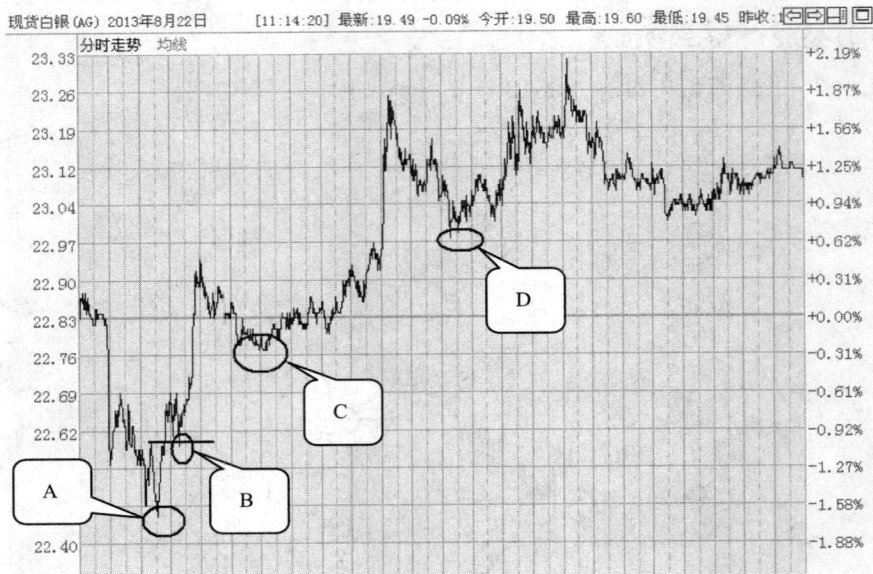

● 图 11.23　现货白银的 2013 年 8 月 22 日的分时走势图

2013 年 8 月 18 日,现货白银的价格已处在多头行情之中,做单思维是逢低做多。现货白银开盘略上涨后,就开始快速下跌,注意下跌的力量还是比较强,这里出现了三波下跌,其中第一波下跌很快很强,第二波下跌较慢较弱,第三波下跌,虽然又出新低,但很快又上涨了,即 A 处。前面讲过三波见低点,所以 A 处是很好的做多位置。

随后价格开始快速上涨,分时图就形成了双底结构,第一波上涨速度很快,如果没有介入多单,就要耐心等回调。

价格回调到双底的颈线附近,即 B 处,所以 B 处就是非常好的介入多单位置。

接着价格就开始第二波上涨,上涨速度也很快,由于上涨速度太快,必有回调,所以当价格急拉时,中线多单仍可以持有,短线多单要注意止损。

第二波急拉后,又出现回调,从回调的时间和幅度来看,仍会继续上涨,所以当价格下跌不动时,仍可以继续介入多单,即 C 处。

在 C 处介入多单，价格就开始震荡上涨，最后又是一波急拉，急拉往往会有回调，所以在急拉时，短线多单仍要注意止盈。

从回调的时间和空间来看，这一波回调的力量仍很小，所以回调启稳后，仍可以介入多单，所以 D 处也是不错的介入多单位置。

总之，如果日 K 线图的 EXPMA 处在多头行情之中，分时图的每一次下跌或回调，都是好的介入多单时机。

第 12 章

白银日内短线交易的
MACD 实战技巧

MACD 技术指标，即指数平滑异同移动平均线，是一个比较常用的趋向类指标。它是利用"红"、"绿"柱状表示看多与看空，如果看到红色柱状，就看多，绿色柱状就看空。

本章主要内容包括：

➤ 初识 MACD

➤ MACD 金叉做多技巧

➤ MACD 指标底背离做多技巧

➤ MACD 指标的绿柱底背离做多技巧

➤ MACD 指标的二次金叉做多技巧

➤ MACD 死叉做空技巧

➤ MACD 指标顶背离做空技巧

➤ MACD 指标的红柱顶背离做空技巧

➤ 60 分钟图的 EXPMA+MACD 做多技巧

➤ 60 分钟图的 EXPMA+MACD 做空技巧

12.1　初识 MACD

MACD 技术指标广泛流行于欧美市场，现在也是我国市场中使用最广泛、较有效的技术分析指标之一，因其直观、形象，也备受投资者的青睐。

12.1.1　MACD 概述

MACD 技术指标图形是由 DIFF 线、DEA 线和柱状线组成，其中 DIFF 线是核心，DEA 线是辅助。DIFF 线是快速移动平均线（12 日移动平均线）和慢速移动平均线（26 日移动平均线）的差。如果其值为正，则称为正差离值；如果其值为负，则称为负差离值。在持续上涨行情中，正差离值会越来越大；在下跌行情中，负差离值的绝对值会越来越大。这样经过对移动平均线的特殊处理，虚假信号就会大大减少。

DEA 是 DIFF 线的算术平均值。柱状线的值是 DIFF 与 DEA 的差值，即若 DIFF 线在 DEA 线上方，则差值为正，柱状线在 0 轴上方，显示为红柱；若 DIFF 线在 DEA 线下方，则差值为负，柱状线在 0 轴下方，显示为绿柱，如图 12.1 所示。

如果 DIFF 线和 DEA 线运行在 0 轴下方，表示现在的市场是空头市场；如果 DIFF 线和 DEA 线运行在 0 轴上方，表示现在的市场是多头市场。

0 轴上方的柱状线为做多信号，当其增多拉长时，说明多方气势旺盛，多方行情将继续；当其减少缩短时，表示多方气势在衰减，价格随时都可能下跌。0 轴下方的柱状线为做空信号，当其增多拉长时，说明空方气势旺盛，空方行情将继续；当其减少缩短时，表示空方气势在衰减，价格随时都可能止跌或见底回升。

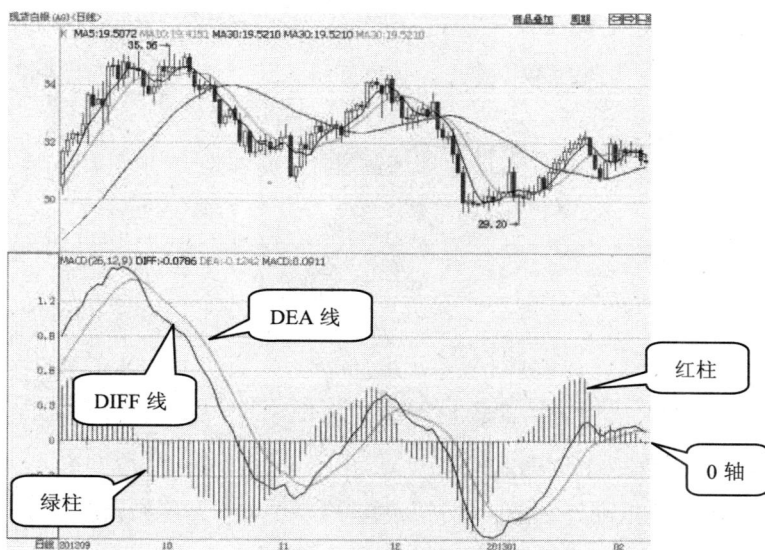

• 图 12.1　MACD 指标

12.1.2　MACD 的设置

现货白银（AG）的日 K 线图和 MACD 指标，如图 12.2 所示。

• 图 12.2　现货白银（AG）的日 K 线图和 MACD 指标

删除 MACD 技术指标。选择 MACD 技术指标中的任一条曲线右击，在弹出菜单中单击"删除指数"命令，弹出如图 12.3 所示的提示对话框。

• 图 12.3　提示对话框

单击"是"按钮，就可以删除 MACD 技术指标。注意这时只能看到 K 线图，下方显示 MACD 指标的副图没有了。

在 K 线图的空白处右击，在弹出的菜单中单击"视图组合"命令，就显示其子菜单，如图 12.4 所示。

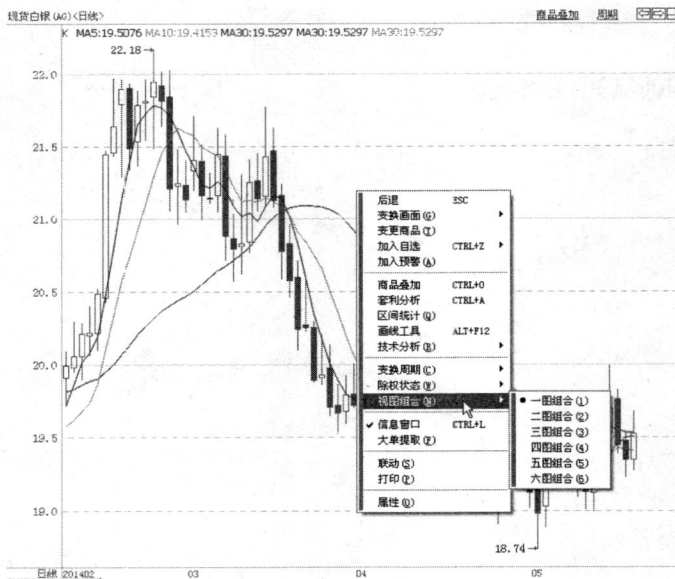

• 图 12.4　右击菜单

右击菜单中的"二图组合"命令，就会增加一个副图。

按下键盘上的"M"键，这时弹出"智能键盘"提示对话框，并显示了以 M 开头的所有指标参数，如图 12.5 所示。

在智能键盘提示对话框中双击"MACD"，就会显示 MACD 技术指标图形，并且自动关闭智能键盘的提示对话框。

修改 MACD 技术指标的计算参数。鼠标指向 MACD 技术指标图形右击在弹出菜单中单击"指标参数"命令，弹出"MACD 指标参数设置"对话框，如图 12.6 所示。

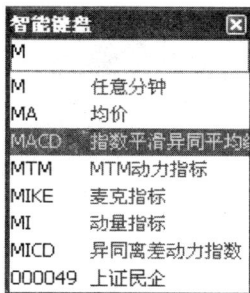

● 图 12.5 智能键盘提示对话框

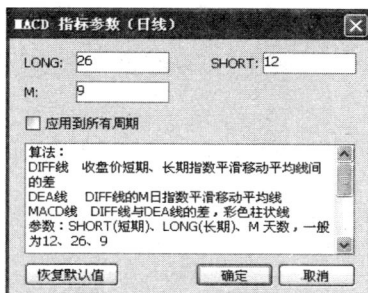

● 图 12.6 技术指标参数设置对话框

在这里可以修改 DIFF 和 DEA 的计算公式，一般不建议修改。

还可以修改 MACD 技术指标，鼠标指向 MACD 技术指标图形右击在弹出菜单中单击"修改公式"命令，弹出"指标编辑器"对话框，如图 12.7 所示。

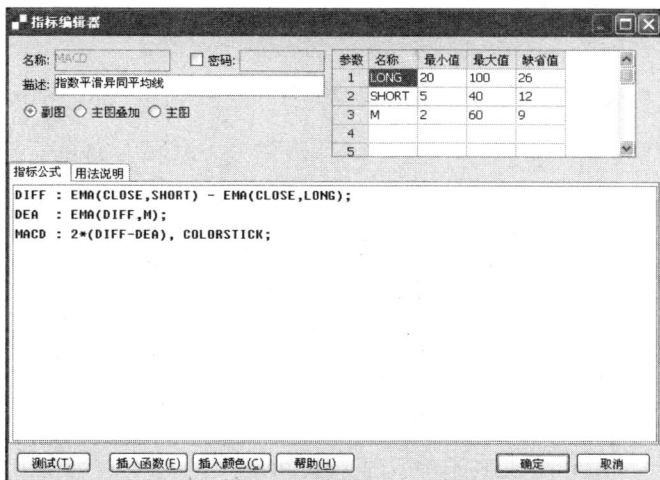

● 图 12.7 指标编辑器对话框

系统指标，一般不要修改其算法。但如果投资者对各种指标非常熟悉，并且知道具体算法，则可以修改。

> 提醒：一般不建议修改系统指标参数。

单击"用法说明"选项卡，就可以看到 MACD 指标的基本用法，如图 12.8 所示。

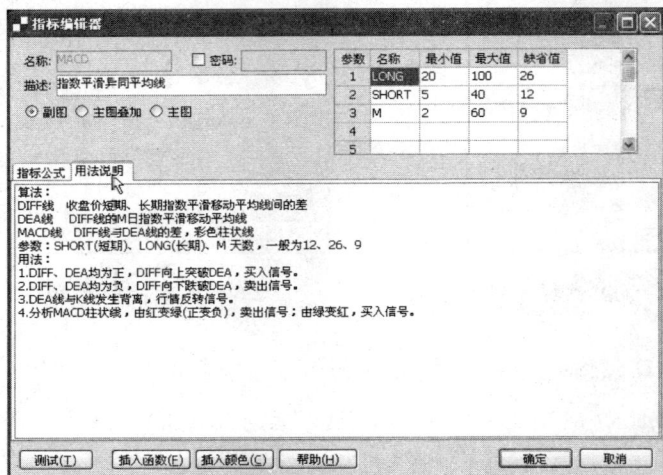

• 图 12.8　MACD 指标的基本用法

12.2　MACD 实战做多技巧

MACD 实战做多技巧共有 4 个，分别是 MACD 金叉做多技巧、MACD 指标底背离做多技巧、MACD 指标的绿柱底背离做多技巧和 MACD 指标的二次金叉做多技巧。

12.2.1　MACD 金叉做多技巧

向下移动的 DIFF 线开始调头向上移动，并且向上穿过 DEA 线时产生了"黄金交叉"，这是一个做多信号，投资者可以积极地进场做多。

　　MACD 指标出现金叉越接近 0 轴，说明价格刚刚开始上涨，未来价格上涨空间会较大，这时介入多单的风险很小。因此，0 轴附近的金叉是买入多单的最佳进机。

　　图 12.9 是现货白银（AG）2013 年 12 月 30 日至 2014 年 2 月 24 日的日 K 线图和 MACD 指标。

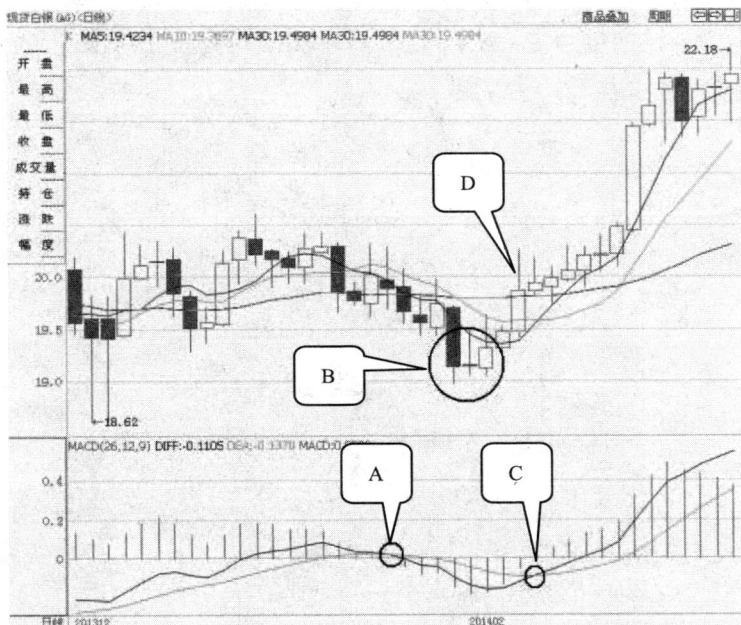

●图 12.9　现货白银（AG）2013 年 12 月 30 日至 2014 年 2 月 24 日的日 K 线图和 MACD 指标

　　现货白银创出 18.62 低点后，价格就开始震荡盘升，但经过近半个月的小幅上涨之后，价格再度下跌，并且 MACD 指标出现死叉，即 A 处，这是一个看空信号，所以可以短线参与做空。

　　随后价格震荡下跌，连续下跌 5 个交易日后，价格有跌不动迹象，原由是：K 线连续出现下影线，并且在 B 处出现了早晨之星见底 K 线，这意味着下跌力量很弱，上涨力量开始出现，所以手中还有空单的，要注意止盈了。

　　接着价格就开始上涨了，随着价格的不断上涨，在 C 处，MACD 指标出现金叉，这是一个做多信号，所以投资者可以进场做多了。

　　另外，从K线来看，价格站上了30日均线，这表明价格开始转为多头行情，进一步验证多方力量强大，这样顺势做多，就会有不断的投资收益，即D处。

　　如果MACD指标出现金叉的位置在0轴的下方，并且离0轴较远，这虽然是一个做多信号，但由于空方力量仍较强，所以只能看作一个小反弹，一旦反弹无力时，多单要第一时间止盈。如果出现见顶K线，还可以介入空单，因为大的趋势仍在空头行情之中。

　　图12.10是现货白银（AG）2011年8月30日至12月18日的日K线图和MACD指标。

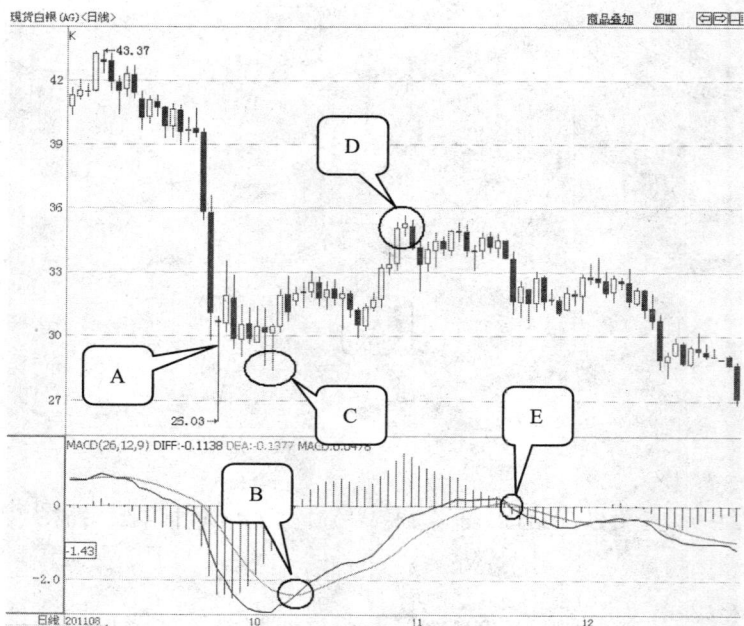

●图12.10　现货白银（AG）2011年8月30日至12月18日的日K线图
和MACD指标

　　现货白银经过一波反弹之后，创出43.37高点后，价格开始震荡下跌，随后开始疯狂下跌，大阴线杀跌，空单赚大了。

　　价格连续出现两根大阴线后，价格没有继续下跌，反而收了一根带有长长下影线的十字线，这是一个见底K线，所以空单要及时止盈出局，即A处。

　　随后价格开始震荡，注意价格没有再创新低，并且MACD指标慢慢形成了金叉，即 B 处，这意味着做多力量开始出现，所以手中还有空单的朋友，空单要注意出局了。

MACD 虽然出现了金叉，但要注意离 0 轴很远，所以这里只能看反弹。

在 C 处，价格又连续收见底 K 线，并且 MACD 指标发现买入信号，所以可以进场做多。

从其后反弹来看，价格反弹的力量不强，在 D 处，价格出现了黄昏之星见顶 K 线，虽然 MACD 指标没有死叉，但这里出现不好的 K 线，所以多单就要注意止盈，最少要止盈一部分。

随后价格再没有创出新高，而是不断震荡走低，在 E 处，MACD 指标出现了死叉，这意味着价格再度走弱，所以多单要及时出局，并可以反手建立空单。

如果 MACD 指标出现金叉的位置在 0 轴的上方，这是一个强势买入信号，这是因为价格本身处在明显的上涨行情之中，出现了回调，然后又在 0 轴上方出现 MACD 金叉做多信号，所以进场做多，是相当不错的好时机。

图 12.11 是现货白银（AG）2010 年 6 月 8 日至 11 月 16 日的日 K 线图和 MACD 指标。

现货白银经过较长时间的窄幅震荡之后，在 B 处实现了向上突破，并且 MACD 指标，出现了金叉做多信号，所以这里做多，是最佳的位置，即 A 处。这是因为，A 处的 MACD 金叉是在 0 轴附近，这里往往是一波新的上涨行情的开始，所以这里做多，一般盈利空间会较大。

从其后走势来看，价格实现突破后，价格就开始震荡上涨，连续上涨近两个月，及时介入多单的朋友，盈利都实现了翻倍。

价格经过大幅上涨之后，价格开始出现了回调，注意 MACD 指标始终在 0 轴上方，这意味着价格始终处在多头行情之中，当前价格下跌仅仅是回调，一旦回调结束，价格仍会继续上涨。

在 C 处，MACD 指标再度出现金叉，这又是一个做多信号，所以这里介入多单也是不错的时机。

从 K 线来看，价格也是刚刚向上突破，即 D 处，所以及时介入多单，短时间就会有不错的盈利。

● 图 12.11　现货白银（AG）2010 年 6 月 8 日至 11 月 16 日的日 K 线图
和 MACD 指标

　　需要注意的是，价格已经过较长时间上涨，所以在第二波上涨时，一旦出现不好的见顶 K 线，多单要及时止盈。在 E 处，价格出现了见顶 K 线，所以多单要第一时间止盈出局。

12.2.2　MACD 指标底背离做多技巧

　　MACD 指标底背离的特征是：价格逐波下跌，而 MACD 指标线不是同步下降，而是逐波走高。MACD 指标底背离如图 12.12 所示。

　　从技术上来讲，MACD 指标底背离预示着价格一轮跌势已完成，短期内很可能见底，特别是价格已有大幅下跌后，此时 MACD 再出现黄金交叉，则见底回升的可能性更大。投资者这时做好准备进场做多，也可以利用少量资金先进场做多。

　　图 12.13 是现货白银（AG）2012 年 1 月 18 日至 9 月 18 日的日 K 线图和 MACD 指标。

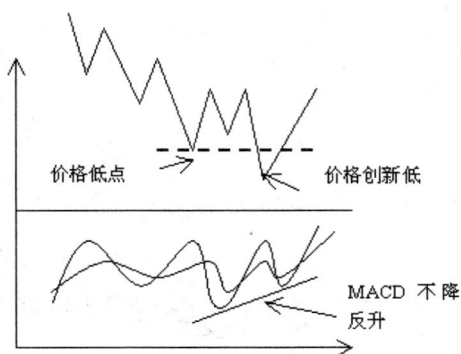

● 图 12.12　MACD 指标底背离

● 图 12.13　现货白银（AG）2012 年 1 月 18 日至 9 月 18 日的日 K 线图
和 MACD 指标

　　现货白银经过几波上涨之后，创出 312.47 高点，注意在创出高点这一天，价格收了一根大阴线，这意味着上涨行情已结束，后市将迎来震荡下跌行情。

从其后走势来看，价格先是震荡下跌，然后又加速下跌，加速下跌后，价格创出 26.73 低点，然后价格开始震荡反弹，并且 MACD 指标开始慢慢形成金叉，这意味着做空力量已不强，做多力量开始慢慢加强，所以再做空，就要特别谨慎了，因为下方空间也许已不大了。

价格震荡反弹近一个月后，价格再度下跌，并且创出 26.11 低点，需要注意的是，虽然价格创出了新低，但 MACD 指标没有再创新低，并且很快又形成了金叉，这意味着 MACD 指标出现了底背离，这是一个做多信号，所以手中还有空单的要注意止盈了，即 A 处。

随后价格开始震荡盘整，注意价格没有再出新低，即 B 处，而 MACD 指标始终处于红柱状态，这意味着 MACD 指标一直提示多头力量比较强。

价格震荡一个月后，开始向上突破，即 C 处，价格突破了下降趋势线，并且 MACD 指标开始向上发散，这意味着新的一波上涨开始，手中有多单的可以耐心持有，并且可以再加多单；没有多单的要及时地介入多单，因为真正的多单赚钱机会来了。

从其后走势来看，价格实现突破后，连续中阳线上涨，介入的多单短时间内就会获利丰厚。

12.2.3　MACD 指标的绿柱底背离做多技巧

需要注意的是，往往要等到 MACD 指标的绿柱底背离完成后，MACD 指标才会见底反弹，因此 MACD 的绿柱底背离的做多信号更加灵敏。

图 12.14 是现货白银（AG）2008 年 6 月 19 日至 2009 年 1 月 23 日的日 K 线图和 MACD 指标。

现货白银经过几波上涨之后，创出 19.46 高点，然后价格就开始一波一波下跌，价格经过几波下跌之后，MACD 指标在底部形成了双底形态，即 A 处。

虽然 MACD 指标已见底，但价格仍继续震荡下跌，但 MACD 指标已背离。所以在价格不断下跌过程中，不要过分看空，因为价格的做多力量在慢慢增强。

在 B 处，价格在不断下跌，但需要注意的是 MACD 指标的绿柱是越来越短，即 MACD 指标的绿柱底背离，所以手中还有空单的要注意随时止盈。

● 图 12.14 现货白银（AG）2008 年 6 月 19 日至 2009 年 1 月 23 日的日 K 线图
和 MACD 指标

随后 MACD 指标的绿柱消失，开始变成红柱，MACD 指标出现金叉，做多信号出现，所以要敢于介入多单。

从其后走势来看，价格随后继续震荡，但没有再创新低，并且 MACD 指标一直在震荡上行，这意味着价格震荡之后，继续上行的概率很大。

在 C 处，MACD 指标的绿柱再度出现底背离，所以短线空单要随时注意止盈，并且准备好资金，进场做多。

> 提醒：如果 MACD 绿柱与价格底背离的同时，成交量是缩量的，而底背离完成后，成交量又逐渐放大，则后市看涨的信号会更强烈。

12.2.4 MACD 指标的二次金叉做多技巧

MACD 指标低位第一次金叉，价格未必不能上涨，但"MACD 指标低位二次金叉"上涨的概率和把握更高一些。因为经过"第一次金叉"之后，空头虽然再度小幅进攻，造成又一次死叉，但是，空头的进攻在多方的"二次金叉"面前，遭遇溃败，从而造成多头力量的喷发。

二次金叉的技术要点：

第一：第二次金叉离第一次金叉距离越近越好；

第二：第二次金叉的位置高于第一次金叉为好；

第三：MACD指标第二次金叉时，如果出现K线的做多形态（如，两阳夹一阴、平台向上突破等），则成功率更高。

图12.15是现货白银（AG）2003年7月31日至2004年4月1日的日K线图和MACD指标。

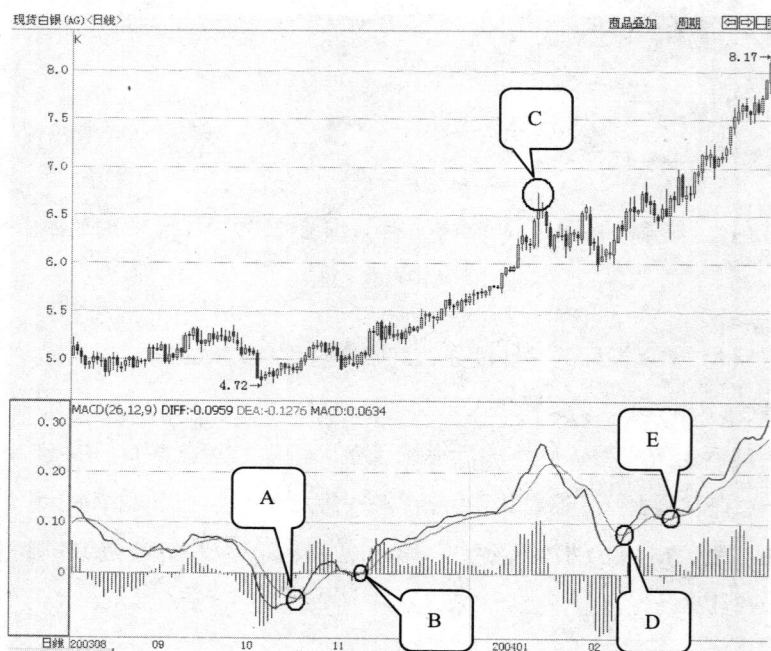

● 图12.15　现货白银（AG）2003年7月31日至2004年4月1日的日K线图和MACD指标

现货白银经过一波下跌，创出4.72单位低点，在创出低点这一天，价格收了一根见底十字K线，随后价格就开始震荡上行，MACD指标慢慢形成第一次金叉，投资者可以积极地进场做多，即A处。

价格经过近半个月的上涨之后，价格出现了回调，回调十几个交易日后，MACD 指标在 0 轴附近再度出现金叉，即 B 处，这是 MACD 指标的二次金叉，这是一个极佳的进场多单位置，因为真正的上涨行情正式开始，也就是说，翻倍行情开始了，果断进场做多吧。

从其后走势来看，这一波上涨时间很强，空间也比较大，及时跟进多单的就会获利丰厚。

价格经过较长时间上涨，在 C 处见顶，随后价格开始震荡盘整，在 D 处，MACD 指标第一次金叉，是做多时机。第一次金叉往往上涨力量不太强，再回调后，第二次金叉，真正的上涨行情开始，及时跟进，会获利更大的投资收益，即 E 处。

12.3　MACD 实战做空技巧

MACD 实战做多技巧共有 3 个，分别是 MACD 死叉做空技巧、MACD 指标顶背离做空技巧、MACD 指标的红柱顶背离做空技巧。

12.3.1　MACD 死叉做空技巧

向上移动的 DIFF 线开始调头向下移动，并且向下穿过 DEA 线时产生了"死亡交叉"，这是一个做空信号，投资者可以积极地进场做空。

如果 MACD 指标出现死叉的位置在 0 轴的上方，并且离 0 轴较远，这就是一个极佳的做空时机。这种情况的出现，往往意味着价格已经过大幅上涨，开始反转向下，下方空间巨大，及时跟上空单，会获利丰厚。

图 12.16 是现货白银（AG）2003 年 9 月 5 日至 2004 年 5 月 7 日的日 K 线图和 MACD 指标。

现货白银创了 4.72 低点后，就开始震荡上涨，并且 MACD 指标在低位出现了两次金叉上涨，最终价格上涨到 8.43。需要注意的是，价格在创出最高点这一天，价格收了一根带有长长上影线的十字线，这是一个见顶 K 线，所以多单要注意止盈。

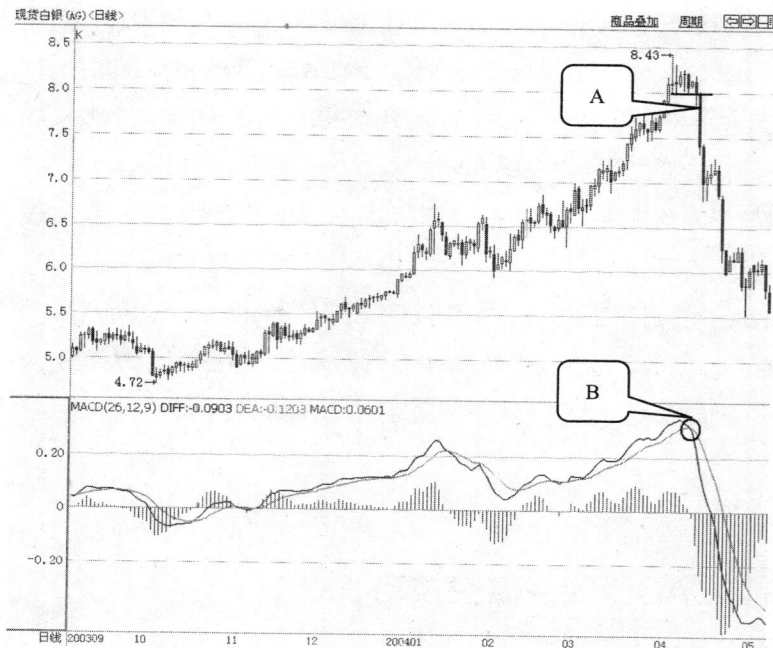

- 图 12.16　现货白银（AG）2003 年 9 月 5 日至 2004 年 5 月 7 日的日 K 线图和
MACD 指标

随后几天，价格开始在高位震荡，总体是阴多阳少，说明空方力量在加仓，同时，MACD 指标的红柱在缩短，也验证了空方力量在加强。

接着价格开始大阴线杀跌，并且跌破了近几天震荡平台的低点，即 A 处，这意味着顶部出现，所以手中还有多单的，第一时间出局，没有空单的，及时介入空单，这样空单短时间内就会有不错的盈利。

需要注意的是，当价格跌破震荡平台低点时，MACD 指标也开始高位死叉了，即 B 处，这意味着上涨行情已结束，将迎来大幅下跌行情，所以投资者要敢于大胆地进场做空。

如果 MACD 指标出现死叉的位置在 0 轴的附近，往往是价格先下跌了一波，然后出现反弹，反弹结束后，MACD 指标在 0 轴附近再死叉，这也是不错的做空时机，投资者也要敢于大胆进场做空。

图 12.17 是现货白银（AG）2012 年 2 月 20 日至 5 月 16 日的日 K 线图和 MACD 指标。

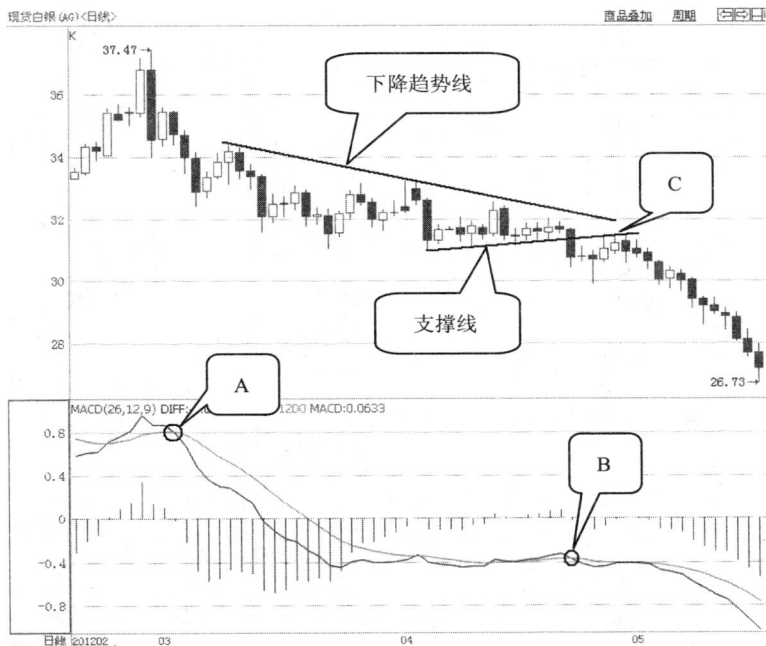

● 图 12.17　现货白银（AG）2012 年 2 月 20 日至 5 月 16 日的日 K 线图和
MACD 指标

现货白银经过几波上涨之后，创出 312.47 高点，需要注意的是，在创出高点的当天，价格就出现了大阴线杀跌，这意味着价格见顶。随后 MACD 指标高位死叉，即 A 处，新的一波下跌开始，投资者要及时地介入空单。

随后价格开始震荡下跌，MACD 指标不断下行，最后跌破 0 轴。经过一波下跌之后，价格开始震荡盘整，需要注意的是，价格虽然有涨有跌，但始终没有突破下降趋势线，这意味着空方力量很强。另外，MACD 指标虽然出现了金叉，但红柱很小，这也验证了多方力量不强。

在 B 处，价格先是跌破了下方的支撑线，MACD 指标再度出现死叉，这表明新的一波下跌开始，所以投资者要敢于逢高介入空单。

从其后走势来看，价格虽有反弹，但反弹力量很弱，没有突破下降趋势线，所以在 C 处是不错的介入空单位置。如果敢于在 C 处介入空单，并且是重仓介入，那么短短几个交易日，投资者就可以实现盈利翻倍。

如果 MACD 指标出现死叉的位置在 0 轴的下方，并且远离 0 轴，这往往是价格已经过较长时间的下跌了，这时再做空，就要谨慎一些。一旦有见底K线出现，空单要第一时间离场，并且可以轻仓试多。

图 12.18 是现货白银（AG）2004 年 11 月 26 日至 2005 年 2 月 22 日的日 K 线图和 MACD 指标。

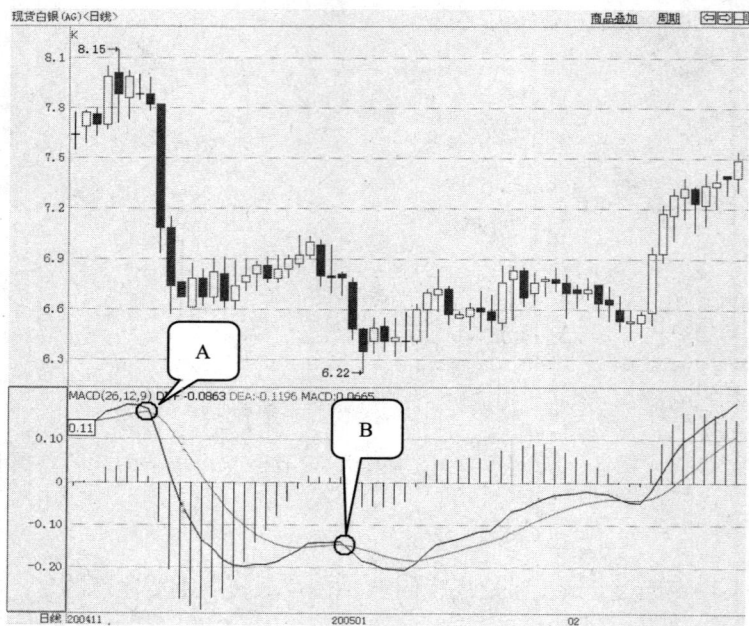

● 图 12.18　现货白银（AG）2004 年 11 月 26 日至 2005 年 2 月 22 日的日 K 线图和
MACD 指标

现货白银经过一波上涨之后，创出 8.15 高点，然后在高位震荡，MACD指标出现了死叉，即 A 处，这是一个做空信号，如果及时介入空单，短时间就会有丰厚的收益。

价格快速下跌后，MACD 指标跌回到 0 轴之下，然后价格开始震荡反弹，虽然反弹的时间较长，但反弹力量很小。另外 MACD 指标出了金叉，所以可以轻仓参与多单。

价格反弹半个月后，再度下跌，MACD 指标再度出现死叉，即 B 处，这虽是一个做空信号，也可以顺势跟空，但需要注意这一次 MACD 指标死叉是在 0 轴下方，所以做空要谨慎一些。

从其后走势看，价格创出了新低，即创出 6.22 低点，但在创出 6.22 低点这一天，价格收了一根带有下影线的 K 线，这意味着有抄底资金进场。

随后价格就开始震荡，并且不断出现见底 K 线，并且不再出新低，所以空单要注意及时止盈。

12.3.2 MACD 指标顶背离做空技巧

MACD 指标顶背离的特征是：价格逐波上涨，而 MACD 技术指标不是同步上升，而是逐波下跌。MACD 指标顶背离的图形如图 12.19 所示。

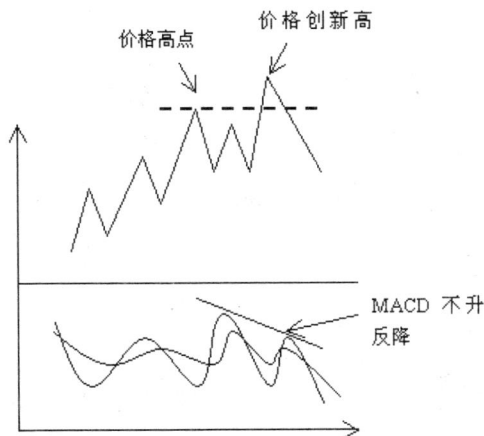

● 图 12.19 MACD 指标顶背离

从技术上来讲，MACD 指标顶背离预示着价格一轮升势已完成，短期内很可能见顶，特别是价格已有大幅拉升后，如果 MACD 再出现死亡交叉，则见顶大幅回落的可能性更大。投资者这时多单做好准备离场或先减仓，一旦价格趋势向下，多单果断清仓，并可以反手建立空单。

图 12.20 是现货白银（AG）2011 年 12 月 6 日至 2012 年 5 月 16 日的日 K 线图和 MACD 指标。

现货白银经过几波下跌之后，创出 26.15 低点，注意创出低点这一天，价格收了一根带有长长下影线的中阳线，这是一个见底 K 线，所以空单要第一时间出局，并且可以轻仓介入多单。

● 图 12.20 现货白银（AG）2011 年 12 月 6 日至 2012 年 5 月 16 日的日 K 线图和
MACD 指标

随后价格不断震荡上涨，MACD 指标出现了金叉，又是一个做多信号，所以手中的多单可以持有，并且可以继续介入多单。

接着价格不断震荡上涨，然后在高位震荡，MACD 指标出现了死叉，多单先出局。强势调整几天后，价格再度上涨，MACD 指标再度出现金叉买入信号，但要注意，虽然价格创出新高，但 MACD 指标没有创出新高，这是一个 MACD 指标顶背离，所以一旦价格出现见顶 K 线，多单一定要及时出局，并且可以反手建立空单。

价格创出 312.47 高点那天，价格收了一根大阴线，这是一个见顶 K 线，并且 MACD 指标在 B 处出现了死叉，所以多单一定要及时出局，并且要敢于果断建立空单。

12.3.3 MACD 指标的红柱顶背离做空技巧

需要注意的是，往注要等到 MACD 指标的红柱顶背离完成后，MACD

指标才会见顶下跌，因此 MACD 的绿柱顶背离的做空信号更加灵敏。

图 12.21 是现货白银（AG）2013 年 11 月 26 日至 2014 年 3 月 27 日的日 K 线图和 MACD 指标。

●图 12.21　现货白银（AG）2013 年 11 月 26 日至 2014 年 3 月 27 日的日 K 线图和
MACD 指标

在 A 处，MACD 指标在 0 轴附近出现了金叉，这意味着现货白银要上涨一波了，所以要及时介入多单。

随后价格开始连续阳线上涨，需要注意的是，大阳线上涨之后，价格开始在高位震荡，虽然价格不断创出新高，但 MACD 指标的红柱却在不断缩短，这意味着 MACD 指标的红柱顶背离，价格随时都有可能见顶，所以多单要减仓或直接止盈出局，即 B 处。

价格创出 22.18 高点后，价格就开始震荡下行了，随着价格的不断下跌，MACD 指标高位出现了死叉，这是明显的做空信号，所以后市就要坚持逢高做空思维了，即 C 处。

12.4　60 分钟图的 EXPMA+MACD 短线赚钱技巧

下面我们来讲解一下如何利用 60 分钟图的 EXPMA+MACD，来进行短线操作，实现利润最大化。

12.4.1　60 分钟图的 EXPMA+MACD 做多技巧

图 12.22 是现货白银 2014 年 1 月 29 日 17:00 时至 2014 年 2 月 5 日 12:00 时的 60 分钟 K 线图。

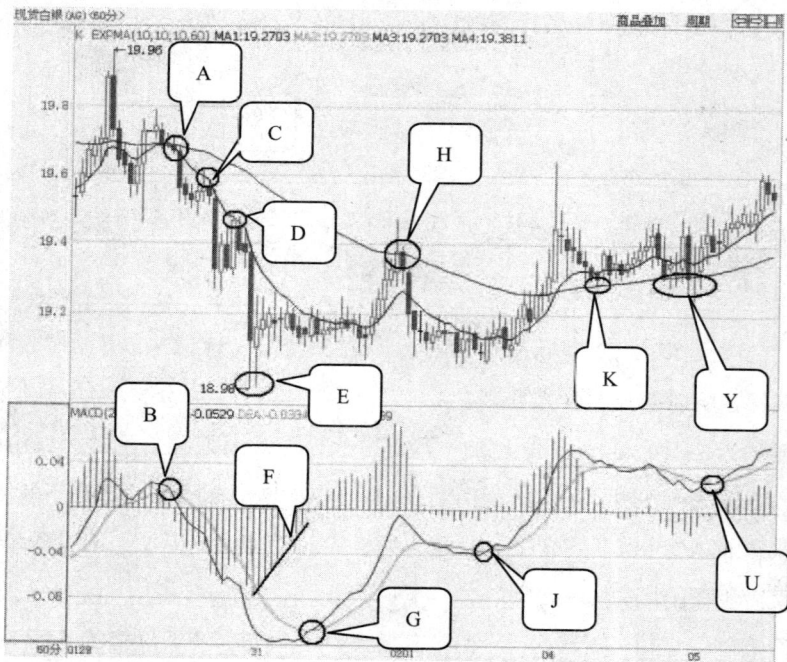

● 图 12.22　现货白银 2014 年 1 月 29 日 17:00 时至 2 月 5 日 12:00 时的

60 分钟 K 线图

现货白银经过一波反弹，创出 19.96 高点，注意在创出高点这一天，白银收了一根带有长长上影线的中阴线，这意味着反弹遇到了强压力。

随后价格快速回调，然后再反弹，注意反弹没有再出新高，接着就开始震荡下跌，跌破 EXPMA 支撑，即 A 处。

同时，MACD 指标在高位出现了死叉，即 B 处。如果 EXPMA 处于空头行情之中，MACD 指标出现了死叉，是较好的做空机会。所以 A 处和 B 处，都是不错的做空位置。

随后 MACD 指标就开始进入空头行情之中，所以每当价格反弹到短期 EXPMA 附近时，就是好的做空位置，即 C 处和 D 处。

价格经过几波下跌之后，创出 18.98 低点，注意价格在创出低点后，连续在其附近收带有下影线的见底 K 线，即 E 处，所以空单在这里要注意止盈。

随后价格开始震荡反弹，但价格始终没有突破短期 EXPMA，这表明多方力量仍不强，可 MACD 指标的绿柱在不断减少，这意味着虽然多方力量不强，但多方力量在不断增长，即 F 处，所以这里不能再做空了。

在 G 处，MACD 指标出现了金叉，这意味着价格要反弹了，所以可以逢低介入多单。

接着价格就开始反弹，这一波反弹很强，反弹到长期 EXPMA 附近，注意这里是一个压力，所以多单要及时止盈，激进的朋友，可以反手做空，即 H 处。

随后价格就开始快速回调，但回调的力度不强，然后又在 J 处，MACD 指标再度金叉，所以空单要及时止盈，并可以反手建立多单，因为这是二次金叉，并且又在 0 轴上方。

接着价格就开始反弹，并且这一波反弹的力量很强，站上了长期 EXPMA，这意味着 60 分钟图的价格开始转为多头行情了，所以后市将坚持逢低做多思维。

在 K 处和 Y 处，价格都是正好回调到长期 EXPMA 附近，价格得到支撑，再度上涨，所以 K 处和 Y 处，都是不错的做多位置。

在 U 处，MACD 指标再度金叉，这样低位进多单可以持有，并且可以继续介入多单。

按下键盘上的 "→" 键，向右移动 K 线图，如图 12.23 所示。

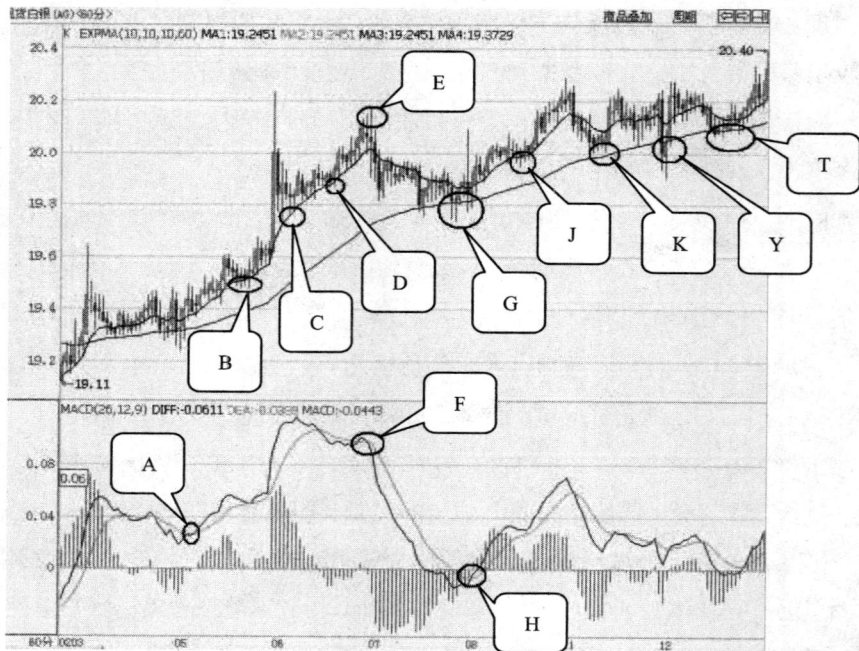

●图 12.23　现货白银 2014 年 2 月 3 日 18:00 时至 2 月 13 日 00:00 时的
60 分钟 K 线图

白银的 EXPMA 出现明显的多头行情之后，MACD 指标在 A 处又出现
了金叉，这样每当价格回落到短期 EXPMA 附近时，就是相当好的做多时机，
所以 B、C 处和 D 处，都可以介入多单。

随着价格的不断上涨，在 E 处，价格连续出现十字线，这是见顶 K 线，
即 E 处，同时，MACD 指标也出现死叉，即 F 处，所以多单要及时止盈。
激进的朋友，可以反手建立空单。

随后价格开始震荡下跌，但下跌到长期 EXPMA 附近时，价格再度出现
长长下影线的见底 K 线，所以空单要及时止盈，即 G 处。

价格在震荡时，MACD 指标在 H 处出现了金叉，这意味着调整结束，
新的一波上涨开始，所以及时介入波段多单。

随后价格又开始震荡上涨，由于 EXPMA 在多头行情之中，MACD 指
标也在多头行情之中，所以每当价格回调到短期 EXPMA 附近时，就可以介
入多单，所以 J 处可以介入多单。

价格经过几波上涨之后，价格再度见顶开始调整，MACD 指标多次金叉死叉，虽然 MACD 指标变化较快，但长期 EXPMA 的支撑较强，即每当价格回调到其附近时，价格就会得到支撑，所以可以观望，也可以快进快出。每当价格回调到长期 EXPMA 附近时，就快速介入多单，有盈利就先止盈，所以 K、Y 处和 T 处，可以介入短线多单。

按下键盘上的"→"键，向右移动 K 线图，如图 12.24 所示。

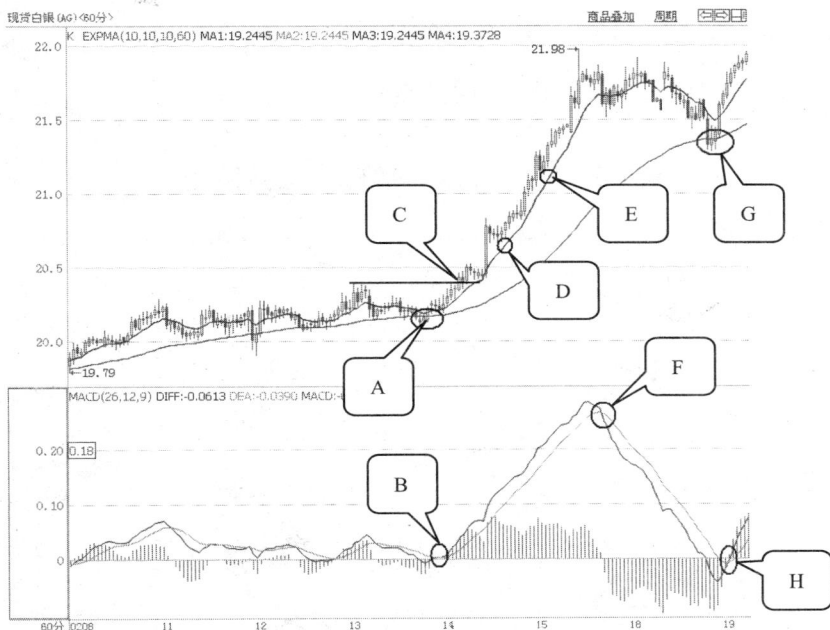

● 图 12.24　现货白银 2014 年 2 月 7 日 23:00 时至 2 月 19 日 5:00 时的
60 分钟 K 线图

白银在长期 EXPMA 附近得到支撑，并出现见底 K 线，即 A 处，并且随后 MACD 指标出现了金叉，这意味着做多行情来临，即 B 处。

随后价格就开始不断上涨，EXPMA 出现了明显的多头行情，MACD 指标也在多头行情之中，并且价格突破了长期震荡平台的高点，这意味着趋势多头行情来了，手中有多单的耐心持有，没有多单的，可以在 C 处介入多单。

接着价格就开始单边上涨行情，由于 EXPMA 和 MACD 指标，都在多头行情之中，所以每当价格回调到短期 EXPMA 附近时，就可以介入多单，即 D 处和 E 处，可以介入多单。

价格最后又疯狂拉涨，创出 21.98 高点，注意在创出高点时，价格收了一根带有长长上影线的 K 线，这意味着在 22 附近压力较大，所以短线多单要注意止盈了。

随后价格开始在高位震荡，MACD 指标在高位出现了死叉，即 F 处，所以价格要调整了，手中还有多单的要及时止盈出局。

接着价格就开始震荡调整，当价格调整到长期 EXPMA 附近时，价格再度启稳，即 G 处，同时，MACD 指标也出现了金叉，即 H 处，这意味着调整结束，又要开始上涨，所以多单可以果断介入。

12.4.2　60 分钟图的 EXPMA+MACD 做空技巧

图 12.25 是现货白银 2013 年 10 月 30 日 12:00 时至 11 月 1 日 16:00 时的 60 分钟 K 线图。

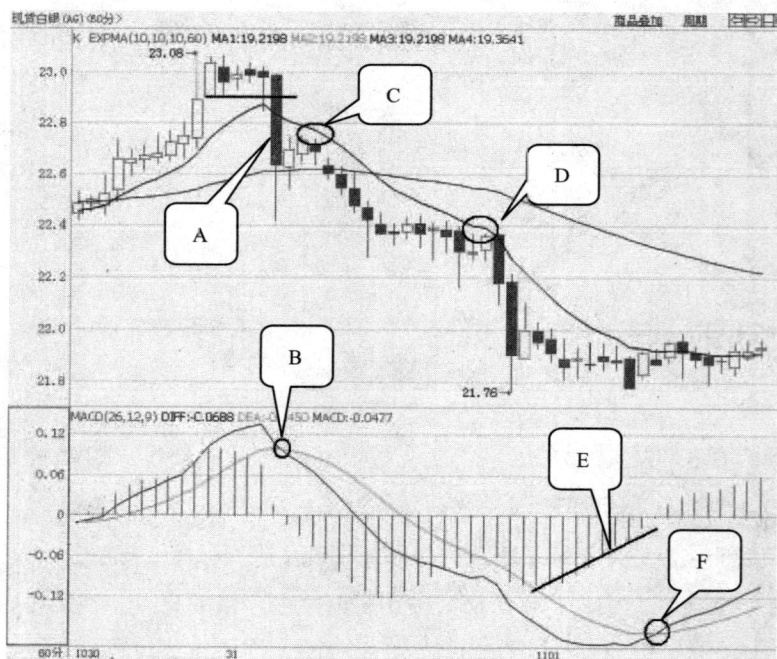

●图 12.25　现货白银 2013 年 10 月 30 日 12:00 时至 11 月 1 日 16:00 时的

60 分钟 K 线图

现货白银经过一波上涨，创出 23.08 高点，但需要注意的是，在创出高点这一天，价格收了一根带有长长的上影线见顶 K 线，这意味着在 23 附近压力较大。

随后几天，价格开始窄幅震荡，然后在 A 处，一根大阴线下跌，跌破了短期 EXPMA 和长期 EXPMA，价格开始转空。同时，MACD 指标也开始在高位出现死叉，即 B 处，所以在这里多单要及时出局，并开始关注做空机会。

在 C 处，价格反弹到短期 EXPMA 附近时，就是新的做空机会，所以可以在 C 处大胆介入空单。

随后价格就开始小阴线下跌，这样 EXPMA 变成了明显的空头行情，MACD 指标也在明显的空头行情之中，所以高位空单可以耐心持有，并可以继续逢高介入空单，特别是当价格反弹短期 EXPMA 附近时，即 D 处是很好的介入空单时机。

价格经过几波下跌，价格创出 21.76 低点，注意在创出低点时，价格收了一根带有长长下影线的见底 K 线，所以空单要注意保护盈利。

随后价格开始震荡，注意 MACD 指标的绿柱开始慢慢缩短，这意味着做空力量不强了，所以空单要注意及时止盈，即 E 处。

接着 MACD 指标出现了金叉，即 F 处，这表明价格有反弹要求，所以手中还有空单的最好都止盈。激进的朋友，可以轻仓介入多单，搏一波反弹，但一定要注意，EXPMA 仍在空头行情之中，有盈利就要见好就收。

第 13 章

白银日内短线交易的
资金管理

投资大师巴菲特曾有一句名言:投资成功的秘诀有三个,第一,尽量避免风险,保住本金;第二,尽量避免风险,保住本金;第三,坚决牢记第一、第二条。投资大师心中的那本账,其实普通投资者也知道,如果损失了投资资本的 50%,必须资金再翻倍才能回到最初起点。如果设定年平均投资回报率是 12%,要花 6 年时间才能复原。对于年回报率为 24.7% 的巴菲特来说,要花 3 年多的时间。所以从某种意义上讲,资金管理关系到我们要承担的风险,关系到市场操作的生命,它是“市场生存之本”!

本章主要内容包括:

➤ 资金管理的定义和作用

➤ 资金管理的两原则

➤ 正确处理报酬／风险比与获
胜率

➤ 合理安排入市资金

➤ 如何制定三位一体的盈利策略

➤ 如何建仓、加仓和减仓

➤ 关于资金管理的一致性

➤ 知行合一是资金管理的最高
境界

13.1　初识资金管理

白银交易必须重视资金管理，并且资金管理是成为投资高手的必由之路，那么到底什么是资金管理呢？资金管理的作用又是什么呢？

13.1.1　什么是资金管理

资金管理是指投资者对自己资金在投资方向和投资节奏上的管理，其中包括投资组合的设计、整体账户的风险承受度、每笔交易的初始风险承受度、如何设定交易规模、如何进行仓位调整、账户的整体增长期望值、在顺境或挫折阶段的交易方式等方面。

一般来说，技术分析主要是针对何时买卖白银的问题；而资金管理主要是针对买卖多少的问题。

交易时间和交易数量构成了交易行为的整体。而交易行为的成功，则取决于这两个要素的整体成功，任何一个要素的失利都可能导致整个交易行为的失败。

但是很多投资者，常常偏重于选时，却常常忽略交易资金的使用策略。实际上，这里隐藏着巨大的风险。为什么一个成功率达到 70% 的投资者却最终是亏损的，而一位成功率仅有 40% 的投资者却最终是盈利的？原因就在于他们的资金分配方式和资金管理技巧上。前者总是小赢，只是出现了两次重仓的大亏损，于是便把所有的盈利输完还搭上部分本金；后者则总是小单上的出错，但一旦看准了时机则会大胆加仓，于是最终扭转了亏损的结局。

13.1.2　资金管理的作用

我们常常把相当多的精力用在行情预测上，而不是用在控制自己行为上，总是力求找到最准确的分析方法，力求找到最值得交易的行情，力求找到交易的圣杯……

这样，不仅让我们陷入了茫然不可知的窘境，也使我们失去了更多的市场机会。相反，即使我们能够找到最值得交易的行情，也往往无法确信那就是最值得交易的行情。再加上复杂多变的交易心理和短暂的行情反复，看对而做不对的情况时常发生。

既然做对比看对更重要，那么如何才能做对呢？做对不在于对行情趋势的准确把握程度，而在于其对未来趋势的应变能力。这常常涉及到对风险的评价、对胜率的判断、对市场机会大小的估算、对未来行情适应能力以及其在建仓、加仓、减仓、平仓等环节中的经验。

简单地说，做对的通用做法是：没有值得进场的机会时，坚决不进；有值得进场一试的机会时，轻仓进场；出现行情判断失误时，及时出场；出现重大赢利机会时，分批加仓；高涨后趋势停滞不前时，立即减仓；高涨后趋势明确掉头时，马上离场。

有无资金管理方法是区别赢家和输家的关键，成功的投资者总是把正确的资金管理方法列为赚钱的头条原则。无论你是什么类型的投资者，也无论你是用什么方式从市场中赢利，如果你不知道如何管理交易资金，是很难在市场中获得长久生存的。最佳投资者并不是那些偶尔赚最多钱的人，而是那些总是赔得最少的人，他们的风险容忍度通常都是比较低的。

莽撞冲动的驾驶者即使拥有世界上最好的赛车，在长达数月的赛跑中，也不一定就可以跑赢一辆由稳重的驾驶者所驾驶的普通汽车。同样，如果你不懂得如何有效地管理好资金，也最终会在一次很小的失败概率中以破产而告终。通常来说，越想快的人，越爱想快的方法，往往越容易出事；而越是慢的人则越看重稳妥的方法，反而能驶到胜利的彼岸。

资金管理方法，是我们应对不确定市场的盔甲，她能增强你抵抗市场风险的能力，获得异于常人的生存空间。好的资金管理方法的作用，如图 13.1 所示。

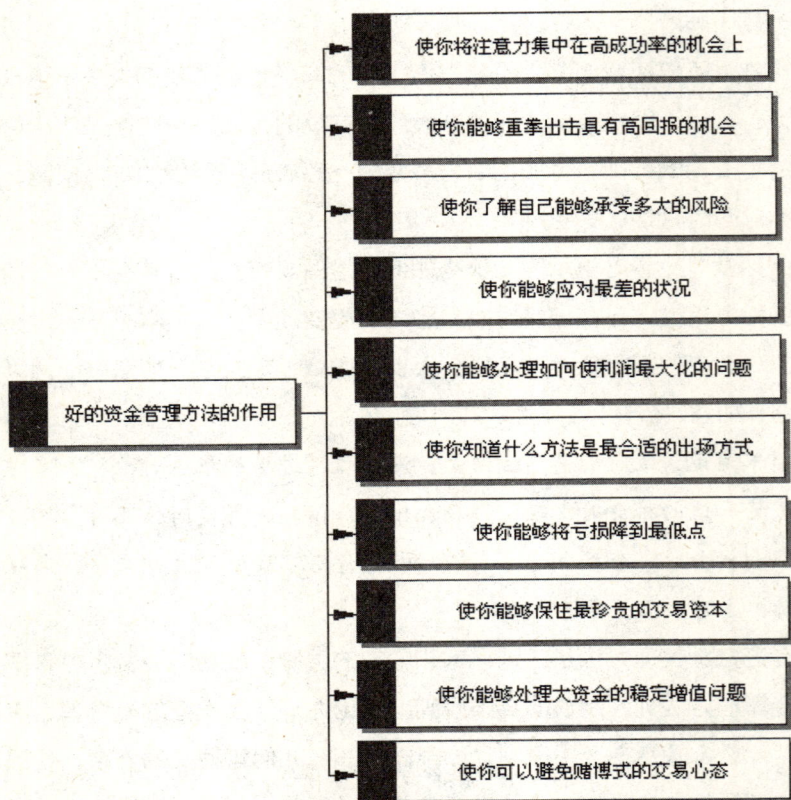

- 图 13.1 好的资金管理方法的作用

13.2 资金管理的两原则

资金管理主要包括两个使用原则，分别是仓位（投入多少）和时机（如何进出）。

13.2.1 仓位：投入多少

仓位是指，投资者在白银投资品种上的持仓数量或资金投入。仓位往往有两种界定方式，一种是额定仓位，即计划在白银投资品种上的持仓数量或资金投入总额；另一种是流动仓位，即仓位将有一个从零到部分满额直至全额，而后又逐渐减至零的过程，它始终处于一种流动的状态。

对额定仓位的计算比较简单，只需要符合投资者一贯的交易风格，并对报酬 / 风险比进行评估后即可确认。对于流动仓位的管理比较复杂，它需要投资者严格执行建仓、加仓、减仓、平仓等环节上的管理标准，同时需要投资者具有丰富的交易经验。

对于仓位的管理，最简单的方法就是：风险大而盈利大时，持仓数量减少；风险小而盈利大时，持仓数量增大；做短线交易时，持仓数量减少；做长线交易时，持仓数量视报酬 / 风险比而增加。

具体到策略上，有三点：

第一，在明显的趋势行情中使用 60% 的资金；在震荡市中使用 30% 的资金，等等。

第二，根据交易对象的报酬 / 风险比来确定建仓资金。对于白银交易来说，当风险＜收益时可以及时介入，甚至加仓；当风险＞收益时不可介入，甚至考虑减仓；当风险＝收益时，没有必要进场，但可以继续持仓。

第三，根据投资者的交易风格来控制仓位。不同的投资者有不同的交易风格，自然就会看准不同的交易时机进行建仓、增仓、减仓、平仓等动作，于是其流动仓位就可以得到有效控制。

13.2.2 时机：如何进出

在买卖白银投资品种时，如果资金量或持仓量比较大，投资者往往很难一次性交易完所要买卖的白银交易品种数量，于是就应该给自己规定一个交易时间和买卖价格的限制。

例如，在购买白银交易品种时，投资者可预先确定好最佳买入区间、次佳买入区间和适合买入区间，并做好每个价格区间上的资金投入准备；而在减仓和平仓时，也必须考虑好适合的价格区间和时间段，避免和主力出货时间相冲突。

事实上，白银市场和白银的运作是有周期的，在什么时段介入白银投资品种是投资者应该具备的市场经验；而在什么时段进行建仓、加仓、减仓、平仓等动作，则是技术分析混合市场经验的结果；随同的操作数量，则取决于长期进行资金管理后所获得的经验。

仓位和时机，这两个方面常常牵一发而动全身。当市场风险增大时，不仅投资品种仓位要作出调整，调整的时机也要同步考虑。

13.3　正确处理报酬／风险比与获胜率

报酬／风险比是预期回报与未来风险的比值。假设某段时间内即将上升的空间为 400 元，而可能下跌的空间为 100 元，那么报酬／风险比就是 4∶1。报酬／风险比是职业投资者每次进场之前都必须深思的问题，因为资金有限，而机会是无穷的，只有专注于大机会，集中资金打歼灭战，才有获取大利润的可能性。

获胜率是买入后在某一段时间内最终赢利的可能性，即将来是获利卖出而不是亏损卖出的概率是多少。

报酬／风险比和获胜率之间具有紧密的联系。假设投资者有 10 万元的资金，始终过择报酬／风险比为 3∶1 的行情满仓做 10 次，同时设置止损位为买入价的 −3%，即盈利目标为买入价的 9%，那么

0 胜时：亏损 3 万元

1 胜 9 负时：亏损 1.8 万元

2 胜 8 负时：亏损 0.5 万元

3 胜 7 负时：盈利 0.6 万元

4 胜 6 负时：盈利 1.8 万元

5 胜 5 负时：盈利 3 万元

6 胜 4 负时：盈利 4.2 万元

7 胜 3 负时：盈利 5.4 万元

8 胜 2 负时：盈利 6.6 万元

9 胜 1 负时：盈利 7.8 万元

10 胜时：盈利 9 万元

可见，只有投资者能在十次交易中赢得三次，即可小有盈利。如果报酬／

风险比为 4:1 时入场，则十次只有赢两次就可以保本。十次实现两次或三次获胜，则比较容易达到的，关键是报酬 / 风险比，所以报酬 / 风险比是职业投资者需要考虑的问题。

一般来说，在能确定报酬 / 风险比的情况下，交易保本时所需的获胜率 = 1 ÷ （报酬 / 风险比的分子及分母之和） × 100%。

例如，某投资者打算买入白银 T+D，经过周密分析后，预计买入价为 4000 元，止损价为 3950 元，止盈价为 4200 元，那么报酬 / 风险比为（4200 -4000）:（400-3950） = 4:1，所需获胜率 = 1 ÷ (4+1) × 100% =20%。即在不计算交易成本的情况下，交易者只需要 20% 获胜率就可以保往本金。

保本时的报酬 / 风险比与所需获胜率的关系如表 13.1 所示。

表 13.1 保本时的报酬 / 风险比与所需获胜率的关系

报酬 / 风险比	所需获胜率
1:1	50%
1.5:1	40%
3:1	25%
4:1	20%
7:1	13.5%

可见，若想交易取得成功，在报酬 / 风险比越小时，对获胜率的要求就越高；而当报酬 / 风险比越大时，对获胜率的要求就可以低一些。

但是，仅从获胜率的角度来讲，投资者必须长期进入获胜率超过 50% 的交易中，才能在市场中生存下来，因为每次预测的报酬 / 风险比往往只是一幅静态的画面，它的真实性具有很大的不确定因素。如果不能经常抓住 50% 以上的获胜率，那么任何资金管理方法都没有用了。

总的来讲，投资者长期获利的关键是能正确评估出白银投资品种的报酬 / 风险比和获胜率。这里的报酬，不是指投资者能预测到的最高目标收益，而是在正常情况下可能达到的合理价位目标；这里的风险，是指投资者能够承受的最大亏损额度，一旦亏损达到这个额度，就必须出局；这里的获胜率，是一个极富个性的经验判断问题，它需要投资者对白银投资品种发展趋势的正确认知和准确判断。

13.4 合理安排入市资金

在报酬／风险比固定的情况下，是不是获胜率越高的行情投入的资金越多，其投资回报就越高呢？有研究者在长期获胜率分别是 63%、60%、57% 且报酬／风险比恒定的基础上，以电脑随机的方式进行了 100 次模拟交易，在不计算交易成本的情况下，得出结果如表 13.2 所示。

表 13.2 长期获胜率与入市资金的关系

获胜率	投入 5%	投入 10%	投入 14%	投入 20%	投入 30%	投入 40%
63%	3.24 倍	13.22 倍	13.50 倍	25.28 倍	27.99 倍	9.95 倍
60%	2.40 倍	4.50 倍	6.23 倍	7.49 倍	4.37 倍	0.78 倍
57%	1.78 倍	2.46 倍	2.67 倍	2.22 倍	0.68 倍	0.06 倍

可见，在长期获胜率为 63% 的情况下，资金收益的增长倍数似乎一直随着入市资金的增加而增大，但当入市资金达到 30% 的比例时，资金收益的递增速度开始变慢，当入市资金达到 40% 的比例时，资金收益则开始大幅递减。为什么会出现这种现象呢？这是因为大资金上所产生的小概率损失会大大影响总资金的收益率，这一点特别应被大资金投资者关注。

13.5 如何制定三位一体的盈利策略

为了获取长远的盈利，我们必须进行三位一体的考虑，如图 13.2 所示。

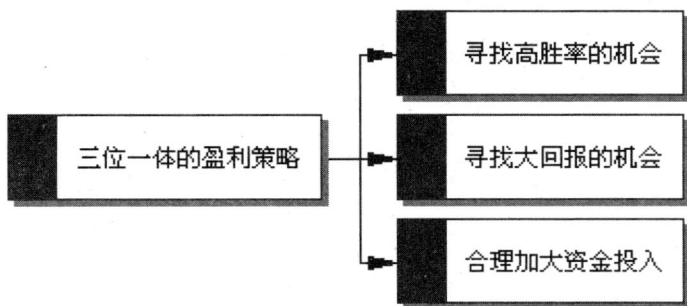

● 图 13.2　三位一体的盈利策略

13.5.1　寻找高胜率的机会

寻找高胜率的机会，需要投资者有良好的分析功底和丰富的市场经验，但最重要的是耐心等待。耐心等待比分析更重要，好的交易机会从来不是分析出来的，而是等出来的。

很多投资者之所以屡屡亏损，其实自己也不知道原因，那就是每次没有等到较有把握的机会就匆匆地入场。严格来讲，高胜率的机会都不会很确定，往往是投资者一厢情愿的看法；而即使是有 90% 的获胜率，如果行情偏偏走到了剩下的 10% 的概率里，亏损也一样会发生，而且此时的亏损往往会更大，因为投资者会根据高胜率来加大投入资金比例。

所以，寻找高胜率的机会虽然很重要，但投资者也不要过于指望高胜率，并据此盲目加大资金的投入。

13.5.2　寻找大回报的机会

对于短线交易来说，报酬 / 风险比必须达到 2:1 时才值得进场操作；对于中长线来说，报酬 / 风险比必须达到 4:1 才值得进场操作。

这样的机会一般不难寻找，但问题是既然找到了大回报的机会，也预料到了后期的赢利空间，但投资者无法忍受其后过程中的小亏损或小盈利，不能等到大盈利的到来。

要知道，用多次小亏损换一次充足的盈利，不仅是投资者必须具备的经验，也是世界级交易大师的成功之道。尽管交易大师都非常看重高胜率这个条件，但他们的交易成功率却往往不会高于50%，这是他们极其看重止损同时敢于在看准的时机上进行加仓的结果。

所以，对于短线交易来说，需要提高自己的交易成功率；而对于中长线交易来讲，则需要适应"用丢掉高成功率的代价来换取大回报"的盈利模式。

13.5.3 合理加大资金投入

重仓出击最有信心的品种和重仓出击最有信心的点位，是投资者利润最大化的必然措施。不加大资金投入力度，不集中持有优势品种，投资者就难以真正实现以多次小亏损换一次充足盈利的战术。

但投资者也不要过于确信自己的判断，因为即使是90%的获胜率，也不能保证你一定就会赢利；而这样的高概率，恰恰是诱使你加重投入的陷阱，是使你最终翻船的"阴沟"。合理的方法是将资金投入比例控制在10%~50%，即使出现了重大的投资亏损，也有机会重新入市博弈。

13.6 如何建仓、加仓和减仓

对于投资者来讲，特别是对于拥有大量资金的投资者来说，其持仓策略不可能是一成不变的。如果一直重仓操作，容易造成因判断失误所带来的巨大亏损；如果一直轻仓操作，又容易失去获取大利润的宝贵机会。

我们不能控制市场，但可以控制自己，即控制自己的仓位。对仓位的管理，其实就是资金管理，这直接影响着投资者的心理和决策，并最终影响投资者的投资收益和投资效率。

13.6.1 建仓的方法

建仓是一个比较专业的问题，通常有两种方式，一种是根据自己的交易原则来调配仓位，即先明确资金投入额度，再考虑最大亏损承受额度。

例如，投资者将10万元资金分成两等分，计划买入白银 T+D，无论如何看好其后走势，都只投入 5 万元，开始买进时，按照小单试场，顺势加仓，势明重仓的原则，将 5 万元资金全部投入；在资金分批投入的时候，再根据技术止损的方法，设置止损点位并随价格的上涨而抬高止损点位；止损点可以是现今价格的 −5%，也可以是 −10%，也可以根据技术形态来设置止损点。

另一种建仓方式比较死板，是一种先确立止损额度，后考虑资金投入的方法。

例如假设投资者有 10 万元资金，单次交易能承受的最大亏损额为 3%，即 3000 元，如果价格为 100 元，则投资者考虑止损点位是 90 元，那么可购买的数量是 3000 元 ÷（100 −90）=300 手，能投入的资金为 100 元 ×300 手 = 3 万元，这样投资者可以一次性将这 3 万元投入，也可以分批买入，但当价格下跌到 90 元时，投资者要以亏损 3000 元清仓离场。

一般来说，第一种方法适合有资金管理经验的人，而后一种方法适合按计划执行交易或没有资金管理经验的人，两者最终要达到的结果都是一样的。

> 提醒：投资者首次建仓的资金不应超过可用资金的 30%，剩余 70% 的资金应视趋势发展情况而追加。总之，在趋势刚刚启动时或即将终止时，只持有少量的筹码，而在趋势上行的运行空间里持有大量的筹码。

13.6.2　加仓或减仓的方法

对于资金的加仓与减仓，常常有三种方法，如图 13.3 所示。

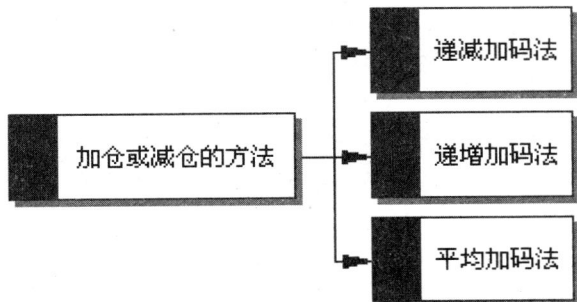

● 图 13.3　加仓或减仓的方法

（1）递减加码法

当投资者认为未来价格还能上涨但涨幅空间有限时，即可采用递减加码的方式建仓，这种方式又称金字塔加码法。例如首次建仓的资金为 8 万元，第二次加仓资金为 5 万元，第三次加仓资金为 3 万元。

（2）递增加码法

当投资者认为未来价格还有很大增长空间时，即可采用递增加码法，这种方式又称倒金字塔法。例如首次建仓的资金为 3 万元，第二次加仓资金为 5 万元，第三次加仓资金为 8 万元。这样操作是一种比较提倡的操作方法，因为在行情开始，只能用少量资金谨慎测试行情的结果。

（3）平均加码法

平均加码法是一种简单的加码方式，它只用将备用资金分为 2~4 等份，在行情看好时继续追加即可，每次追加的资金为 1 等份。这种方法介于前两种方法之间，较为中庸。

上述三种方法同样适用于减仓。当行情不易判断时，投资者可以采用递增减码法，即先少量减仓，待见势不好时再加大减仓量；当行情犹豫退缩时，交易者则可采用递减减码法，即先大量减子，保住大部分利润，只留少量仓位在市场中继续承受风险。当然面对上述行情，也可以采用平均法进行减仓。

注意，上述三种方法只适用于市场上升趋势或下降趋势明朗的情况，当行情在震荡盘整时，只适合轻单入场，做快进快出的短线交易。

13.7　关于资金管理的一致性

在投资实战中，很多投资者总是在经历几次获利后，喜不自胜，大胆做单；遇到几次亏损后，惊恐懊恼，萎缩萎靡；今天循序渐进长线不成，明天重仓赌博全线出击。

白银投资不是儿戏，不是随随便便玩玩，不是冒险，不是赌博，不是消磨无谓的时光，这是一项事业，必须站在职业的角度去体味，去奉行其原则和纪律，并且还要加上"始终一贯"四个大字。没有一致性的原则，不能恪守即定纪律的人注定办不成什么大事。

白银投资市场只有赢家和输家，可靠的交易计划结合稳健的资金管理，就是你成为赢家的诀窍。但是如果你没有办法遵守纪律、自觉地贯彻执行这些道理，那么你仍要经历痛苦，这是因为技术的高低、理论的多寡和稳定赢利之间没有必然的关系。

想知道成功的投资者赚钱的秘诀是什么并不难，想知道自己投资失利的原因也不难，真正的难点在于我们必须约束自己去做应该做的、正确的事情。因此有了可靠的交易计划和稳健的资金管理原则之后，一致性地制定原则和一致性地执行就成为决定我们投资能否成功的关键。

13.8　知行合一是资金管理的最高境界

资金管理所解决的问题，事关我们在市场的生死存亡。作为成功的投资者，谁笑到最后，谁就笑得最美，资金管理增加的恰恰就是所谓赢到最后的机会。

很多投资者在交易之初，总是试图寻找所谓一劳永逸的万能钥匙，然后其即便输光也没弄明白，把他引入万劫不复迷宫的却正是他这种异想天开的思维。

当然，对行情的研究与把握必不可少，如果你的买卖信号成功率很低，那么再好的资金管理也很难改变你投资的命运，资金管理改变的只是账户资金运行轨迹的幅度，但绝不能改变其运行的方向，但这并不是问题的关键所在。很多投资者不知道市场是随机和规律的结合，任何想完全、彻底、精确地把握交易的想法，都是狂妄、无知和愚昧的表现，能够完美地把握每次机会只是高不可攀的梦想。事实上，真正的成功就是在把握市场韵律的基础上，严格资金管理，控制风险，扩大赢利，实现复利。

坚守资金管理，做到大赢小亏，稳定地赢利，从小做起，随着岁月的流逝，小流也将汇集成复利的海洋。一个投资高手的表现应该是，能够连续多年获得稳定持续的复利回报，经年累月地赚钱而不是一朝暴富。

白银日内短线看盘与实战技巧

成功必然来自于坚持正确的习惯方法和不断完善的性格修炼，坚忍、耐心、信心并顽强执着地积累才是职业的交易态度。利润是风险的产物，而非欲望的产物。风险永远是第一位的，不论何种情况下，都要严格制定和执行资金管理计划，不让账户资金出现非正常的回落。能否明确、定量而系统地从根本上限制你的单次和总的操作风险，是区分赢家和输家的分界点，随后才是天赋、勤奋、运气以博取更大的成绩。

第 14 章

白银日内短线交易的
止损和止盈

在充满变数的投资市场上不确定性永远是市场最根本的特征。操作中出现失误是正常的,也是不可避免的。止损是避免错误扩大的唯一有效方法。止损是痛苦的,因为止损意味着放弃。但暂时的放弃,是为保存实力,是为了将来得到更多、更好的回报。

本章主要内容包括:

➤ 为什么要止损

➤ 寻求真正合理而恰当的止损

➤ 预期止损、技术止损和时间止损

➤ 资金止损、跟踪止损和突变止损

➤ 止损的注意事项

➤ 为什么你不能及时止损

➤ 止盈的方法与技巧

14.1 止损是投资永恒的保险

越是简单的事实越容易被忽略。在充满变数的市场中，很多人都知道止损的重要性，但最后还是在这个坎上摔了跟头，有的甚至千金散尽，惨不忍睹。所以对这个问题，真正正确地定位、理解和执行是我们的必修之课。

14.1.1 为什么要止损

无数血的事实表明，在充满风险的投机市场上，一次意外的重大错误足以致命，但唯一能使操作错而不败的方法就是及时止损。关于止损，大家都听说过"鳄鱼法则"。

鳄鱼法则的意思是：假定一只鳄鱼咬住你的脚，如果你用手去试图挣脱你的脚，鳄鱼便会同时咬住你的脚与手。你愈挣扎，就被咬住得越多。所以，万一鳄鱼咬住你的脚，你唯一的机会就是牺牲一只脚。

在市场中，鳄鱼法则就是：当你发现自己的交易背离了市场的方向，必须立即止损，不得有任何延误，不得存有任何侥幸。鳄鱼吃人听起来太残酷，但市场其实就是一个残酷的地方，每天都有人被它吞没或黯然消失。

当你的资金从 10 万元亏成了 9 万元，亏损率是 $1 \div 10 = 10\%$，你要想从 9 万元恢复到 10 万需要的赢利率也只是 $1 \div 9 = 11.1\%$。

如果你从 10 万元亏成了 7.5 万元，亏损率是 25%，你要想恢复的赢利率将需要 33.3%。

如果你从 10 万元亏成了 5 万元，亏损率是 50%，你要想恢复的赢利率将需要 100%。

俗话说得好：留得青山在，不怕没柴烧。止损的意义就是保证你能在市场中长久地生存。甚至有人说：止损=再生。

14.1.2 寻求真正合理而恰当的止损

止损的意义重大，它使得以小搏大成为了可能，所以一定要从战略高度去把握其真正的内涵。另外，75% 以上的大损失均来自于不愿意接受小损失和相对小的损失或不愿正视损失。

但投资者一定要明白，止损本身不是投资目的，它仅是保障资金安全的手段，不是说学会止损就学会挣钱了，学会挣钱还依赖其他方法和手段；另外，止损并不是指的频繁性、恐惧性的进进出出，更不是没有章法的乱止损，必须是有计划地寻求正确和恰当的止损。

当然，止损也有错误的时候，但适时而客观地对市场重新定位，重新对行情变化进行理智的分析是必要的。

从理论上讲，止损的最好方法是不需要止损，即提高操作的正确率和准确率。

14.2 止损的方法

在投资市场中，资金管理是交易过程中的重中之重，而止损又是资金管理的灵魂所在，只有落实交易策略并严格按规则进行止损，投资者才能在投资市场中长久生存下来。

止损是职业投资者的常规动作，但止损又常常是一把难用的"钝刀"，它将一点一点地割去投资者的资金，使投资者难以接受连续亏损的现实，因而容易回到持筹期盼的状态。所以，对于立志成为职业投资者的你，合理运用止损是其必须具备的交易能力。止损的方法有 6 种，如图 14.1 所示。

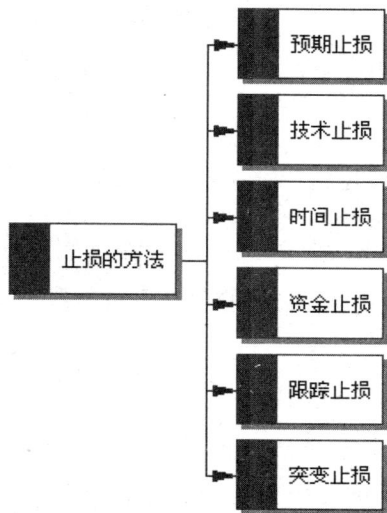

预期止损

技术止损

时间止损

止损的方法

资金止损

跟踪止损

突变止损

● 图 14.1　止损的方法

14.2.1 预期止损

预期止损，是指你操作的预期没有达到，就要考虑退场。这里包涵两层意思，一是持有正确的仓位，二是做盘理由消失。

（1）持有正确的仓位

持有正确的仓位，即当市场没有告诉你正确时出局，而不要等市场告诉你错误时再离场。正确的持仓方法是，当仓位被证明是正确时才持有，要让市场告诉你，你的交易是正确的，而永远不要等它提醒你是错误的。

图 14.2 是 2013 年 7 月 27 日至 2014 年 10 月 24 日的现货白银（AG）的周 K 线图。

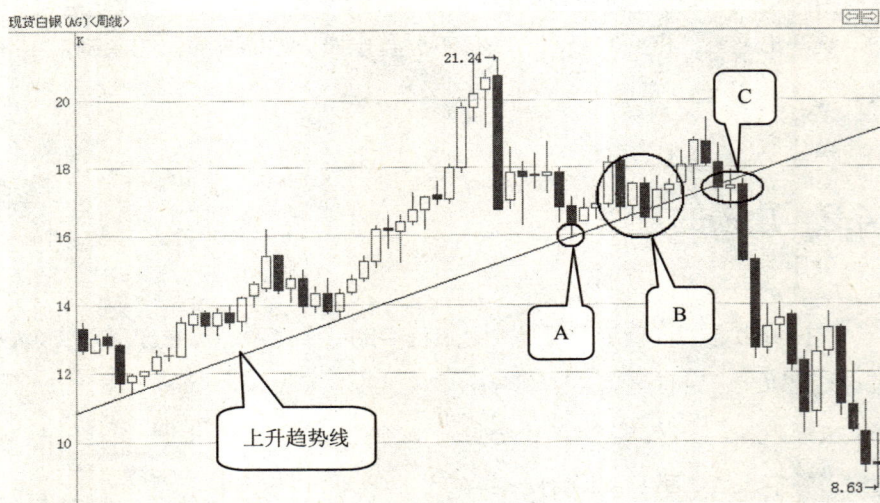

● 图 14.2　2013 年 7 月 27 日至 2014 年 10 月 24 日的现货白银（AG）的周 K 线图

现货白银从 11.14 开始上涨，经过 30 个周的上涨，上涨到 21.24，然后开始下跌，但下跌到上升趋势线附近，即在 A 处得到了支撑，又开反弹了三周。

三周反弹之后，再次陷入震荡回调，在 B 处，连续几次回调到上升趋势线附近都得到支撑。注意，虽然有几天价格跌破了上升趋势线，但很快又收了回来，这就不是真的向下突破。

价格反弹后，又出现了下跌，在 C 处，价格跌破了上升趋势线，虽然也有反抽，但反抽力量很弱，并且没有重新站上上升趋势线，这表明上升趋势线被有效突破。如果这里你手中还有多单，一定要及时出局，否则就会损失惨重。当然在 C 处，也要逢高建立空单，这样在短时间内就会有相当丰厚的投资回报。

（2）做盘理由消失

当我们进场操作时，一定会有理由的。当这个理由消失时，不论是盈利，还是亏损，都要立即出局观望。

图 14.3 是 2008 年 9 月 24 日至 2009 年 10 月 13 日的现货白银（AG）的日 K 线图。

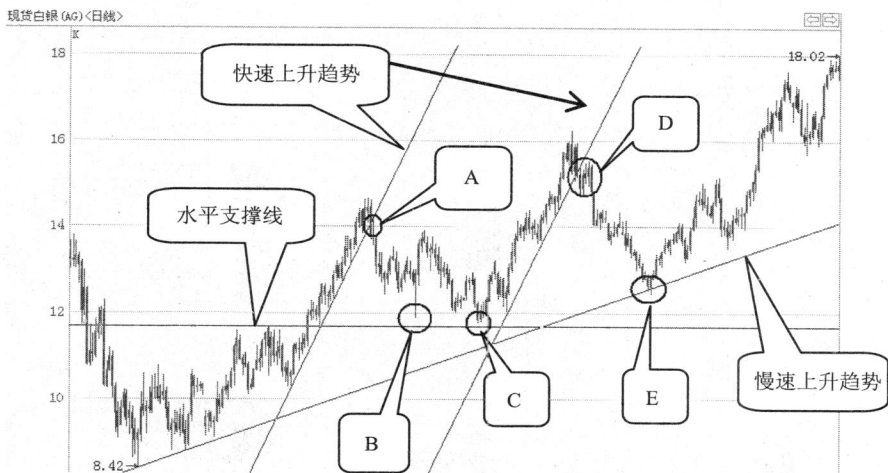

● 图 14.3　2008 年 9 月 24 日至 2009 年 10 月 13 日的现货白银（AG）的日 K 线图

2008 年金融危机，现货白银从 21.24 一路下跌到 8.42，然后开始新的上涨之路，在整个上涨过程中，可以绘制一条慢速上升趋势线，绘制多条快速上升趋势线，只要慢速上升趋势线不跌破，总的策略就是逢低做多。

在 A 处，价格跌破了快速上升趋势线，由于这一波行情已上涨 27 天，并且上涨幅度较大，所以在 A 处，多单要及时获利了结，并且可以逢高建立空单。

在 B 处和 C 处，价格虽然处在明显的下跌行情中，但由于在慢速上升趋势线上方，并且在水平支撑线上方，所以出现底部 K 线信号，空单要及时离场，并且逢低进多单。

随后价格又开始上涨，经过 30 个交易日的上涨，价格见顶又开始下跌，在 D 处，价格又跌破了上升趋势线。所以在 D 处，多单要及时获利了结，并且可以逢高做空。

价格连续下跌，一直跌到慢速上升趋势线附近，即 E 处。所以在 E 处，空单要及时出局，并且要敢于逢低做多，并且可以做成中线单子。

14.2.2　技术止损

技术止损是技术分析者最常用的止损方法。技术分析者认为股价将在某些技术形态的关键点处获得支撑，因为这几乎是所有技术分析者的共识，这道心理上的支撑往往难以破除，所以应该在这根支撑线的附近设置止损点，以防范股票行情出现超出预期的反转情况。

常用的技术止损方法有 5 种，如图 14.4 所示。

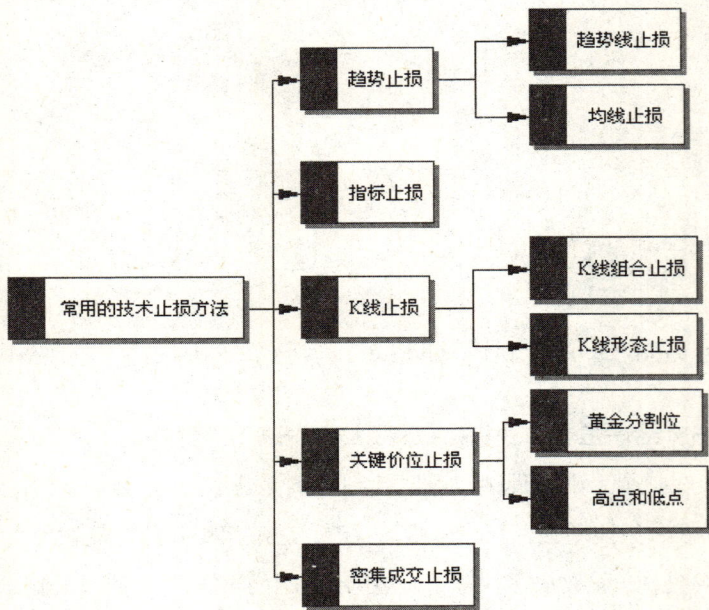

● 图 14.4　常用的技术止损方法

（1）趋势止损

趋势止损是指，在趋势运行过程中出现了趋势停顿或趋势转折时的出局行为，其依据是上升趋势线和均线。

下面先来讲解一下如何利用趋势线止损。

图 14.5 是 2008 年 2 月 12 日至 2009 年 4 月 9 日的现货白银（AG）的日 K 线图。

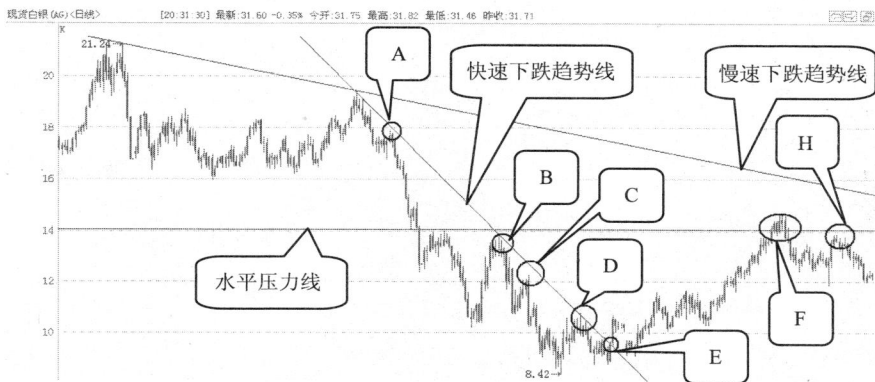

• 图 14.5　2008 年 2 月 12 日至 2009 年 4 月 9 日的现货白银（AG）的日 K 线图

现货白银在创出 21.24 高点后，开始震荡下跌，利用最近的两个高点，可以绘制一条下降趋势线，这是一条慢速下降趋势线，只要价格没有突破该趋势线之前，所有上涨都是反弹，所以反弹高点都可以逢高做空。

在第二波下跌过程中，由于下跌速度较快，可以绘制一条快速下降趋势线。在 A 处，价格反弹仅两天，就触及快速下跌趋势线，所以在 A 处要敢于果断下空单。

随后价格快速下跌，这时空单可以变成中线空单耐心持有。在 B 处，价格反弹 8 天，又反弹到下降趋势线附近，所以在 B 处可以短线再下空单。同理，在 C 处和 D 处，都可以短线做空。

在 E 处，价格突破快速下降趋势线，所有空单都要果断离场。随后价格不再创新低，所以可以短线做多搏反弹。

价格经过 50 多个交易日的上涨，上涨到水平压力线附近，并且仍在慢速下降趋势线下方，所以在 F 处多单要注意离场，可以轻仓试空。

随后价格出现了下跌，但接着又反弹，但没有再创新高，并且没有再过水平压力线，即 H 处。所以在 H 处，可以做空。

均线止损就是价格跌破某条重要均线(5 日均线、10 日均线、30 日均线)，就止损出局。

短线投资者可以利用 5 日均线进行高抛低吸,即价格跌破 5 日均线就出局,只要价格不跌 30 日均线，仍可以在价格再次站上 5 日均线再入场做多，如图 14.6 所示。

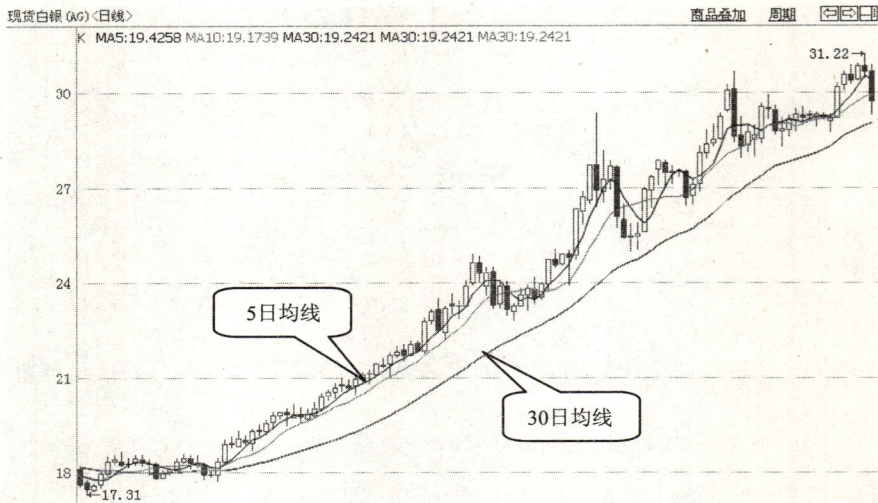

●图 14.6　2010 年 7 月 27 日至 2011 年 1 月 14 日的现货白银（AG）的日 K 线图

需要注意的是，均线永远是滞后的指标，不可对其期望过高，特别是在横向盘整阶段，大量的虚假信号可能会让你频繁止损。

（2）指标止损

指标止损是指，根据技术指标所发出的买卖信号进出，当你所利用的指标发出出局信号时，一定要及时出局。

在震荡行情中，如果价格上涨到震荡平台的上边压力线，并且这里 KDJ 指标处于高位，然后价格开始下行，KDJ 指标出现死叉，多单就要及时出局，如图 14.7 所示。

在明显的趋势行情中，如果价格已上涨了一段时间，并且涨幅较大，如果这时 MACD 指标出现了高位死叉，多单一定要及时出局，如图 14.8 所示。

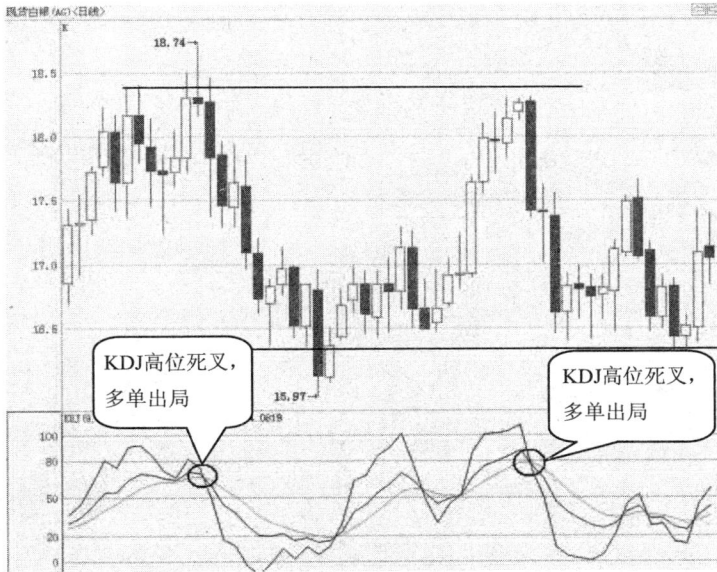

● 图 14.7　2015 年 4 月 2 日至 6 月 17 日的现货白银（AG）的日 K 线图

● 图 14.8　2016 年 6 月 9 日至 11 月 29 日的现货白银（AG）的日 K 线图

（3）K 线止损

K 线止损包括 K 线组合止损和 K 线形态止损。K 线组合止损，是指在上涨过程中，出现黄昏之星、淡友反攻、射击之星等见顶 K 线信号，要及时减仓或出局观望，如图 14.9 所示。

• 图 14.9　2013 年 8 月 7 日至 11 月 26 日的现货白银（AG）的日 K 线图

K 线形态止损，是指在上涨过程中出现双顶、头肩顶、圆弧顶等形态时及进出局观望，如图 14.10 所示。

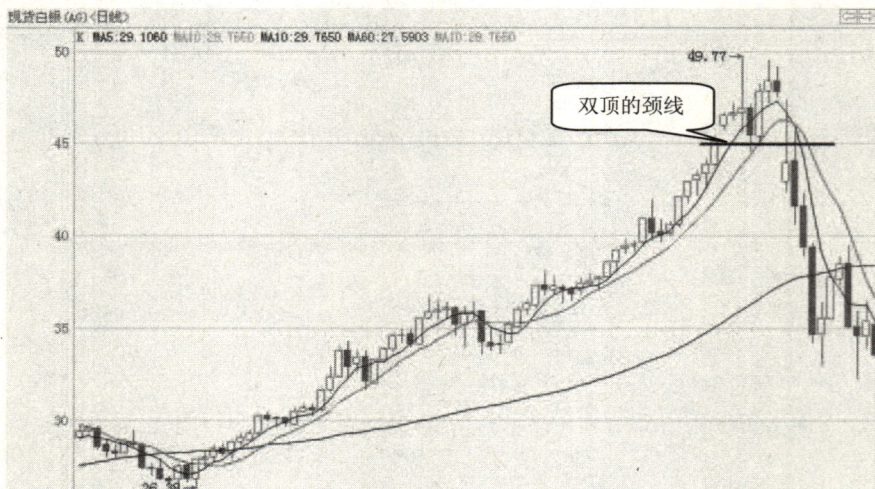

• 图 14.10　2011 年 1 月 12 日至 5 月 16 日的现货白银（AG）的日 K 线图

（4）关键价位止损

关键价位止损就是注意一些关键价位的支撑或压力，如黄金分割位、重要的整数关口以及历史最高最低价等重要位置。

图 14.11 是 2011 年 4 月 7 日至 9 月 22 日的现货白银（AG）的日 K 线图。价格上涨到 49.77 元后，开始一路下跌，直到跌到 32.32 元再止跌，下跌幅度为 35%。这时利用这两个高低点绘制黄金分割线，从而可以利用黄金分割位来为多单止盈或止损。

●图 14.11　2011 年 4 月 7 日至 9 月 22 日的现货白银（AG）的日 K 线图

价格在 32.32 见底后，开始低位震荡，然后开始反弹，用了 8 天，反弹到 0.618 重要黄金分割位，并且收了一根带有上下影线的阴线，这时多单要注意保护盈利。随后价格继续反弹，又用了三天，再次反弹到 0.618 重要黄金分割位，多单在这里可以主动止盈，因为这是一个比较重要的压力位。

随后价格开始逐波下跌，在下跌到 33 附近，再次止跌。止跌后再次上涨，用了 11 天，上涨到 0.5 重要黄金分割位，由于每次反弹到重要压力位，可以减仓多单，然后逢低再补回来，即 B 处。

由图 14.11 可以看到，价格共三次冲击 0.5 重要黄金分割位，但都以失败而告终。

价格充分回调后，再次上涨，用了 10 天，突破了 0.5 重要黄金分割位，上涨到 0.382 重要黄金分割位，由于重要压力位不太可能一次突破，所以在 C 处，多单要主动减仓。

价格回调后，再次上冲 0.382 重要黄金分割位，又没有冲过去，这表明这个地方的压力太重，所以多单还是及时逢高出局为好。

（5）密集成交止损

密集成交止损的依据，就是在震荡横盘区域或近期巨量大单的位置会对价格的升降，起到较强的支撑或压力作用，如图 14.12 所示。

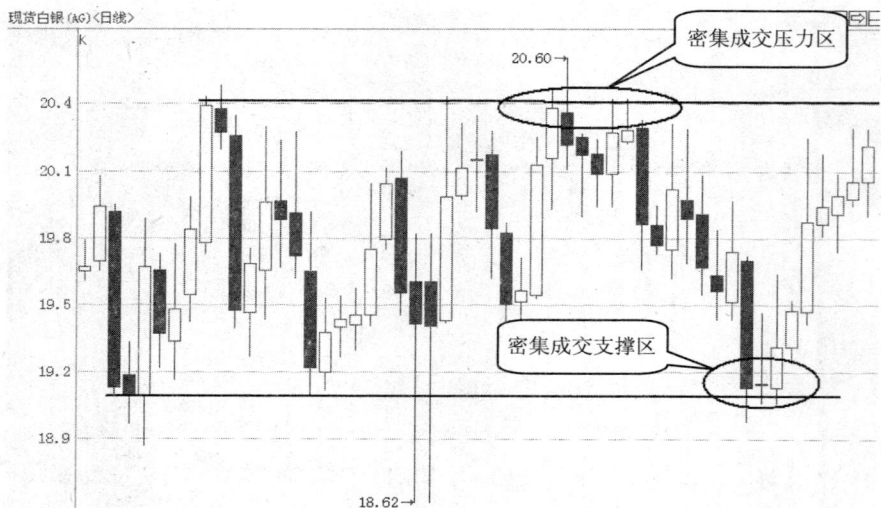

● 图 14.12 2013 年 11 月 28 日至 2014 年 2 月 11 日的现货白银（AG）的日 K 线图

14.2.3 时间止损

投资者常常关注价格的止损，而很少考虑时间因素。价格止损方式的好处在于，可以通过牺牲时间而等待大行情，缺点在于经过了漫长的等待后结局可能仍是止损，钱时两丢，可能还会因资金占用而错过在其他投资品种上的大机会。

时间止损是根据交易周期而设计的止损技术，时间止损一方面是出于对资金利用率的考虑，同时也是出于对预期的怀疑。例如，我们可以在买入后两到三天内没有出现上涨或上涨幅度未达到一定幅度即进行止损。

14.2.4　资金止损

严格地讲，资金止损并不科学，但是当资金亏损到某种程度，会影响到你的心态、左右你客观而正确的判断，同时也影响了资金的利用效率。资金止损就是限制了最大亏损幅度，即亏损到一定程度就认亏出局。例如共投入10 万元，可选择亏损达到 10000 元时止损离场。

当然资金亏损幅度是根据你的风险偏好、交易策略和操作周期而定。例如，如果做短线交易，止损比例在 3%~5%，因为这种交易只追强势趋势，允许行情折返的余地很小；做中线交易，止损比例在 10%~15%，因为这种交易允许行情有较大的折返，以避免在调整时自动出局；做长线交易的，其止损比例在 20%~50%，允许行情有大的折返，其锁定的是白银的投资价值而非短期的市场价格波动。

14.2.5　跟踪止损

跟踪止损，在某种意义上讲就是止盈，就是当价格朝着自己有利的方向行进，从而根据已经变化了的价格，而逐渐调整止损位，也即逐步调整出局位置，使得出局价逐渐有利可图，这是趋势交易系统的关键环节。

14.2.6　突变止损

突变，即价格发生突然的较大变化，主要的表现就是开盘跳空、尾盘跳水。突变绝大多数是由重大外部因素引起的，当突然出现重大事件、消息或政策变动，使得价格大幅讯速逆着投资者的操作而动，投资者应摒弃任何幻想，当机立断，砍仓出局。第一时间止损，以求保存实力，择机再战。

止损的方法种类繁多，但真正的止损一定是有机的、整体的，没有游离于操作者整体操作功力之外的单独存在的止损方法。投资者要根据自己的操作风格以及每次操作的具体情况，对各种止损方法进行筛选优化、综合运用，从而建立自己的止损方法，这才是最重要的。

14.3　止损的注意事项

在具体运用止损时，投资者还要注意以下问题。

（1）在止损时，投资者要灵活处理，例如在有趋势的市场中，止损幅度可以适当放宽；在震荡盘整行情中，止损的幅度要小一些。

（2）当投资者被迫止损时，肯定是原有预测出现了重大失误，或市场出现了较大的意外状况，无论是什么原因，投资者都要停下来冷静思考。止损后，投资者最需要做的事情就是等待和反省，每次交易后心态重新归零，且不带主观立场再次入场，才是明智的。

（3）投资者还要明白，主力是不需要止损的，因为他们的筹码太多，在市场不好的时候，抛售行为难以进行，他们要么有资金实力以抵抗价格的跌势；要么做波段交易以获取差价收益；要么加仓以摊低持仓成本并等待大势好转；要么压低价格以快速出货。

（4）投资者要明白，止损不一定是明智的做法，明智的做法是选择入市时机。在趋势行情中尽量做中长线，在震荡行情中，短线轻仓操作。

14.4　为什么你不能及时止损

投资者都知道止损的重要性，但为什么很多投资者做不到，以至于行情看错后一错再错，一路深套，最后输得不可收拾呢？静下来好好想一下，这与投资者懂不懂技术、知不知道止损的方法没有多大关系。不能及时止损的根本原因在于投资者的心理障碍，当投资者出现亏损时不能及时止损的常见心理障碍有三种，如图 14.13 所示。

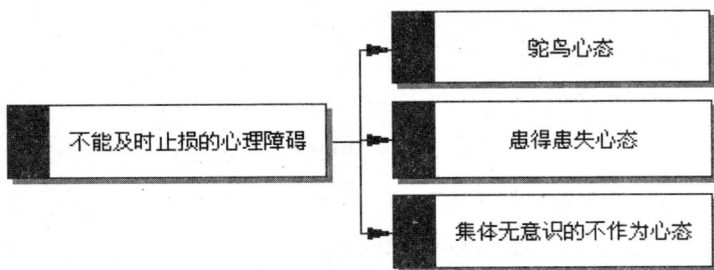

• 图 14.13　不能及时止损的心理障碍

14.4.1　鸵鸟心态

有很多投资者认为，不割肉，白银筹码还是那么多筹码，不会少一手，白银跌了日后还会涨回来，但一割肉，白银亏损就成为事实。因此，他们明明知道股票会继续下跌也不肯割肉，不愿止损出局。

真的是，割肉亏钱，不止损就不亏钱吗？这种想法要不得，因为你现在卖出白银筹码，然后在低价位再买进，这样同样的钱，你可以多买好多手白银，例如，你是 5000 元买进的白银 T+D，跌到 4500 元，如果你止损出局了，当白银 T+D 跌到 4000 元时，你再买进，再涨到 4500 时，你就实现了不赔钱了，涨到 5000 元，就实现了不错的盈利。

所以，不肯止损是一种不愿意承认投资失误的"鸵鸟心态"，最终会越损失越重，会越套越深，直到最后心理承受不住了，或价格略有反弹就把低廉的筹码交给主力了。

> 提醒：遇到危险时，鸵鸟会把头埋入草堆里，以为自己眼睛看不见就是安全。事实上鸵鸟的两条腿很长，奔跑得很快，遇到危险的时候，其奔跑速度足以摆脱敌人的攻击，如果不是把头埋藏在草堆里坐以待毙的话，是可以躲避猛兽攻击的。后来，心理学家将这种消极的心态称之为"鸵鸟心态"。"鸵鸟心态"是一种逃避现实的心理，不敢面对问题的懦弱行为。

14.4.2　患得患失心态

市场中没有绝对的事情，有时割肉后价格不跌反而涨起来了，这就给一些投资者造成一种错觉，认为这样幸运的事情也会发生在自己身上。因此在市场行情趋势变得不好时，眼看价格要继续跌下去，就是不肯割肉，就是心存幻想，希望上涨的奇迹出现。

其实这种想法在市场中是要不得的，止损失败也很正常，但止损失败是小概率的事情，而止损成功则是大概率的事情，另外在做出决策时已经过深思熟虑，所以止损出错的可能性很小，但是如果你碰到不按长规出牌的主力，止损也可能出错，错就错了，市场中到处都是机会，时时都有盈利的可能，何必在意一时之得失呢？

总之，在市场中，资金安全是第一位的，所以只做胜算的操作，如果下跌概率有55%的可能，也要止损，因为在市场中，大概率的事情常常发生，小概率的事情几乎不发生。千万不要拿自己的血汗钱来赌行情，如果发现行情不好，止损出局为妙。

在市场中最怕患得患失的心态，因为这种心态会造成你嘴上说割肉，可落实了具体行动上总是左顾右盼，总是心存幻想，以至于一拖再拖，越套越深，套得越深越舍不得割肉，这样止损就变成只说不做的事了。

在市场中有句格言："不怕错，就怕拖"，本来自己还略有盈利，但由于出局不果断，被轻套，抱着再等等看，只要不赔就走的心理，结果越套越深，从而变成鸵鸟心态，一路持有，一路深套，我想这种事，在每位投资者身上都发生过。

14.4.3　集体无意识的不作为心态

在市场中还有一种奇怪的现象：当白银暴跌时，很可能想到要止损出局，但当整个市场暴跌的时候，就会表现出一种集体的无意识心态，想一想大家都被套住了，自己套住也无所谓。此时，有四处打听消息的，有聚在一起揣摩缘故的，有相互探讨亏了多少的，闹个"大家差不多"的心理平衡之后，开始一厢情愿地期待反弹，但就是没有几个割肉出局的。这是一种典型的集体无意识不作为的行为：任凭市场下跌，大家都绑在一起，在水中慢慢地下沉，直至被水淹没，全部死去。

当市场暴跌时，外界信息常常表现出迷迷糊糊的特征：或消息面真空、或虽有利空，但评论家往往会解释为"影响不大"，接下来还会说"下跌是为了更好的上涨"或"暴跌必然报复性反弹",一番云云之后,大家还是不知该怎么做,如此这般,反反复复地赔线,历史一遍一遍地重演。

14.5　止盈的方法与技巧

止盈就是放弃风险日益增高的盈利机会,转而收获已有的获利成果的行为,其本意是为了防止到手的盈利变成了损失,因而宁可放弃高风险的继续获利机会。注意止盈和有利就落袋为安的做法有本质区别,它放弃的是高风险部分的盈利机会,而且是有技术依据和理性原则的放弃,并非是放弃一切的上涨机会,更非是凭想像作自我了断。

如果说止损是对恐惧和侥幸心理的挑战,那么止盈就是对贪婪和期盼心理的挑战,这需要投资者具有前瞻性的眼光和大度的胸怀,敢于舍弃后续的小利润而勇于收获眼前的胜利果实。

实际上,很多投资者对止损相当重视,但对止盈则没有什么概念,因为投资实战有一条法则:看住你的亏损,让你的赢利奔跑。但是,价格不会涨到天上去的,适时止盈也是投资者必须学会的功课。所有的投资都是有风险的,夜长梦多的现象比比皆是,只有离场才意味着风险的终结,才能彻底回避不确定的价格波动,所以止盈是投资者在市场上持续获利的最后一道关口。

在市场中,建仓的理由必须是充分的、有把握的、审慎的,而平仓的理由则可以是简单的、直觉的、朦胧的。只要趋势发生了变化,投资者就要主动止盈,这样就可以最大程度地回避市场风险。